새로 쓴
마음을 읽으면 사람이 재미있다

새로 쓴
마음을 읽으면 사람이 재미있다

최광선 지음

사□□계절

머리말

인간의 심리를 해부하기 위한 연구는 계속되고 있으나, 너무나 복잡다단하고 오묘한 인간심리, 정신구조에 관한 연구 테마는 오히려 우리에게 더 많은 의문만을 던져준다. 다시 말하면 우리 모두 마음을 가지고 있으면서도 너무 모르는 것이 바로 마음이라는 것이다.

꾸준하게 축적되어온 심리학의 여러 연구 업적들을 특정인들만이 이해하는 단계에서 벗어나, 이제는 일반인들에게도 그 단면을 알려야 할 의무감 비슷한 것을 느끼게 됨을 부인할 수 없다. 지금까지 보고된 심리학에 관한 여러 논문과 서적을 정리하면서 인간의 특성별로 몇 가지만 골라서 책을 꾸며 보려 하였다.

이런 생각에서 『마음을 읽으면 사람이 재미있다』를 집필한 것이 어제 같은데 벌써 9년이라는 세월이 흘렀다. 그동안 인간의 마음 구조와 원리가 바뀐 건 아니겠지만 인간의 심리를 바라보는 관점은 훨씬 넓고 다양해졌다. 이 책은 전편의 내용 가운데 약 삼분의 일만 남기고, 내가 지금까지 써온 저작물, 전문가들의 논문과 저작에서 인용한 내용들을 추가하여 새롭게 꾸며 보았다.

일상생활을 영위하면서 겪게 되는 여러 정신적 문제에서 인간 심리의 실체가 어떻게 나타나는지를 먼저 살펴봄으로써 생활인으로서의 인간의 본질을 이해하려 하였다.

또 남성과 여성을 구분하여, 그들의 본질과 실체, 그들이 갖는 심층 심리를 알아내어 남성과 여성을 참답게 파악하려 하였다.

그리고 비언어적 커뮤니케이션으로 전달하는 사랑의 표현을 정리해 보았다.

마지막으로, 상식적으로는 도저히 이해하기 힘든 마음의 부분에도 관심을 가져, 인간의 이해가 정신적 삶의 풍요를 가져오는 데 도움이 되고자 했다.

어떤 특정한 입장에 서지 않고 인간을 알아낼 수 있는 단서를 가능한 한 넓은 범위에서 수집하려고 노력하였으나 역시 한계에 부딪히고 말았다. 이것은 하나의 총괄적인 방법의 시도에 지나지 않는 것으로 결정론처럼 보이게 하고 싶은 생각은 전혀 없다는 것을 밝힌다.

이 책을 통해 다양한 인간들의 심리상태를 이해하고 바람직한 인간관계를 형성하는 데 조금이나마 도움이 되었으면 한다.

끝으로 이 책이 나오기까지 많은 힘을 쓰신 사계절출판사의 강맑실 대표와, 명연파 이사님, 인문팀 팀원들에게 깊은 감사를 드린다.

2006년 3월

최 광 선

차례

사람의 마음에는 1장
이런 면도 있다

이런 마음으로 7장
살아간다

사람의 마음에는 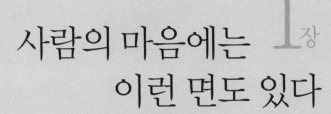이런 면도 있다

1장

저능아도— 정상아가
될 수 있다—

저능아로 한번 태어나면 평생을 우둔하게 지낼 수밖에 없다는 생각들을 한다. 그러나 반드시 그런 것만은 아니라는 감동적인 사실이 심리학 실험에서 밝혀졌다. 즉 저능아라 할지라도 주위 사람으로부터 따뜻한 애정을 듬뿍 받으며 자라면 정상아가 될 수 있다는 것이다.

1935년 미국 중서부의 정신장애자 시설에서 있었던 일이다. 두 명의 어린아이가 저능아로 판정받아 고아원에서 이곳으로 이송되어 왔다. 담당 직원은 그 아이들을 역시 지능이 낮은 성인 여성들이 생활하는 방에 수용시켰다. 그 방의 여성들은 매우 좋아하면서 새로 들어온 룸메이트를 귀여워했고 거의 하루 종일 그 아이들과 놀아 주었다. 그랬더니 다른 사람의 얼굴을 전혀 못 가리던 아이들이 차차 남의 얼굴을 알아보고는 방긋방긋 웃기 시작하였다. 2년 뒤 세 살 반이 된 그 아이들은 전혀 저능아처럼 보이지 않았다. 깜짝 놀란 심리학자가 두 아이의 지능지수를 측정해 보았더니 95와 93이라는 정상아 수준의 IQ를 가지고 있었다.

어떻게 하여 저능아가 정상아로 바뀔 수 있었을까? 룸메이트들에게서 사랑을 듬뿍 받은 아이들은 학습 의욕을 자극받게 되었고, 그것이 지능을 높이는 원인이 되었을 것이라는 결론을 얻게 되었다.

심리학자들은 이런 사실을 실증적으로 밝히기 위해 본격적인 실험을 해보았다. 저능아 13명(남아 3명, 여아 10명)을 역시 정신장애자 시설의 성인 여성 방으로 이송하였다. 이런 아이들과 비교하기 위하여 지능지수가 약간 높은 12명의 아이는 고아원에 그대로 남겨 두었다. 장애자 시설로 이송된 아이들은 같은 방 여성들의 귀여움을 독차지하였고, 지능이 차차 향상되는 기미를 보였다.

그로부터 20여 년이 지난 1960년대 말에 이들 저능아에 대한 추적 조사가 행하여졌다. 이제 27세가 된 그 아이들의 직업과 생활 상태를 알아보니, 다섯 사람은 대학을 졸업했고 여덟 사람은 고졸이었으며 두 사람을 빼고는 모두 결혼하여 가정을 이루고 있었다. 남자들은 판매 매니저, 직업 상담원, 공군 하사관이 되어 있었고, 그 중 한 사람은 MBA(경영학 석사)를 획득하여 케네디 재단에 근무하고 있었다. 여자들 가운데 여섯 사람은 가정주부, 두 사람은 간호사, 한 사람은 미용사, 나머지 한 사람은 초등학교 교사로서 모두 충실한 생활을 영위하고 있었다.

한편 고아원에 그대로 남겨졌던 아이들 중 다섯 사람은 장성하고도 자립하지 못하여 고아원에 그대로 남아 있었고, 나머지 일곱 사람은 접시닦이 등 단순 노동을 하고 있었다.

이 경이적인 연구는 케네디 재단으로부터 우수상을 수상하였다. 이 연구를 주도한 심리학자는 케네디 재단에 근무하는 한 청년으로부터 수상을 했는데, 그 청년도 바로 그 저능아 가운데 한 사람이었다. 청년 자신도 나중에야 그 사실을 알고는 크게 놀랐다고 한다.

심리학자 스턴버그에 따르면 사랑에는 친밀성, 열정, 구속이라는 세 가지 요소가 포함된다고 한다.

친밀성이란 서로 유대감과 결속감을 느끼는 것으로, 더할 수 없는

새로 쓴 마음을 읽으면 사람이 재미있다

따뜻한 정과 정신적 지원을 제공하는 것을 말하며, 열정이란 자기를 실현할 수 있고, 자존심을 높일 수 있으며, 다른 사람과 어울릴 수 있다는 자신감이다. 또 구속이란 자신은 지금 어떤 사람을 사랑하고 있으며, 그 사랑을 유지하는 데 모든 힘을 쏟아야 한다는 다짐이라고 한다.

사랑이야말로 정신적 장애도 극복하게 하는 위대한 힘을 가지고 있다는 것을 입증해 준 실험이었다.

붐비는— 거리에서
정신 건강을 얻는다—

텅 빈 집에 홀로 있거나, 적적한 곳에서 혼자 오랜 시간 있게 되면 어쩐지 바깥이 궁금해져 내다보고 싶은 충동이 생긴다.

혼자 등산하기를 좋아하는 등산가나 세계를 일주하는 요트맨 등은 예외지만, 대체로 우리는 장시간의 고독을 견뎌 내기가 힘들다. MP3가 유행하는 것도 이런 이유 때문인지도 모르겠지만, 듣기 좋은 음악을 듣고 있으면 마치 친한 벗과 이야기를 나누는 듯한 기분이 들어 고독감을 덜 수 있다.

사람은 새로운 자극으로 언제나 오감(五感)을 자극할 필요가 있다. 다시 말하면, 인간의 마음이 정상적으로 작용하기 위해서는 언제나 외부로부터의 새로운 자극이 필요하다는 것이다.

레이더 감시원이나 장거리 운전사가 실제로는 없는 헛것을 보았다고 한다든지, 소리 하나 들리지 않는 고요한 고층 아파트에서 대부분의 시간을 혼자 보내야만 하는 주부가 돌연 강렬한 불안에 휩싸이는 것도 새로운 자극이 주어지지 않는 데서 오는 현상이다.

감각이 완전히 차단된 상태에서는 사고력이 저하되어 의식을 집중할 수 없어 간단한 계산마저도 할 수 없다. 또 시각적으로 환각이 나타나기 시작하여 처음에는 광점(光点)이, 그 다음에는 기하학적 모양이, 그리고 생생하게 살아 움직이는 물체가 나타난다. 이런 증세는 나중에는 없어지긴 하지만, 환경으로부터의 자극 차단은 이런 이상한 지각 현상을 가져온다.

감각의 박탈은 사상이나 사고를 바꾸게 한다. 사람을 감각이 박탈된 상태에 두면 비판적 능력이 저하되어 어떤 불합리한 의견에도 무비판적으로 귀를 기울이게 되고, 드디어는 그것을 믿어 버리게 된다. 이것을 세뇌라고 하는데, 장기간 합숙 교육을 시키는 것은 이를 이용한 것이다. 중범자를 독방에 가두는 것도 이런 이유 때문이다.

회사나 학교에서 집으로 돌아오는 길에 왠지 사람들이 붐비는 번화가를 찾고 싶을 때가 있다. 혼자서 하릴없이 이리저리 돌아다니기만 해도 일상생활로부터의 해방감을 맛볼 수 있다.

번화가에서 혹 아는 사람이 소리쳐 부르기라도 하면 깜짝 놀라 겸연쩍어진다. 못할 짓을 한 것도 아닌데 깜짝 놀라는 것은 자유분방함을 마음껏 만끽하고 있었기 때문이다.

그것은 지위나 역할을 떨쳐 버린 익명(匿名)의 인간에서 돌연 현실로 되돌아오게 될 때 느끼게 되는 겸연쩍음이다. 사람들이 붐비는 복잡한 곳에서 숨가쁜 질서 세계를 파괴하려 한 것이다.

복잡한 곳에는 자유가 있는 동시에 불안이 있고, 해방감이 있는가 하면 긴장감도 있다. 도시의 매력은 이런 양면성 위에 성립하고 있다.

미국 미네아폴리스의 중심가 니고렛, 아베뉴의 상점가에서는 시의 활기를 되찾고 매상을 높이기 위해 도로를 S자형으로 구불구불하게 만들어 소통이 잘 안 되도록 도시를 재개발하였더니, 자동차는 정체되고 사람들은 붐벼 도시가 오히려 활기를 되찾았다고 한다. 구불구불한 골목길과 번화가의 매력은 이런 데 있는지도 모른다.

효과적인—
스포츠 훈련법—

스포츠 붐이 한창이다. 아침 일찍 일어나서는 테니스를 치고 저녁에는 조깅을 하는 샐러리맨도 있다.

스포츠를 좋아하는 사람이 가장 하기 힘든 것이 연습이다. 토요일이나 일요일에 하는 연습만으로는 빨리 숙달될 수 없다는 생각에서 수면 시간을 줄여 아침, 저녁, 또 시간만 나면 연습한다.

어디 좋은 연습 방법이 따로 없는 것일까?

한 이미지 심리학자는 출퇴근하는 진철 안에서도 힐 수 있는 좋은 연습 방법을 제시하고 있다. 그렇다고 지하철역 플랫폼에서 맨손 체조를 하라는 말은 아니다. 다만 경기를 능숙하게 잘 해내는 자신의 모습을 매일 20분씩 머리 속으로 상상하는 것이다. 그것만으로도 충분한 연습 효과가 있다는 것인데, '이미지 연습법' 이라고 한다.

과연 상상만으로도 연습 효과가 있을까라는 의문이 생기게 된다. 오스트레일리아의 심리학자 리처드슨은 농구의 자유투 연습 실험으로 그것을 실증해 보였다.

학생들을 세 그룹으로 나누어 각각 다른 방법으로 20일간 연습시킨 뒤, 세 팀 간의 자유투 성공률을 비교해 보았다. 첫 번째 그룹은 매일 자유투 연습만 하게 하고, 두 번째 그룹은 첫날과 마지막 날 이틀간만 연습하게 하였다. 세 번째 그룹은 첫날과 마지막 날만 연습하였지만,

나머지 날은 매일 20분간 자유투를 잘 해내는 자신의 모습을 머리 속에 그리게 하였다.

어떤 그룹의 자유투 성공률이 가장 높아졌을까?

물론 매일 연습한 첫 번째 그룹이 가장 성공률이 높아 자유투 성공률이 24퍼센트나 증가했고, 그 다음은 세 번째 그룹인 이미지 연습 그룹이었으며, 단 이틀간만 연습한 두 번째 그룹은 전혀 진전이 없었다. 자유투를 성공시키는 자기 모습을 자꾸 머리 속으로 그려 보면 상당한 연습 효과를 거둘 수 있다는 것이 밝혀졌다. 매일 연습한 그룹의 자유투 성공률이 24퍼센트 증가한 데 비해, 이미지 연습 그룹은 23퍼센트 증가해 불과 1퍼센트밖에 차이가 나지 않았다. 일주일에 한 번밖에 테니스 연습을 하지 않아도 나머지 엿새 동안 공을 잘 치는 자기 모습을 상상하는 것만으로도 상당한 연습 효과를 얻을 수 있다는 것이다.

왜 그럴까? 테니스 하는 자기 모습을 상상하게 되면 신체 근육과 신경이 테니스를 할 때처럼 반응하게 된다. 스포츠 연습은 신체로 계속 반복하는 것을 기본으로 하는데, 머리 속으로 상상하는 것만으로도 그런 효과를 얻을 수 있다는 것이다.

그렇다면 수면 시간을 구태여 줄여 연습할 필요가 없다. 영화나 비디오를 통해서도 같은 효과를 얻을 수 있게 된다. 스키의 연속 회전을 영화로 보여 주면 스키 선수는 화면의 스키 선수처럼 근육이 반응한다. 뛰어난 골퍼의 경기를 비디오로 매일 반복해 보는 것만으로도 골프 연습 효과를 올릴 수 있다. 이른바 시뮬레이터를 이용한 훈련인 셈이다.

연습을 잘 해내는 상상을 하는 동안 뇌에서는 마약이나 진통제 비슷한 엔케파린과 엔도르핀이라는 호르몬이 분비되어 성취감도 아울러 느낄 수 있게 된다.

따라서 출퇴근하는 전철 속에서 자신이 좋아하는 스포츠 장면을 위성 DMB를 통해 보거나 이미지로 그려 본다면 실제 이상의 연습 효과를 거둘 수 있을지 모른다.

보기 좋은— 떡—

'이 음식은 보기보다는 맛있다'라는 느낌이 들 때가 있다. 별것 아닌 것 같아 보이는 음식이 의외로 맛있을 수가 있다.

그러나 보기 좋은 음식은 더 맛있게 느껴질 수 있다. 미각은 시각에 의해서도 영향을 받는다.

"보기 좋은 음식이 맛도 좋다"는 말을 뒷받침하는 심리학 실험을 하나 소개하기로 한다.

커피를 끓여 컵 세 개에 나누어 붓는다. 각각의 컵 옆에는 빨간색·노란색·초록색 딱지가 붙은 커피캔을 놓는다. 컵에 담긴 커피는 각각 빨간색·노란색·초록색 커피를 끓인 것처럼 보이지만, 사실은 모두 같은 것이다. 이 세 개의 컵에 담긴 커피를 사람들에게 마시게 하고 맛을 비교하게 했더니 같은 커피인데도 맛이 서로 다르다고 하였다. 즉 노란색 딱지 캔 옆의 커피는 맛이 연하고, 초록색 딱지 옆의 것은 신맛이 나며, 빨간색 딱지 옆의 것은 맛도 향기도 좋다고 하였다. 옆에 있는 캔 색깔의 영향을 받아 맛이 다르게 느껴지는 것이다.

"음식은 눈으로 먹는다"는 말은 틀린 말이 아닌 것 같다. 색깔뿐 아니라 모양도 맛에 크게 영향을 미친다. 예를 들면 여러 가지 크로켓 가운데서 가장 맛있을 것 같은 것을 택해 보라 했더니, 사람들은 가로와 세로의 비율이 5대 3인 것을 가장 많이 선택했다. 이 5대 3의 비율을 미술에서는 '황금비'라고 한다. 사람들은 가로 세로의 비가 5대 3인 형태를 가장 안정되고 바람직하다고 느끼며, 미각적으로도 맛있다고 느낀다.

밥에 카레를 끼얹는 방법에 따라 카레라이스의 맛이 달라진다고 한다. 밥 위에 카레를 전부 끼얹거나 반쯤만 끼얹는 것이 보통인데, 가장 맛있게 보이는 것은 카레와 밥이 5대 3이 되도록 끼얹을 때이다. 카레를 끼얹은 부분이 5, 흰밥이 보이는 부분이 3일 때 가장 맛있게 보인다는 것이다.

텔레비전 만화를 보고 있으면 식욕이 감퇴된다고 한다. 아이들은 만화를 볼 때 보통 볼륨을 높인다. 80폰(phon) 정도로 높일 때도 있는데, 그것은 교차로의 소음과도 같다. 그런 소음 속에서는 수액(水液)과 위액 분비가 억제되어 식욕이 감퇴된다.

텔레비전 만화에 너무 열중하여 밥을 먹지 않으려는 아이노 있다. 밥 먹으라고 야단맞은 아이는 먹는 둥 마는 둥 한다. 텔레비전 만화를 보고 있는 아이는 교차로에 서 있을 때와 마찬가지의 소음 속에 있으므로 식욕이 떨어지는 것은 당연하다.

큰 노랫 소리를 들어도 식욕이 떨어진다. 재즈를 큰 소리로 들으면서 식사하면 소화불량을 일으킨다고 한다.

그렇다면 텔레비전을 끄고 식사해야 소화가 잘 된다는 말인가? 너무 조용한 데서 식사해도 식욕이 떨어진다. 그것은 혼자서 식사하는 것과 같다. 너무 시끄러워도 안 되고 너무 조용해도 안 된다면 어느 정도의 소리가 식욕에 도움을 줄까? 조용한 음악이 흐르는 정도의 소리가 가장 효과적이다.

고기 굽는 소리, 파도 소리, 물레방아 소리 같은 것도 식욕을 증가시킨다. 대화할 때는 어떤가? 보통 정도의 목소리로 대화를 나누면 식욕이 증가하지만, 큰 소리로 말한다든지 흥분해서 말하면 식욕을 떨어뜨려 음식 맛을 줄인다.

이처럼 미각은 시각과 청각에 의해 크게 영향을 받는다.

정말— 사후 세계를
본 것일까—

정말 사후(死後) 세계는 존재할까? 이런 문제도 심리학의 한 연구 분야로서 학자들의 관심을 끌기 시작하였다. 사후 세계란 심리학에서는 니어 데스(near death)라고 하는데, 임사체험(臨死體驗)이라고도 번역된다.

예를 들면 비행기끼리 충돌하기 직전에 느끼는 체험이 임사 체험으로, 거의 죽음 직전에까지 이르렀다가 다시 되살아난 사람이 느끼는 체험을 말한다. 즉 사후 세계를 보고 온 사람의 체험이나.

"임사 상태를 경험한 사람은 이상하게도 모두 공통된 체험을 보고한다. 빈사 상태에서 본 이미지에는 나라나 문화를 초월하여 공통되는 부분이 있다"고 심리학자인 무디는 말한다.

그는 의사에게 사망 선고를 받았다가 다시 살아난 사람들의 체험 150가지를 모아 보았는데 거기엔 공통된 체험이 있었다. 임사 체험에서 공통적으로 나타나는 패턴은 다음과 같다.

우선 거의 모든 사람이 의사의 사망 선고를 듣고 난 뒤 불쾌한 소음(탕탕 또는 봉 하는 소리)이 들리기 시작하면서 길고 어두운 터널에 급속도로 빨려들어가는 듯한 느낌을 받는다. 갑자기 정신이 들면 자신의 육체에서 빠져나와 높은 곳에서 자신의 시신과 그 주위를 내려다보게 된다. 자신의 시신 주위에 의사나 급히 달려온 가족들이 보인다(여기에서 본 광경은 소생 후에 확인해 보면 거의 사실과 일치한다). 마음은 지극히 냉정해지며 강렬한 환희나 편안함, 행복감을 느끼게 된다. 조금 뒤 과거에 죽은 친척이나 친구가 나타나 미소로 영접한다. 그때 자기 생애에서 일어난 주요한 일들이 재빨리 스쳐 지나가는데, 거기서 자신이 죽음의 세계로 가까이 가고 있음을 알게 된다. 그러나 다시 강렬한 고통에 휩싸여 정신이 들었을 때는 생시(生時)로 되돌아온 뒤이다.

이런 사실은 사후 세계가 분명히 있다는 것을 암시하는 걸까? 사후 세계가 있는지 없는지는 확실히 단언할 수 없지만, 임사 체험이 사후 세계를 체험한 증거가 되지는 못한다는 점에서 임상심리학자들의 의견은 일치한다. 심장이 멈추고 죽어 있는 자신을 내려다본 기억이 죽음을 체험한 것은 아니라는 것이다.

"죽어 있는 자신을 내려다본다는 것은 완전히 죽지 않았다는 증거이다. 대부분의 임사 체험은 아주 짧게 심장이 정지된 상태에서 갖게 되는 경험이어서 뇌의 기능이 완전히 정지된 상태에서의 체험이라고는 할 수 없다"고 심리학자 후루카와는 주장한다.

심장이 멈춘다고 해서 뇌의 기능이 멈추는 것은 아니다. 그러나 사망 선고를 받은 사람들의 증언은 서로 일치한다. 왜 그럴까?

그것은 소생하고 난 뒤에 생각해 낸 것이다. 심장이 정지되기 직전까지 눈으로 보고 있던 것, 귀로 들었던 것이 기억에 남아 마치 내려다본 듯한 이미지로 재구성되었기 때문이다.

심장이 정지되고 난 뒤에도 지각 활동은 계속되어 기억에 남는다. 깨어난 뒤 혼란스런 기억을 정리하면 높은 곳에서 아래를 내려다보는 이미지로 바뀐다.

그러면 임사 상태에서 느끼는 행복감과 편안함은 어떻게 설명할 수 있을까? 심장이 정지된 상태에서 몸을 움직이지 않고 가만히 대기하면 뇌에서 진정 효과를 지닌 엔도르핀이 대량 분비된다. 엔도르핀은 뇌 속의 마약으로 불릴 정도로 헤로인과 같은 효과가 있어, 그것이 분비되면 쾌감과 행복감을 느끼게 된다.

엔도르핀의 분비로 인하여 느껴지는 행복감 속에서 뇌에 보존되어 있던 희미한 기억이 되살아나는 것이 과거에 대한 회상이며, 그때 과거에 죽은 가까운 사람들의 모습이 하나씩 차례로 나타나는 것이다.

심리학적 분석에 의하면 임사 체험은 사후 세계를 엿보는 것이 아니라는 것이다. 그러나 심장이 멈춘 상태에서 뇌에서 엔도르핀이 대량 분비된다는 사실은 아주 중요하다. 죽기 직전에 분비되는 엔도르핀의 작용으로 쾌감과 행복감 속에서 희미한 기억과 이미지를 그리며 깊고 영원한 잠으로 빠져들게 된다.

그런 점에서 완전히 목숨이 끊어졌다가 다시 되살아난 사람은 이 세상이 존재하고 난 뒤 지금껏 한 사람도 없었다. 어쨌든 심리학에서도 이제 사후 세계에 관심과 흥미를 가지기 시작했다. 아무도 진짜 그 세계를 다녀온 경험을 말해 주지 못하는 사후 세계에 대한 분석과 판단은 정말 어렵고도 수수께끼 같은 일이다.

여하튼 고통을 느끼면서 죽는 것이 아니라 편안함을 느끼면서 죽을 수 있다는 사실이 죽음을 두려워하는 우리에게 그나마 위안이 되는 것 같다.

새로 쓴 마음을 읽으면 사람이 재미있다

청개구리의— 자기 변명—

『톰 소여의 모험』 가운데 '영광의 페인트 칠하기'라는 이야기가 있다.

어느 날, 톰이 담장에 페인트를 칠하고 있었다. 마지못해 일하고 있는데 친구 벤이 그곳을 지나가면서, "야, 톰, 어쩐 일이야, 일을 다 하게?" 하고 놀려 댔다.

여느 때의 톰이라면 화를 냈겠지만 그날은 달랐다.

"일이라고? 겨우 페인트칠 가지고 말야? 그래, 일이라면 일이라 할 수 있지. 그러나 상관없어, 좋아서 하는 거니까. 이런 일은 좀처럼 잘 걸려드는 일이 아니거든."

"그래? 나도 좀 도와줄까, 톰."

"안 돼. 여기는 사람들 눈에 제일 잘 띄는 곳이라 깨끗이 칠해야 한단 말이야. 하기야 이곳을 깨끗이 잘 칠할 수 있는 사람이 우리 또래 가운데 나밖에 더 있겠어?"

"야, 톰, 이 사과 줄게. 나도 시켜 줘."

이리하여 톰은 지나가는 친구가 가진 사과를 슬쩍 받아 쥐고 페인트 칠까지 시켰다. 물론 이것은 톰 소여의 감쪽같은 속임수이다. 사람은 자기가 하고자 하는 일이 강하게 금지당하면, 그것에 더 큰 매력을 느끼게 된다. 그것은 자신의 행동의 자유가 위협받는다고 생각되어 심리적 반발이 일어나기 때문이다. 이것을 심리학에서는 '반동형성'이라고 한다.

위협받고 있는 자유를 어떻게든 회복시키려는 데서 심리적 반발은 일어난다. 다시 말하면, 금지된 것이 더 매력적으로 보이는 것은 그것이 위협받고 있는 자유를 회복시켜 줄 수 있다고 생각되기 때문이다. 따라서 너무 강하게 금지하면 오히려 역효과가 나타난다.

장애나 방해로 인해서 오히려 상대방에 대한 연애 감정이나 욕구가 더 높아지는 것을 '로미오와 줄리엣 효과'라고 한다. 부모가 강하게 반대하면 할수록 더 강한 연애 감정을 느끼게 된다. 다시 말하면, 자기들의 관계에 장애가 발생하면 반발심이 강하게 일어나 관계를 더욱 강화시키려 한다. 부모의 강한 반대가 오히려 연애 감정을 높여 연애 욕구가 강화된다는 것이다.

어떤 일에 실패하게 되면 스스로를 위안하는 사람이 있다. 실연당하고는 오히려 "그런 여자는 친구로 사귀는 것은 모르지만 결혼 상대로는 어울리지 않아 차버렸다"면서 큰소리치는 남성이 있다. 시험에서 떨어진 낙방생이 "그 학교는 교통이 나빠 합격했더라도 곤란할 뻔했다"는 식으로 얘기한다.

이처럼 어떤 일이 자기가 생각하는 만큼 잘 되지 않았을 때, 자기 형편에 맞게 해석하여 자신을 납득시키려는 것을 '합리화'라고 한다. 이솝의 「신포도 이야기」는 합리화의 좋은 예라 할 수 있다. 여우가 포도를 따먹으려고 아무리 높이뛰기를 해보아도 포도에 닿을 수가 없었다. 그러자 여우는 "어차피 저 포도는 시어서 못 먹을 테니까"라고 단념해 버린다.

김 대리는 입사 동료들은 한 사람씩 승진하는데 자기는 승진할 기미가 조금도 보이지 않자 풀이 죽어 있다. 그는 퇴근만 하면 허름한 뒷골목의 카페를 찾아가 홀짝홀짝 술을 마시며 마담을 상대로 넋두리를 내뱉는다. "동기 놈도 그렇고, 후배 놈도 그렇고, 윗사람에게 그렇게 아첨 떨 수 있어! 그런 낯뜨거운 짓은 난 도저히 못해! 역시 낯짝이 두꺼워야 출세하는 모양이야." 확실히 김 대리는 윗사람에게 아첨 떠는 넉살은 없는지 모른다. 그러나 윗사람에게 아첨을 잘 떨어야만 출세하는 것은 아니다.

이처럼 인정은 하면서도 자신이 하기는 힘든 것에 의해 출세가 결정되는 것처럼 말하는 것도 일종의 합리화이다.

현실을 자기 형편에 맞게 왜곡하여 해석함으로써 당장의 좌절감에서는 벗어날 수 있다. 그러나 그 학교에 들어가려는 욕구가 있었기에 시험을 쳤고, 합격했더라면 더 큰 기쁨을 맛보았을 것이다. 결혼하려는 욕구가 있었기에 프로포즈한 것이고, 헤어진 그 사람과 결혼했더라면 더 행복해질 수 있었을 것이다. 자기 마음대로 합리화를 계속하게 되면

현실을 직시하지 못하게 되며, 임시방편의 안도감은 느낄 수 있어도 정확한 현실 판단을 하기는 어렵다.

반대로 하고 싶은 일도 '꼭 해야 한다'는 강한 강요를 받으면 하고 싶은 생각이 가시는데, 이것은 '할인 원리'로 설명할 수 있다.

'오늘 수학은 재미있었어. 좀 모르는 것이 있긴 한데, 집에 가서 복습해야지'라는 생각에서 집으로 돌아와 TV를 보면서 좀 쉬고 있는데, 어머니가 못마땅한 표정으로 "그만 꾸물대고 공부해"라고 소리친다. "그러잖아도 하려고 해요." "빨리 해! 꾸물대지 말고." "그렇게 잔소리만 하니까 공부할 생각이 안 난단 말이에요." "핑계 대지 마! 처음부터 할 생각이 없었으면서." 이것은 누구나 경험해 본 일이다. 그때 마음속으로 '알지도 못하면서 잔소리만 하는 어머니'라는 생각이 들었을 것이다.

우리는 자기 스스로 그 일을 하고 있는가, 아니면 남이 시켜서 하고 있는가를 따져서 행위의 원인을 판단하려 한다. 우리는 자신의 행위가 자신이 통제할 수 없는 외부의 큰 힘에 의해 제어되고 있다고 느낄 때, 비록 그것이 자신의 의지로 시작한 행위일지라도 행위의 원인을 외부 탓으로 돌리는 경향이 있다. 이것을 '할인 원리'라고 한다. 이런 경우 당신은 당신의 자유의지(내적 원인)로 공부하는 것이 아니라 어머니의 명령(외적 원인) 때문에 공부하는 것이 된다. 그렇게 되면 당신의 내적 원인이 깎이게 되므로 공부하고 싶은 생각이 줄어든다. 만일 어머니가 당신에게 "공부하라"고 말하지 않았다면 공부를 했을지도 모른다.

아물아물한― 기억을
떠올리는 방법―

"그게 뭐더라?" 생각날 듯하면서도 좀처럼 기억나지 않는 일이 자주 있다. 이럴 때 기억을 되살릴 수 있는 단서를 이용하면 쉽게 기억해 낼 수 있다. 생각해 내려는 것 자체에 집착하므로 오히려 생각해 낼 수 없는지도 모른다. 그 일이 일어났을 때의 상태를 단서로 하면 의외로 쉽게 기억해 낼 수 있다.

예를 들어 두 그룹으로 피험자를 나누어 단어를 기억시키는 심리학 실험이 있었다. 한 그룹은 술을 마시게 하여 취한 상태에서 단어를 외우게 하고, 또 한 그룹은 맨정신에서 단어를 외우게 한다. 몇 시간이 지난 뒤 어느 쪽이 더 많은 단어를 외우는가를 조사한다 물론 맨정신으로 학습한 그룹이 압도적으로 많은 단어를 기억해 낸다. 그러나 취한 상태에서 단어를 외운 그룹에게 다시 술을 마시게 하고 단어를 기억해 내게 하면 맨정신으로 외운 사람보다 더 많은 단어를 기억해 낸다. 술에 취했을 때의 일은 술에 취했을 때 가장 잘 기억해 낼 수 있기 때문이다. 술꾼에게 좋은 구실을 제공하는 셈이 되지만, 아물아물한 기억을 되살리는 비결이 된다.

즉 어떤 기억을 되살리기 위해서는 먼저 그 일이 일어났을 때의 상태를 생각해 내어 그것을 단서로 아물아물한 일을 거슬러 올라가면 된다. 생각해 내려는 것과 관련된 상황과 기분을 먼저 생각해 내어 거슬러 올라가면 기억이 떠오르게 된다는 것이다. 이것을 심리학에서는 '상태 의존적 기억'이라고 한다.

이런 실험도 있었다. 학생들에게 최면술을 걸어 즐거운 기분 또는 슬픈 기분에 젖게 하고는 단어를 외우게 하고 나중에 그것들을 기억해 내게 하였다. 즐거운 기분에서 단어를 외운 학생들은 다시 기분 좋은 상태에서 단어의 78퍼센트를 기억해 냈다. 슬픈 기분에서 단어를 외운 학생들 역시 슬픈 상태에서 78퍼센트를 기억해 냈다. 그러나 그들에게 단어를 외울 때와 다른 기분 상태에서 단어를 기억하게 했더니 48퍼센트밖에 기억해 내지 못하였다.

이처럼 어떤 일이 일어났을 때와 같은 기분에 젖어 들면 대부분의 일을 쉽게 기억해 낼 수 있다.

이것을 '무드 일치 효과'라고 하는데, 현재의 무드와 일치하는 정보를 더 잘 기억해 낸다는 것이다. 현재 행복하다고 느끼고 있다면 불쾌한 일보다는 유쾌한 일이 더 잘 기억되는 경향이 있다. 마찬가지로 슬프거나 침울할 때는 유쾌한 일보다 불쾌한 일이 더 잘 기억되는 경향이 있다. 상태가 일치될 때보다 무드가 일치될 때 기억 효과가 더 크다. 행복했던 그 시절의 생각에 잠길 때 그 사람이 더 그리워지는 것이다.

격전지에서도
이런 사람은— 살아남는다—

인류 역사 이래 이 지구상에 전쟁이 없었던 날이 단 하루도 없었다고 한다. 무기를 가지고 싸우는 전쟁만이 아니라 교통 전쟁, 무역 전쟁 등 우리는 여러 가지 다툼 속에 매일매일을 보내고 있다.

이럴 때 전장에서 살아남을 수 있는 조건이 무엇인가를 파악해 낸다면 생명 유지에 도움이 될 것이다. 미국의 심리학자 시버드는 전장에서 전사하느냐 살아 돌아오느냐는 단순히 운(運)의 문제가 아니며, 거기엔 특별한 심리적 특징이 개재된다고 믿고 그것을 중점적으로 조사했다. 그는 한국전쟁·베트남전 등 격전지에서 살아 돌아온 수백 명의 제대 군인들과 인터뷰를 했다.

격전지에서 여러 고난을 겪고 살아남은 병사들에게는 공통되는 성격이 있었다. 즉 그들은 평소에는 여유를 가지고 생활해 나가는 듯 하지만, 유사시에는 아주 세심한 주의를 기울이는 성격을 가진 사람들이었다. 여유만 가져서도 안 되고, 그렇다고 언제나 신경을 곤두세우고 있어서도 안 된다. 그들은 이 두 가지를 동시에 갖추고 있었다. 즉 여유를 가지면서도 필요한 때에는 긴장하는 성격의 소유자들이었다.

또 그들은 평소에는 좀 게으른 듯하나 일할 때는 아주 열심히 하였다. 그들은 나서야 할 때를 대비하여 에너지를 비축했고, 또 책임감이 강하여 다른 사람의 이익을 위해서는 몸을 아끼지 않았다. 즉 이기주의자는 전장이나 위기 상황에서 살아남기 힘들지만 희생 정신을 가진 사람은 살아남을 수 있다는 것이다.

그들은 부하가 잘못을 저질러도 노하지 않고 농담으로 웃어넘겼고, 일부러 자신의 실수를 보여 주고는 함께 웃어넘기는 여유도 가지고 있었다. 전혀 사심 없는 호기심을 가지고 일에 열중하는 타입이며 유머 감각이 있어 어린아이처럼 천진난만하였다.

또 그들은 어떤 곤란한 상황에서도 절망하지 않고 침착하게 희망과 자신을 가지며, 불행한 일도 자신에게 큰 도움을 준다는 생각을 가졌다. 어린아이같이 마음이 순진하지만 남에게 도움을 줄 줄도 알았다.

즉 전장에서 살아남은 사람들에게 공통되는 특징은 두 가지 상반되는 성격을 동시에 갖고 있다는 사실이다. 착실하면서도 즐길 줄 알고, 근면하면서도 느긋하며, 외향적이면서 내향적이었다. 이런 양면성이 있으므로 어떤 상황에 처해도 유연하게 적응할 수 있었던 것이다.

결국 지극히 착실하거나 지극히 나태하여 단순한 사람은 전장에서 살아남기 힘들지만, 복잡한 성격을 가진 사람은 살아남을 수 있다는 것이다.

이런 사람들과 암에 걸려서도 기적적으로 살아남는 사람의 성격 사이에는 공통점이 많다. 사인(死因) 제1위인 암과의 투쟁에서도 이런 양면적 성격을 가진 사람은 암을 극복할 수 있는 가능성이 크다.

편식과—
범죄의 관계—

샐러리맨들은 점심 시간이 되면 '오늘은 또 뭘 먹지?' 하고 고민한다. 구내 식당 음식은 맛이 없고, 바깥에 나가서 먹자니 단골 식당은 싫증이 난다. 그래서 '뭔가 깔끔하고 맛있으면서 값싼 음식은 없을까?' 하고 고민한다.

하지만 이런 고민 같은 건 아예 하지 않고 매일 같은 식당에서 같은 것만 먹는 사람이 있는가 하면, 국수나 라면같이 간단한 것으로 허기를 때우는 사람도 있다.

그러나 이런 사람들은 주의해야 한다. 형편없는 식사는 미각에 대한 욕구불만을 일으켜 사고나 사건을 일으키기 쉽게 한다. 교통사고를 일으켜 수감된 사람들의 60퍼센트가 편식하는 사람들이라는 조사 보고가 있다.

왜 편식을 하면 사고를 일으키기 쉬운가? 미각으로 인한 욕구불만은 불안을 가져온다. 이것으로 인한 실수나 주의 산만은 사고를 일으키기 쉽게 한다. 베테랑 형사들은 편식이나 영양가 없는 식사가 불안감을 증대시키는 원인이 된다는 것을 잘 알고 있다. 그래서 범인을 취조할 때 사건이 일어나기 전 세 끼 식사에 무엇을 먹었느냐고 먼저 묻는다. 식사를 하지 않았거나 라면이나 과자, 빵 같은 인스턴트 식품을 먹은 사람이 범인일 가능성이 높다는 것이다.

이처럼 편식은 영양 상태를 악화시켜 불안감을 증대시킨다. 영양소가 모자라는 음식을 피험자에게 계속 먹게 했더니 미래에 대한 희망을 점점 잃어 가면서 심리적 위축 현상을 일으켰다.

또 영양 상태를 점점 나쁘게 하여 트럼프 같은 도박을 하게 했더니, 속임수를 많이 쓰려고 했다. 영양 상태가 나빠지면 기력이 떨어지므로 별 노력 없이 돈을 따기 위해 속임수를 쓰게 된다.

이처럼 영양가 없는 식사는 사람의 신용을 잃게 하고, 사고나 사건을 일으키는 원인이 된다.

월터라는 심리학자는 저혈당증이 여러 범죄의 원인이 될 수 있다는 점을 지적하였다. 여러 가지 범죄가 만연하고 있는 지구상의 '최악의 범죄지'인 페루의 쿠오라 인디언 촌락의 세대주의 절반 이상이 저혈당증을 갖고 있는 것을 알아 내었다. 흰설탕과 흰밀가루 등 정제된 탄수화물은 정신질환과 행동장애를 일으키는 원인이 될 수 있나. 고난백, 낮은 당질의 음식물 섭취가 정상적이고 안정된 혈당을 유지하게 한다.

심리학적— 호신술—

요즈음 밤길이 정말 무서워졌다. 아무리 여성이 강한 시대라고 하지만 남성의 완력을 당해 낼 수가 없어 성폭행은 점점 더 늘어나고 있다. 술 주정뱅이나 색한(色漢)이 치근덕거릴 때 가까이에 파출소가 있다면 뛰어들어가면 되겠지만 그렇게 할 수 없는 상황이 더 많다. 그럴 때에는 어차피 가까이 있는 사람에게 도움을 청하는 수밖에 없다.

그러나 여성이 남성과 옥신각신해도 목격자는 그렇게 간단히 싸움을 말리려 하지 않는다. 냉혹해서가 아니라 싸우는 사람들의 관계를 먼저 따져 보고 개입 여부를 결정하려 하기 때문이다.

남녀가 길거리에서 다투고 있을 때, 목격자가 어떤 때 싸움을 말리려 끼어드는가를 알아보는 심리학 실험이 있다. 실험에 참여한 남녀는 진짜인 것처럼 처음에는 서로 말다툼을 벌이다가 나중엔 서로 붙들고 늘어지는 연기를 멋지게 하였다. 목격자로 하여금 진짜 싸우는 것으로 믿게 하였다. 여성이 날카로운 목소리로 "저리 못 가요!" 하면서 남성을 뿌리친다. 그때 여성이 "도대체 당신 누구예요?" 하고 소리칠 때와, "어쩌다가 저런 작자와 결혼하게 되었는지 몰라!"라고 소리칠 때의 목격자의 반응이 전혀 달랐다. "당신 누구예요?" 하고 소리칠 때, 목격자는 모르는 사람끼리의 다툼이라고 판단하여 65퍼센트가 싸움을 말리려 끼어들었다.

그러나 서로 붙들고 늘어지면서 아무리 심하게 다투어도 여성이 "어쩌다 저런 작자와 결혼했는지 몰라!" 하고 소리치는 경우, 싸움을 말리려 끼어드는 사람은 불과 19퍼센트밖에 되지 않았다. 즉 부부 싸움이라고 생각되면 잘 끼어들려고 하지 않는다.

'설마 낯선 남자에게 저렇게 시달림을 받겠어?'라고 애인이나 부부 사이인 것으로 오해받기 쉬우므로, 술주정뱅이나 색한이 치근덕거릴 때면 먼저 그가 남편이나 애인이 아니라는 것을 주위 사람에게 밝혀야 한다.

남녀가 심하게 다투고 있는 장면을 촬영한 비디오를 보여 주고는 그들의 관계를 추측하게 한 조사가 있다. 조사 결과, 화면에 나오는 남녀가 애인이나 부부, 친한 사이일 거라고 추측한 사람이 99퍼센트나 되었다. 낯선 남녀끼리의 다툼이라고 추측한 사람은 불과 0.03퍼센트밖에 되지 않았다.

이렇듯 목격자는 말다툼하거나 싸우고 있는 남녀를 부부나 애인으로 보는 경향이 있다. 아무리 여성이 괴롭힘을 당해도 여성 쪽에 잘못이 있는 것으로 보통 생각해 버린다. 따라서 남성이 치근덕거리면 우선 그 남자가 전혀 모르는 사람이라는 것을 주위에 알리고 도움을 청해야 한다.

즉 낯선 남자가 괴롭히거든 말로 따지려 들지 말고 우선 그와 자기는 아무런 관계가 없다는 것을 밝히면서 주위에 도움부터 청해야 한다. 이것이 바로 심리학적 호신술이다.

왜— 배가 고프면
화가 날까—

누구라도 한 번쯤은 다음과 같은 경험을 해보았을 것이다. 오전 회의가 늦게 끝나는 바람에 점심 먹을 시간이 없어 그대로 오후 일과로 들어간다. 그때 부하나 동료가 조그마한 실수를 한다. 보통 때라면 아무 말도 하지 않고 그대로 지나칠 일에 크게 화를 낸다.

왜 사람은 허기지면 기분이 나빠지는가? 식욕이 충족되지 않았기 때문이다. 우리는 욕구가 충족되지 않으면 욕구불만 상태에 빠지게 된다. 식욕은 가장 기본적인 욕구로서, 이것이 없으면 생명을 유지하는 것 자체가 힘들다. 욕구란 무엇이 결핍된 상태를 말한다. 이런 기본적인 욕구가 충족되지 않으면 아주 큰 욕구불만에 빠져 공격적으로 된다. 욕구불만이 공격 행동을 일으키는 원인이 된다는 것이다. 공격이란 다른 사람에게 해를 주는 것을 말한다. 차고 때리는 것을 직접적 공격 행동이라고 하고, 욕하고 비난하는 것은 간접적 공격 행동이라고 한다.

공복 상태에서 곧잘 부하나 동료를 괴롭히는 것은 공복으로 인한 욕구불만이 공격 행동으로 나타나기 때문이다. 공격 행동은 보통 욕구불만을 가져다 준 사람에게로 향한다. 오전 회의를 오래 끈 장본인은 윗사람이지만, 윗사람을 공격할 수는 없다. 그래서 공격 목표를 바꾼다. 그런 영문도 모르고 공격 목표가 된 부하나 동료는 아주 당황하게 된다.

아이가 어머니에게 아이스크림을 사달라고 조른다. 어머니는 입맛이 없어진다고 거절한다. 아이는 욕구불만 상태가 된다. 욕구불만을 가져다 준 사람은 어머니지만 어머니를 공격할 수는 없다. 그래서 옆에 있는 동생을 이유도 없이 마구 때린다. 영문도 모른 채 형에게 두들겨 맞은 동생도 욕구불만에 빠진다. 형에게 대들고 싶지만 힘이 달려 데리고 놀던 강아지를 걷어찬다.

욕구불만이 강할수록 공격 행동이 심해진다. 욕구불만이 그리 크지 않을 때는 비난이나 욕설 같은 가벼운 공격으로 끝난다. 그러나 약한 욕구불만이라도 몇 가지 겹치면 심한 공격 행동으로 나타난다.

예를 들어 평소에 마음씨 좋기로 소문난 어느 교사가 어느 날 갑자기 수업 시간에 늦게 들어온 학생을 몹시 야단친다. 그렇게 화내는 모습을 전에는 본 일이 없으므로 학생들은 깜짝 놀란다. 그날 아침 그 교사는 수염을 깎으면서 딴생각을 하다가 얼굴을 베고 말았다. 기분이 나빴지만 어쩔 수 없었다. 그런데 그날따라 아침 식탁에 오른 된장찌개가 별로 맛이 없었다. 욕구불만을 약간 느꼈지만 아내에게는 불평을 하지 않았다. 출근 중에 만원 버스에서 발을 밟혔다. 발을 밟은 사람이 사과를 하긴 했지만 발이 꽤 아팠다. 이런 사소한 욕구불만이 몇 가지 겹치자 기분이 아주 나빠졌다. 교실에 들어가 수업을 시작했다. 10여 분 지났을 때 학생 한 명이 느릿느릿 교실에 나타났다. 그러자 마침내 욕구불만이 폭발하고 만 것이다. 학생들은 지각 좀 했다고 저렇게 야단칠 수 있느냐며 쑥덕거린다. 그러나 그의 아침부터의 행적을 알게 되면 그렇게 화내는 것도 무리가 아님을 알게 된다.

우리는 살아 가면서 모든 욕구를 다 충족시킬 수만은 없다. 우선 욕구불만을 견딜 수 있는 힘을 쌓아야 한다. 어른이 된다는 것은 욕구불만을 적절히 처리하는 힘을 가진다는 것을 뜻한다.

새로 쓴 마음을 읽으면 사람이 재미있다

왜 누드— 붐인가—

요즈음 영화나 TV 드라마에서 방영되는 노골적인 러브신을 옛날 사람이 본다면 아마 놀라 기절할 것이다. 그러나 예나 지금이나 남성들이 여성을 좋아하기는 마찬가지라고 본다.

영화나 TV만이 아니라 주간지, 스포츠 신문도 여성의 누드 일색이다. 왜 이처럼 남성은 여성의 누드를 좋아할까? 첫 번째 이유는 남성은 시각적 자극만으로도 성적 흥분을 느끼기 때문이다. 사춘기 아이를 키우기란 부모에게 매우 신경 쓰이는 일이다. 이 시기는 이른바 제 2의 반항기이다. 특히 어머니는 남자아이의 성 발달을 잘 모른다.

남녀고용평등법이 시행되어 남녀간의 차별 대우가 많이 없어지긴 했지만, 성의 발달에서는 확실히 남녀 차가 존재한다.

여자의 성(性)의 성숙 지표는 월경이다. 여자는 신체가 성숙하면 자신의 의지와 전혀 관계 없이 월경을 시작한다. 이에 반해 남자의 성의 성숙 지표는 정통(精通 : 최초의 사정)으로, 그것은 자신의 의지에 의해 일어나는 행위의 결과인 경우가 많다. 여자의 경우에는 월경이 시작되었다 해도 성적 쾌감을 느끼지 못하지만, 남자는 최초의 사정에서도 쾌감을 느껴 성의 최종적인 만족을 알게 된다. 따라서 남자는 정통이 있었던 날부터 성의 의미를 알게 된다. 그것이 바로 어머니가 남자아이를 키우는 데 애를 먹는 한 원인이 된다.

남성은 시각적 자극만으로도 성적 흥분을 느낀다. 사춘기가 되면 남자아이는 여성의 누드 사진이 들어 있는 비디오 등을 감추어 두고 보는 것이 보통이다. 어머니가 아들 방을 청소하다가 이런 것들을 발견하면 놀라서 "이런 지저분한 것들을 당장 내다 버리지 못해!" 하고 꾸짖는다. 이런 점에서도 어머니는 아들을 잘 이해하지 못한다.

그러나 이런 불량 문화재를 갖고 있지 않은 남자아이가 오히려 걱정일 수도 있다. 발달이 늦어지고 있다는 증거이기 때문이다. 어머니에게 있어 남자아이의 성 발달은 좀처럼 잘 이해할 수 없는 것이다.

남성이 여성의 누드를 좋아하는 두 번째 이유는 대상(代償)을 받을 수 있기 때문이다. 남성에게는 많은 여성과 접촉하고 싶어하는 기본적 욕구가 있다. 그러나 이런 욕구를 충족하기란 거의 불가능하다. 그래서 잡지나 영화, TV에서 여성의 누드를 봄으로써 이 충족되지 못한 욕구를 대신 만속시키는 것이다.

이처럼 남성은 여성의 누드를 보면서 성적 욕구를 조금이라도 채워 보려고 한다. 현실 세계에서는 도저히 이룰 수 없는 미녀와의 사랑을 한순간의 환상으로 채워 보려는 것이다.

적대감이나 증오, 성 욕구 등을 어떤 대상에게 직접 표현하기 곤란할 때, 다른 대상을 찾아 그것을 표현하는 것을 치환(置換)이라고 한다. 성 욕구를 이성에게서 직접 충족시키지 못할 때 속옷·구두 등 이성이 몸에 지니는 물건에 집착함으로써 그것을 충족시키려는 것을 한 예로 들 수 있다. 이것을 물신주의(物神主義)라고 한다. 또 자기 주변에 있는 이성에게는 매력을 못 느끼고 운동 선수나 가수 등을 더 좋아하는 것도 치환이라고 할 수 있다.

한편 자신의 욕구를 사회적으로 바람직하거나 높이 평가받을 수 있는 방향으로 향하게 하는 치환을 승화(昇華)라고 한다. 운동에 심취하는 것은 공격 욕구가 승화된 것이며, 예술 작품 창작이나 학문 탐구에 힘쓰는 것은 성 욕구가 승화된 것이다. 프로이트는 이런 고차적 활동은 성 욕구가 승화된 결과라고 보았다. 그렇게 보면, 인간의 모든 예술 활동, 스포츠 활동의 밑바탕에는 성욕이나 공격 욕구가 깔려 있는 것이 된다. 그러나 그런 욕구만이 인간 활동의 기초가 되는 것은 아니다.

왜— 벗은 몸은
성욕을 줄이는가—

보디 이미지에 관한 대표적 연구자인 피셔는 다음과 같은 독창적인 실험을 한 적이 있다. 일부 여성에게서 보이는 성 반응의 장애가 성관계를 가질 때 옷을 벗어야만 한다는 데서 기인하는 것이 아닌가 하는 것을 검증하는 실험이었다. 이런 가설을 세우게 된 것은 의복이 신체 경계를 강화하여 상처를 막아 주는 기능을 하는 것으로 생각되기 때문이다.

생리학 검사를 받으려고 기다리는 여성들을 대상으로 옷을 벗기 전과 벗은 뒤 신체의 경계 감각을 측정하였다. 그 결과, 옷을 입었을 때보다 벗었을 때의 경계 상실감이 더 크다는 것을 알 수 있었다. 제2의 피부라고도 불리는 옷을 벗게 되면 상처를 입지 않을까 하는 불안 감정이 높아져 그것이 오르가슴에 이르는 것을 방해하는 것이다.

아이가 소리쳐 울 때나 겁이 나서 꼼짝 못하고 있을 때 부모나 어른은 그 아이를 감싸거나 껴안아 주는데, 그러면 아이는 안심하고는 울음을 그친다. 그것은 부모의 몸이 아이의 신체 경계를 강화하는 벽이 되어 아이를 안심시키기 때문이다. 마찬가지로 우리가 목욕할 때 따뜻한 물에 몸을 담그면 마음이 포근해지는 것은 우리의 피부가 따뜻한 물로 보호받고 있다는 느낌 때문이다.

안긴다든지, 목욕을 한다든지, 바다나 풀에 몸을 담근다든지 할 때 안정감을 느끼게 되는 것은 다른 사람의 몸이나 물이 우리 몸의 방호벽이 되어 주기 때문이다. 그렇다면 성 교섭의 장면에서 안도감과 오르가 슴에 이를 수 없는 여성들은 남성의 몸이라는 의복으로 자기 몸을 감쌀 수 없는 사람인지도 모른다.

의복이나 제복에는 대인 관계를 조정하는 작용이 있는 것으로 보인 다. 예를 들면 정신분열증에 걸린 여성은 화려한 체크 무늬 옷을 입어 자신의 신체 경계를 확실히 하려 한다. 또 자신의 신체 경계에 강한 불 안을 느끼는 여성은 다른 사람의 눈길을 끄는 최신 유행 옷을 입는 경 향이 있다.

그러나 다른 사람의 눈길을 끄는 복장은 다른 사람의 표적이 되어 오히려 불안감을 증폭시킬지도 모른다. 그런 의미에서 보면 브랜드 의 복이나 장식품을 몸에 지니지 않으면 직성이 안 풀리는 여성은 신체 경 계에 심한 불안감을 느끼는 사람이라고 하겠다.

마음의 벽을 허물어뜨리고 자기 속을 드러내 놓는 것을 자기개시 (自己開始)라고 한다. 섹스에 관한 문제에서는 자기개시가 어렵지만, 그런 문제를 가지고 상대에게 마음을 터놓게 되면 상대는 당신과의 심 리적 거리를 좁히게 된다.

자기개시 이론에서는 섹스에 관해 이야기를 나눌 수 있는 사람에게 상대는 호감을 느낀다고 말한다. 그러나 처음 만난 여성이 상대방 남성 에게 피임법이나 성적·개인적 문제를 터놓는다면 아주 나쁜 인상을 주게 된다.

초면에는 즐거웠던 일이나 그때의 기분을 밝히는 정도의 자기개시 가 상대에게 호감을 준다. 사귀어 가면서 자기개시의 수준을 높여 나가 는 것이 대인 관계의 기술이라 할 수 있다.

왜 건강— 붐인가—

'조깅을 해라', '건강 식품을 먹어라', '금연해라', '술을 절제하라' 등 건강을 지키기 위한 슬로건이 홍수처럼 범람한다. 텔레비전의 CM도 건강 증진을 위한 약품이나 식품 선전이 태반이다.

확실히 우리는 질병 없이 건강하게 살아가기를 원한다. 이것은 동서고금에 걸쳐 모든 인간이 가지는 바람으로, 인간은 불로장생의 약을 만들기 위해 갖은 애를 다 써왔다.

또한 건강에 좋다는 식품이 끝도 없이 소개되었다. 케일이라는 식물의 즙이 건강에 좋다는 말이 퍼지자 너도 나도 정원에 그것을 심었다. 홍차버섯이라는 기이한 음료가 잘 팔린 적도 있다. 홍차 안에 버섯 포자를 며칠 넣어 두면 버섯이 홍차 표면을 뒤덮는다. 버섯이라고 하지만 표고버섯처럼 잘 알려진 버섯도 아니고 곰팡이와도 비슷한 것이다. 이 곰팡이가 핀 홍차를 마시면 건강에 좋다고 하여 너도 나도 마셨던 일이 있으나 지금 그것을 기억하는 사람은 별로 없다.

불로장생 약은 중세의 연금술과도 같다. 절대로 만들어 낼 수 없는 금을 어떻게든 만들어 내려고 무모한 노력을 한 것과 같다.

알로에즙이나 홍차버섯을 마시면 오래 살 수 있다고 마음속으로 믿으면 심리적으로 다소 효과는 있을는지 모른다. 조깅을 하다가 급사한 사람도 있고, 케일이나 홍차버섯을 마셔도 병에 걸릴 사람은 걸렸다.

새로 쓴 마음을 읽으면 사람이 재미있다

뛰어나게 좋은 약이 따로 있을 리 없다.

또 우리는 누구로부터 "당신의 체질로 봐서 이 약을 복용해야 건강 유지에 도움이 되지, 그렇지 않으면 건강을 망치게 된다"는 위협적인 판매 술책을 듣게 되면, '건강을 잃으면 모든 것을 잃게 된다'는 기우 때문에 그냥 지나치지 못한다. 업자들은 인간의 이런 심리를 이용하여 장기간 복용해야 할 고가의 건강 식품을 팔아 먹는다. 어느 가정치고 건강 식품 한두 가지 구입해 놓고는 몇 번 복용하다가 그냥 팽개쳐버리지 않는 집이 없을 정도이다.

어머니가 음식을 가리는 아이의 버릇을 없애 주려고 애쓰는 것도 아이의 건강을 염려해서이다. 어머니는 '아이가 음식을 가려 먹으면 영양의 균형이 깨져 병에 걸리기 쉽고 성장도 늦어진다'고 믿는다. 정말일까?

사춘기에 식생활 이상증에 걸려서 음식 섭취를 거부한다면 영양실조가 된다. 그러나 요즈음처럼 먹거리가 많고 좋은 음식물이 많은 시대에는 영양실조를 걱정할 필요가 없다.

영양학적 이론을 너무 과신해서도 안 된다. 그것은 입에 들어오기 전까지의 식품에 대해서만 관심을 갖는다.

소화기계의 장기는 마음 상태의 영향을 크게 받는다. 위궤양이나 십이지장궤양은 정신적 요인 때문에 발병하는 경우가 많다.

아이들은 향기가 진한 야채를 별로 좋아하지 않는다. 당근·피망·양파를 좋아하는 아이는 거의 없다. 어머니는 온갖 수단을 써서 아이의 마음을 돌리려 한다. 아이는 할 수 없이 앞니로 약간 씹어서 물과 함께 마셔 버린다. 그러나 마지못해 먹을 때는 위장이나 장이 거의 기능을 하지 못한다. 소화도 흡수도 안 된 상태에서 체내를 그냥 통과할 뿐이다.

음식 가리는 습성을 고쳐 보려는 시도는 쓸데없는 일이라고 할 수 있다. 부모도 아이도 이 문제로 에너지를 소비할 필요가 없다. 오히려 그런 에너지를 본질적인 문제로 돌리는 것이 아이의 발달에 훨씬 도움이 된다.

식사는 즐거운 것이다. 담소를 나누며 식사를 마치고는 "아, 참 맛있었다, 잘 먹었다"고 느낄 때 비로소 진정한 식사를 했다고 할 수 있다. "이것에는 비타민 D가 포함되어 있다. 저것에는 동물성 단백질이 많이 함유되어 있다"고 따져 가며 식사한다면 즐거운 식사가 될 리 없다.

아무리 건강에 신경 쓴다 해도 수명을 한없이 연장시킬 수는 없다. 인류가 몇만 년이나 찾아 헤맨 불로장생 약은 아직도 발견되지 않았다. 인간은 어떤 수단을 강구한다 해도 150년 이상은 살 수 없다.

건강에 지나치게 신경 쓰는 것도 바람직하지 않다. 약에만 의존하려 하지 말고 적당한 운동을 하면서 매일매일을 즐겁고 밝게 보내는 것이 건강하고 행복한 삶을 살아갈 수 있는 가장 좋은 방법임을 명심해야 한다.

슬픈 일을— 회상하면
혈압이 낮아진다—

사람은 기쁠 때나 슬플 때나 눈물을 흘린다. 그렇다면 기쁠 때와 슬플 때의 생리적 반응이 같다는 말인가? 아니면 정서에 따라 내장의 각성 반응이 달라진다는 말인가? 말초신경설은 정서에 따라 각성 반응이 달라진다고 주장하나 중추신경설은 동일하다고 주장한다.

피험자들에게 각자의 생활에서 가장 행복했던 일, 가장 슬펐던 일, 가장 분노를 느꼈던 일, 가장 공포를 느꼈던 일을 기억해 내게 하고는 그것을 회상하고 있는 동안 그들의 심장 박동, 수축 혈압, 확장 혈압 등 생리적 반응을 측정한 실험이 있다.

중추신경설의 주장대로 정서를 느낄 때의 생리적 각성 반응이 어떤 정서에서도 동일하다면, 피험자가 어떤 정서를 회상해도 같은 생리적 반응을 보일 것이다. 그러나 결과는 말초신경설을 지지하는 쪽으로 나타났다.

우리는 상식적으로 다른 사람의 불행을 듣고는 슬퍼서 눈물을 흘리고, 또 다른 사람에게서 욕설을 들으면 화가 치밀고 분노를 느껴 주먹을 쥐고는 공격 행동을 한다.

그러나 심리학자인 제임스와 랑게는 그렇지 않다고 말한다. 어떤 자극을 받으면 먼저 반사적으로 안면과 손발의 근육이 움직이고 내장의 활동에 변화가 생긴다. 얼굴이 붉어지거나 심장이 뛰게 되면 그것을 뇌가 지각하여 그것에 대응하는 정서가 표현되게 된다는 것이다. 즉 말초신경설을 주장하는 사람들은 "슬퍼서 우는 것이 아니라, 우니깐 슬퍼진다"고 말한다.

심장 박동은 행복했던 일을 생각하고 있을 때 가장 낮고, 분노나 공포를 느낄 때 가장 높다. 혈압은 분노를 회상할 때 가장 높고 슬픈 일을 회상할 때 가장 낮다. 따라서 정서를 동반하는 사건을 생각해 냄으로써 자신의 생리적 각성을 통제할 수 있다. 예를 들어 행복했던 순간을 생각하면 심장 박동을 안정시켜 심리적 안정을 얻을 수 있다.

요즈음 스포츠계에서 많이 사용하고 있는 이미지 트레이닝(image training)이나 마인드 컨트롤(mind control)에 의한 자기 조정법은 이런 심리적 법칙을 선수의 심리에 응용하여 좋은 성적을 얻으려는 것이다. 물론 이런 법칙이 스포츠에만 응용되는 것은 아니다. 회사원·수험생 등 심리적 안정을 필요로 하는 사람은 누구나 응용할 수 있다.

거짓말을 할 때도 이런 정서적 변화가 일어난다. 그래서 거짓말을 적발하는 데 거짓말탐지기가 사용되는 것이다. 그러나 그것이 정확하게 거짓말을 탐지해 낼 수 있는가에 대해서는 의문을 가지는 사람이 많다. 아무런 잘못이 없는 사람이라도 긴장해서 평상시와 다른 정서적 반응을 보인다면 죄가 있는 것으로 판단될 위험성이 있기 때문이다.

새로 쓴 마음을 읽으면 사람이 재미있다

이런 사람은
이렇게 다루어라

사람은 나름대로 자기에게 적절하다고 생각되는 사고방식과 생활 방식으로 살아간다. 그것은 성격에서 올 수도 있고 자기 전략에서 기인할 수도 있다. 상대방의 강한 점과 약한 점을 파악하여 적절히 대응하면 대인 관계에서 효율성을 높일 수 있다.

무턱대고 — 반대만 하는 — 사람

다른 사람의 주장에 무조건 반대부터 하는 사람이 있다. 잠자코 있자니 자존심 상하고, 또 따라가자니 손해를 보는 것 같아 반대만 하는 사람이다. 이런 사람에게는 우선 문제를 결정적인 형태로 몰아가라. "이것은 이렇게 하겠습니다", "이렇게 하면 됩니다"라고 말함으로써 이쪽의 생각을 결정적인 형태로 제시하라. 또 "이해심이 깊으므로", "지지해 주시리라는 것을 잘 알기 때문에"라는 식으로 상대방을 치켜세우는 방법도 있다. 반대로 선수를 쳐서 "당신은 반대 하시겠지만 이것은 반대할 성질의 것이 아니라고 봅니다", "이것에는 이런 점도 있어 무조건 반대만 해서는 안됩니다"라고 상대가 납득하도록 설명하는 방법도 있다.

의기소침한 ― 사람

이런 사람은 어떤 점을 들어 칭찬해 주면 마음이 움직인다. 치켜세워 주면 자존심을 만족시켜 주어 마음이 움직이는 것이다. 즉 자존심을 살려 주어 적극적인 행동을 하게 만드는 것이다. 칭찬과 격려는 그 사람의 능력을 이끌어 내게 하며, "당신의 능력을 높이 사서 이 일을 맡깁니다. 당신이라면 해낼 수 있다고 믿습니다"라는 말에서 상대방은 자기 자신을 새롭게 발견하게 된다.

소극적이고 ― 비활동적인 ― 사람

이런 사람에게는 구체적인 역할을 많이 맡기는 편이 좋다. 역할이 주어지면 활동하기를 꺼리지 않는다. 다소 맞지 않는 역할이라도 역할을 가지게 되면 활동하게 된다.

자기 주장만 하는 ― 사람

다른 사람의 이야기는 들으려 하지 않고 자기 생각만이 절대적으로 옳다고 주장하는 사람이 있다. 상대방이 자기 주장만 펴고 있는데 이쪽에서도 이쪽 주장만 편다면 좀처럼 결론이 나기 어렵다. 그러므로 상대의 이야기를 끝까지 들어주고 상대방이 좀 누그러지면 잘못된 점을 하나하나 지적하면서 이쪽 주장을 펴는 것이 좋다. 그러나 상대가 자기 주장만을 지루할 정도로 펴 더 이상 견딜 수 없을 때는 "결론이 무엇입니까? 결론을 먼저 말해 주세요"라고 하면서 이야기를 중단시킬 수도 있다. 또 상대방의 주장에 대하여 그때그때 하나하나 이유를 따져 물어 김을 빼는 방법도 있다.

허세 부리기 좋아하는 — 사람

유명한 사람의 이름을 대면서 "그 사람과 아주 가까운 사이다"라든가, "그걸 가지고 나에게 이러쿵저러쿵할 사람은 아무도 없다"고 허세 부리기 좋아하는 사람이 있다. 허세를 부리는 것은 자신감이 없기 때문이다. 즉 열등감 때문에 허세를 부리는 것이다. 이런 사람에게는 허세를 인정하려 들지도 말고, 그렇다고 부정하려 들지도 말고 애매한 태도로 가볍게 받아넘기는 편이 좋다. 묵살하거나 비난하면 오히려 허세를 부추길 수 있으므로 적당히 별 관심 없는 듯한 태도를 보이는 것이 효과적이다.

우는 소리 잘하는 — 사람

이런 사람은 언제나 우울해 보이고 자기의 좋지 않은 처지만 말하며, 자신은 운이 없다는 말만 한다. 또 적극적으로 일하려는 자세를 보이지 않고 동정해 주면 더욱 우는 소리를 한다. 이런 사람에게는 동정하는 마음으로는 푸념을 들어 주지 말라는 것이다. 이런 사람의 심층 심리에는 심한 어리광이 남아 있어 당신이 동정해 줄수록 어리광을 더 부리게 된다. 어리광을 부리지 못하게 하는 것이 우는 소리를 멈추게 하는 방법이다.

헐뜯기 좋아하는 — 사람

열등감을 숨기고 자기 자리를 지키려는 방어 심리가 강한 사람으로, 자기보다 능력 있는 사람에게 시기나 질투를 느낀다. 헐뜯는 소리를 가만히 듣고만 있지 말고 그 저의를 확실히 밝혀 내어 추궁해야 한다.

왜 이런 것들이 붐인가

자살 —

자살은 징조가 없이 일어나는 경우도 있지만, 열 사람 중 여덟은 평소에 자살 의지를 드러낸다고 한다. 자살하려는 사람은 '살고싶다'는 욕구와 '죽고 싶다'는 욕구 사이에서 갈등을 느낀다. 자살의 징조는 거꾸로 '살고 싶다'는 욕구의 표현이기도 하다. 따라서 무시하지 말고 그 사람에게 관심을 기울이면 자살을 방지할 수도 있다.

자살의 징조는 세 가지로 나누어 볼 수 있는데, 첫째는 일반적인 위험 신호를 보인다. 공격적 행동을 하거나, 알코올이나 약물을 남용하며, 갑자기 주위 사람들에게 순종하고, 식사 습관이 바뀌거나 수면 습관이 바뀌며, 여자 친구와 헤어지는 등 이별에 대한 준비를 한다.

그 다음 단계는 자살 특유의 행동 변화를 보인다. 갑자기 성격이 크게 바뀌거나, 기분이 쉽게 변하고, 충동적이 되며, 정신 집중이 힘들어지고 혼자 있는 시간이 많아진다.

마지막 단계는 자살의 실행이다. 희망이 없다거나 절망적이라는 말을 자꾸 하고, 죽고 싶다는 말을 되풀이하며 자기 물건을 정리하는 등의 행동을 한다.

점 —

어째서 사람들은 점이나 미신에 관심을 갖는가? 금년·금주·금일의 운세가 궁금한 것은 미래를 읽을 수 없기 때문이다. 교통사고를 당할지도 모르고, 도둑을 맞을지도 모르며, 상사에게 꾸중을 들을지도 모르고, 병에 걸릴지도 모를 일이다. 운세를 알면 이런 불행한 일에서 벗어날 수 있을 것 같은 착각이 든다. 또 운세를 잊고 있다가도 좋지 않은 일이 일어나면 비로소 "역시 올해는 운수가 안 좋다"며 스스로를 납득시킨다.

사람은 누구나 애매한 상태를 싫어해서 어떻게 해서든 그것을 확실하게 밝히고 싶어한다. '과연 그 사람이 나를 좋아하는가', '내년에는 결혼할 수 있을까', '금년에는 취직이 될까' 등 모두 애매하기만한 것들이다. 아무리 생각해보아도 결론을 내릴 수 없다. 애매한 상태가 오래 지속되면 긴장감이 쌓인다. 그래서 미래를 알아보고 싶은 마음에서 점을 보게 된다. 결국 자신감이 없으므로 점을 보거나 사주를 본다.

애완 동물 ── 사육

개나 고양이를 아주 귀여워하는 사람들은 집 안에서 그것들과 같이 생활하면서 좋은 먹이를 먹이고, 옷을 지어 입히기도 한다. 자식이 없다든지 자식을 슬하에서 떠나 보낸 사람이 애완 동물을 기르는 일이 많다. 애정을 쏟을 대상이 없을 때 개나 고양이에게 대신 사랑을 쏟는 것이다. 일종의 대상 행동(代償行動)이다. 아이와 달리 개나 고양이는 말대꾸도 안 하고 반항도 안 한다. 키우기 귀찮으면 안 키우면 된다. 그러나 자식을 잘 키우는 것은 부모의 도리이자 책임이다. 어떤 의미에서 애완 동물을 기르는 것이 더 즐거울 수도 있다. 애완 동물을 좋아한다는 것은 그 사람의 취미이며, 어떤 취미를 가지느냐는 그 사람의 문제이다. 애완 동물을 좋아하는 사람은 다른 사람도 그것을 좋아하는 줄 알지만, 싫어하는 사람도 많으므로 자신의 가치관이 보편적이라는 신념은 버려야 한다.

몸짓에 숨겨진 2장
사랑의 심리

눈동자에— 비치는 마음—

"눈은 입만큼 많은 것을 말한다"는 말이 있듯이, 눈에는 상대에 대해 가지는 감정이 아주 잘 드러난다. '당신을 사랑해', '당신에게 관심이 있어'라는 감정은 직접 말하지 않아도 눈빛으로 상대에게 전달된다. 사랑의 정도에 따라 상대와의 시선 교차 빈도와 시간은 계속 늘어난다. 따라서 말을 나누지 않고 서로의 눈빛만 쳐다보고도 호의나 사랑을 확인할 수 있다. 남성은 이야기를 들으면서, 여성은 이야기하면서 사랑하는 사람을 계속 쳐다본다. 그러나 10초 이상의 응시는 상대에게 불쾌감을 주므로 적당히 간격을 둬야 한다.

미국의 심리학자 헤스는 사랑하는 사람이나 관심이 있는 대상을 보게 되면 눈동자가 커진다는 사실을 알아냈다. 남성에게 예쁜 여자 사진, 여성에게 예쁜 아기 사진을 보여 주면 눈동자가 20퍼센트 정도 확대된다는 것을 아이 카메라 촬영으로 밝혀 낸 것이다. 마주 보고 있는 애인이나 배우자의 눈동자가 점점 밝고 커진다는 것은 당신을 사랑한다는 증거인 셈이다. 갓난아이도 자신의 눈을 응시하면서 어르는 엄마의 크고 밝은 눈동자에서 애정을 확인하고 방긋방긋 미소 짓는다.

이처럼 사랑하는 마음은 눈동자의 크기나 선명도를 통해서도 나타난다. 아무리 눈동자가 크게 확대된다 하더라도, 부릅뜬 눈에서 전혀 사랑을 느낄 수 없는 것은 그 속에서 따스한 온기를 찾을 수 없기 때문이다. 흘긴 눈에서 증오심을 느끼게 되는 것은 부드러움이 없는 경직성 때문이다. 반짝반짝 빛나는 큰 눈동자에서 상대의 사랑을 확인하게 되면, 상대가 이전보다 훨씬 더 예쁘고 매력적으로 보여 사랑하는 감정을 더욱 느끼게 된다.

16세기 이탈리아 여성들은 식물의 뿌리에서 채취한 '베라돈나'라는 액체를 볼연지로 사용했는데, 어떤 여성이 그만 실수로 그것을 눈에 넣었다. 깜짝 놀라 거울을 보았더니 너무나 매력적으로 변한 자신의 모습에 다시 한 번 놀랐다고 한다. 그 뒤로 그 액체를 희석해 눈에 넣어 눈동자를 확대하는 화장법이 널리 보급되었다.

"밤은 여성을 아름다워 보이게 한다"는 말이 있다. 밤이나 어두운 곳에서는 빛의 양이 적어 눈동자가 커지고 빛나므로 아름답게 보이는 것이다. 사진을 찍을 때 "치즈", "김치"라고 하기보다 눈동자를 크게 뜨면 훨씬 더 매력적인 당신의 모습을 담을 수 있다.

사람들에게 "사귀는 사람이 언제 가장 매력적으로 보입니까"라고 질문했더니 "일하고 있을 때나" "운동하고 있을 때"라는 대답이 가장 많았다. 즉 무언가 열심히 하느라 정신을 한 곳에 쏟고 있을 때 모습이 가장 매력적이고 사랑스럽게 보인다는 것이다.

정신적 활동과 눈동자의 크기는 서로 관계가 있다고 한다. 즉 머리를 써서 집중적으로 사고할 때 눈동자가 커진다는 것이다. 심리학자 헤스는 수학 문제를 풀고 있는 학생의 눈동자를 아이 카메라로 촬영하여 그 크기를 조사했다. 문제를 생각하기 시작하면서 눈동자는 커지기 시작하여 생각하는 동안에 서서히 확대되었다. 그리하여 문제를 풀었을 때 가장 크게 확대되었고, 그 후로 눈동자는 급격히 축소되었다.

일을 하고 있는 사람의 얼굴은 매력적이다. 그때는 그의 눈이 빛난다고 한다. 그것은 비유가 아니라 실제로 눈동자가 확대되어 나타난 결과이다.

일본의 어떤 광학기계 제조회사가 아름다운 눈을 가진 유명인을 조사해 보았다. 가장 아름다운 눈을 가진 여성의 3위까지가 모두 미녀 배우였는데, 그들은 모두 한결같이 근시였다고 한다. 근시인 사람은 눈동자의 조절이 어려우므로 눈동자를 크게 뜨고 쳐다본다. 그것이 매력의 비밀이라고 한다. 다시 말하면 눈동자가 큰 사람은 신뢰할 수 있고, 쾌활하고, 쉽게 이야기를 나눌 수 있는 것처럼 보인다는 것이다.

집중적인 사고를 하거나 누구를 사랑하는 감정을 가질 때 눈동자가 커지고 반짝이게 된다.

손안에— 감춰진 사랑—

손과 팔을 움직이는 신체 동작은 눈만큼이나 자신의 의사나 감정을 잘 나타내 준다. 특히 여러 신체 부분 가운데서도 가장 애정을 잘 표현할 수 있는 것은 손이라 하겠다. 어머니의 얼굴을 알아보는 갓난아기는 어머니가 손을 내밀기만 해도 덥석 안기면서 행복한 표정을 짓는다. 이렇게 다른 사람과 사랑으로 맺어지려는 행동을 심리학에서는 '애착(愛着)'이라고 한다. 특히 어린아이는 애착 행동으로 애정을 표현한다. 애착은 상대에게 기꺼이 다가가서 손으로 상대의 몸을 만지는 행동으로 나타나는데, 부모에게 어리광을 부리는 아이의 행동이 대표적인 예라 할 수 있다.

병으로 누워 있는 남성은 유아성 증후군(幼兒性症候群)에 빠져 아내나 가족·친구·의사·간호사 등 주위 사람들이 자기를 쓰다듬어 주기를 은근히 바란다. 손이나 몸을 쓰다듬어 주면서 따뜻한 말을 건네는 사람에게서 어릴 때 맛보았던 어머니의 따뜻한 사랑의 손길을 느낄 수 있다. 이처럼 몸에 손이 닿는 심리적 효과는 매우 크다.

손과 손을 맞잡는 악수를 할 때, 습관적으로 하기보다 부드러운 마음을 그것에 담아야 한다. 악수를 나눈 초면의 상대에게서도 '신뢰할 수 있다, 마음이 따뜻하다'는 호의적인 감정을 느낄 수 있게 된다. 상대의 손을 부여잡고 애절한 시선을 주면서 도움을 청하는 사람을 야박하게 거절하는 사람은 아마 없을 것이다.

사회심리학자 고프먼은 손으로 쓰다듬는 것이나 포옹에는 지지·보호·선의 또는 애정의 의미가 담겨 있다고 말한다. 아주 사랑하는 사이가 되면 여성은 무제한이라고 할 정도로 상대 남성의 몸을 쓰다듬는 신체 접촉 특권을 즐긴다. 고프먼은 이것을 여성이 가지는 '신체 접촉 자격증'이라고 한다.

일반적으로 사람들 앞에서 사랑하는 남성을 쓰다듬는 여성의 손길을 성적인 행위로 보지 않지만, 남성의 그런 행동은 성적 동기가 있는 부적절한 행동으로 보기 쉽다. 그래서 여성이 훨씬 자유스럽게 사랑의 손길을 다른 사람에게 베풀 수 있는지도 모른다. 또 뺨을 쓰다듬어 주는 손길에서 어머니나 연인의 부드럽고 따뜻한 가슴에 파묻히는 기분을 느낄 수 있게 된다.

한편 마음의 안정을 되찾으려고 무의식 중에 꽉 쥔 양손은 한쪽은 자기 손, 다른 한쪽은 상상 속의 사랑하는 사람의 손을 의미한다. 이것은 누군가 자기 손을 강하게 잡아 주기를 바라는 간절한 마음을 나타낸다.

표정이나 말로 사랑을 가장할 수 있어도, 손은 마음의 진실을 그대로 폭로해 버린다. 아무리 다정하게 어깨를 껴안고 멋진 포즈를 취하며 사진을 찍는 연인이라 할지라도 여성의 어깨에 놓인 남성의 손이 긴장해서 굳은 채로 어색하게 놓여 있다면 그들 사이가 서먹서먹한 관계임을 곧 알아 차릴 수 있다.

이처럼 손놀림은 사랑을 표현하는 또 하나의 언어로, 정말 오묘한 의미가 그 속에 담겨져 있다.

목은—
언어 전달의 디딤돌—

우리는 누구를 애타게 기다리거나 무엇을 간절히 원할 때 '목 빠지게 기다리면서 학수(鶴首)고대' 하게 된다. 어떤 대상에게 향하는 한결같은 마음의 쏠림을 목 동작에 비유한 것이다. '목매달다'는 말은 상대에 대한 적극적인 사랑의 에너지가 상대에게로 한데 모아지는 것을 의미한다.

　머리와 몸통을 연결하는 부분인 목의 동작은 여러 가지 의미를 지닌다. 목에 힘을 주고 곧게 히면 잘난 체하는 것이 되고, 목을 움츠리면 의기소침하여 몸을 낮추는 것이 된다. 아이를 귀여워하여 목말을 태우는 것만큼 아이에게 더없는 즐거움은 아마 없을 것이다. 여성은 사랑하는 남성과 포옹할 때 처음에는 그의 가슴에 안기지만, 사랑이 깊어지면 보다 적극적으로 그의 목에 매달린다. 또 찬바람이 스며드는 것을 막아주어 온기를 느끼게 해주는 목도리만큼 따뜻함과 연관되는 것도 없다. 선물로 받은 목도리에서 사랑하는 사람의 따뜻한 체온을 그대로 느끼게 된다.

　목 동작은 고개를 돌리는 데서 시작된다. 그런데 목이 굳어 고개를 돌릴 수 없다면 의사 표시나 감정 표현에 상당한 어려움을 겪을 수밖에 없다. 우리는 사랑하는 사람에게 따뜻한 마음을 전달하려 할 때는 고개를 돌려 다정한 눈길을 주고, 존경하는 사람에게는 목을 숙여 경외의

새로 쓴 마음을 읽으면 사람이 재미있다

마음을 표현한다.

고개를 젖혀 상대를 올려다봄으로써 상대에게 '나는 약자입니다. 당신에게 대항할 생각은 없습니다'라고 복종의 의사를 밝힌다.

간신배나 아첨꾼은 몸을 구부리고 양손을 비비면서 모시는 분을 올려 쳐다본다. '우러러본다'는 말은 눈높이를 높임으로써 존경의 마음이 우러남을 의미한다.

그리고 상대의 말을 수긍하면 고개를 끄덕이고 동의할 수 없으면 고개를 가로젓는다. 사람들은 자기 말이 상대로부터 인정받기를 바란다. 고개를 끄덕이거나 맞장구를 치는 것은 그 사람의 말을 인정하고 평가해 준다는 것을 뜻한다. 남의 말을 잘 들어주는 사람은 말하는 사람의 승인과 평가의 욕구를 충족시켜 주어 자존심을 높여 준다.

이와 달리 상대와 대화를 나누는 도중에 고개를 다른 쪽으로 돌리는 것은 상대와의 커뮤니케이션을 일단 중단하려는 것으로 오해받을 수 있다. 대화를 잠시 끊으려고 고개를 옆으로 돌리면 상대를 외면하는 것처럼 보이기 십상이다. 그렇다고 아래로 고개를 숙이면 곤혹스러워하는 것 같아 모양새가 좋지 않다.

하지만 옆도 아래도 아닌 위로 고개를 향하면 대화를 일시 중단한다 해도 별 오해를 받지 않는다. 상대를 불쾌하게 하지 않고 생각에 집중하려면 고개를 위로 향하는 수밖에 없다. 또 고개를 위로 향하면 고개가 자극을 받아 뇌의 혈액 순환이 좋아져 묘안이 떠오를 수도 있다. 일을 하다가 피곤하면 우리는 무의식 중에 고개를 위로 향하는데, 그렇게 하면 뇌의 긴장이 풀린다.

상대와 대화를 나누는 동안 상대의 손이 앞 목에 오랫동안 머물러 있다면 자신을 방어하려는 강한 의지를 읽을 수 있다. 확고부동한 자신의 의사를 목소리로 밝히려 할 때의 준비 동작이라고 하겠다. 그러나 상대의 손이 목 뒤쪽에 좀 오래 머물러 있다면 진퇴양난에서 상당히 곤혹스러워하고 있음을 말해 준다. '목덜미를 잡혀 앞으로 나아갈 수 없는 상태'를 몸짓으로 보여 주는 것이다.

목을 좌우로 돌리면서 어깨를 으쓱 으쓱 올리는 포즈를 취할 때가 있다. 여기에는 '한번 붙어 볼래, 네까짓 것한테 기죽지 않아'라는 의미가 담겨 있다. 권투 시합에 들어가기 전, 심판의 주의사항을 들으면서 두 선수가 취하는 포즈이다.

이처럼 머리와 몸통을 이어 주는 다리 역할을 하는 목은 언어 전달의 도구도 되지만, 비언어적 커뮤니케이션의 디딤돌 역할도 한다.

새로 쓴 마음을 읽으면 사람이 재미있다

귀는— 마음의 나침반—

우리는 믿을 수 있거나 잊어선 안 될 소중한 말은 "귀를 기울여 듣고", 믿을 수 없거나 대수롭지 않은 말은 "한쪽 귀로 듣고 한쪽 귀로 흘려 버린다"고 말한다. 이것은 듣는 기능을 담당하는 귀와 전해지는 말의 신빙성과 중요성을 연관시키는 동작의 표현이다.

귀는 믿음과 소중함을 저울질하며 아주 가까운 사이가 아니면 남이 만지는 것을 허용하지 않는 몸의 일부이다. 아무리 반항하는 아이라도 귀를 만져 주면서 타이르면 수그러든다. 이처럼 귀는 마음의 방향을 잡아 주는 나침반 역할을 한다.

때로 자신의 한쪽 귀를 만지면서 무언가에 빠져든 듯 이야기하는 여성의 모습을 볼 수 있다. 그 순간 그녀는 자신이 꿈꾸는 세계로 빠져들어 도취돼 있는 것이다. "그 사람을 지금도 잊을 수 없어"라고 말을 꺼낸다면 그녀가 얼마나 그 사람을 그리워하는지 알 수 있다. 그 사람을 그리워하는 마음에서 무의식 중에 자신의 신체 일부를 만지는 '자기친밀성'을 보여 주고 있는 것이다.

이럴 때 "그와는 어떻게 됐지?"라고 묻는 것은 아무런 의미가 없다. 그렇게 묻는다면 자기 기분을 알아주지 못하는 사람으로 여기게 된다. 남성은 대화를 빨리 결론으로 가져 가려는 경향이 강하지만, 이런 여성과의 대화에선 그럴 필요가 없다. 그녀는 그를 그리워하는 자기 기분에 당신이 동조해 주기를 바라고 있을 뿐이다.

상대방의 손이 귀나 볼에 자주 가 있다면 자신을 이해해 주기 바란다는 표시이다. 그럴 때 "정말 당신의 마음을 이해할 수 있을 것 같아"라고 맞장구를 쳐주면 상대방은 당신을 매우 친절한 사람으로 여길 것이다.

그러나 상대방이 당신의 말을 들으면서 귀를 후비고 있다면, '당신의 말을 믿을 수 없어'라는 의심의 표시이기도 하고, '당신의 말을 받아들일 수 없어'라는 거절의 표시이기도 하다.

결재 서류를 올렸을 때 상사가 천천히 안경을 끼면서 꼼꼼하게 서류를 읽어 간다면 당신의 기분은 어떨까? 서류가 잘못되었다고 지적받는 것은 아닌가 하는 불안감으로 당황할 것이다. 그럴 때 당신은 귀를 만지는 무의미한 동작을 반복할 것이다. 상사가 가끔 서류 너머로 흘깃 당신을 쳐다보기라도 한다면 무의미한 동작은 더 심하게 반복될 것이다.

이런 동작은 불안한 상황을 부드럽게 만들려는 '자기 친밀성' 행동이라고 할 수 있다. 곧 자기 몸을 만지지 않고서는 불안해서 견딜 수가 없는 것이다.

귀를 만지는 제스처에는 이런 심리적 의미가 담겨져 있지만, 나라에 따라 그것이 의미하는 바는 많이 다르다. 특히 서양 사람들의 그런 제스처는 우리와 다른 의미를 가진다. 한국인은 뜨거운 것을 만졌을 때나 무엇을 궁리할 때를 제외하곤 이런 제스처를 잘 쓰지 않는다. 이탈리아에선 남성들끼리 이런 몸짓을 하면 '너는 남자라고 할 수 없어. 잘 삐지고 변덕도 심하지'라고 모욕을 주는 것이나 마찬가지이다.

그러나 스위스 남부 지방에서 어떤 사람이 당신에게 이런 제스처를 쓴다면 당신을 놀리려는 것이 아니라, '지금 흥정 중인 그 장사꾼에게 속지 마세요. 조심하세요'라고 주의를 주는 신호이다. 또 포르투갈에선 음식을 앞에 두고 이런 제스처를 취하면 '그것 참 맛있겠군!'이라는 감탄의 의미를 담고 있어 요리사를 매우 흐뭇하게 만든다. 그렇다고 해서 남성이 엉큼한 시선으로 여성을 쳐다보면서 이런 제스처를 쓰다가는 파렴치범으로 몰려 금방 뺨을 맞게 된다.

　이처럼 몸짓은 문화와 전통에 따라 그 의미가 아주 다르다는 점을 유의하면서 상대방을 이해해야 한다.

포옹과—
팔짱에 숨은 뜻—

사람은 친밀도에 따라 상대와 일정한 거리를 유지하는데, 이것을 심리학에서는 '대인 거리'라고 한다. 상대의 품에 안기면 서로의 간격이 제로가 되는 '밀접 거리'가 된다. 그 거리에서는 상대의 체온과 심장의 고동을 그대로 느끼게 되어 사랑을 확인할 수 있다.

어머니는 불안해하며 짜증스럽게 보채는 아이를 보통 왼쪽 가슴으로 안는다. 그렇게 하면 아이는 태내에서 들었던 어머니의 심장 박동 소리를 듣고 마음의 평온을 되찾게 된다.

포옹할 때의 팔은 따뜻한 감정과 체온이 새어 나가지 못하게 하는 울타리 역할을 함으로써 서로 화해하고 포용하게 한다. 마음의 빗장을 열고 자신을 상대에게 드러내는 것을 자기 개시라고 하는데, 마음의 문을 열고 자기 울타리, 즉 품안으로 상대를 맞아들이는 포옹은 더할 수 없는 애정을 나타내는 포즈인 셈이다.

손을 마주 잡는 악수와 달리, 팔로 서로를 감싸는 포옹은 아주 가까운 사이가 아니고선 함부로 취할 수 있는 자세가 아니다. 이별을 아쉬워하며 껴안고 있는 연인, 재회의 기쁨으로 부둥켜안고 눈물을 흘리는 이산가족 사이에 끊임없이 오가는 사랑의 숨길을 우리는 멀리서도 느낄 수 있을 것 같다.

사랑스런 마음으로 하는 포옹에는 따뜻하고 부드러운 감정이 흐른다. 사랑스런 마음에서 껴안는 포옹과 그렇지 않은 포옹 사이에 실제로 0.7도 정도의 체온 차이와 9.8센티미터 정도의 대인 거리의 차이가 있다는 것이 밝혀졌다. 형식적인 포옹에는 오히려 긴장감과 차가움이 존재한다.

다른 사람과 팔짱을 낀다는 것은 특별한 의미를 가진다. 결혼식에서 신부는 입장할 때는 아버지의 팔짱을 끼지만, 퇴장할 때는 신랑의 팔짱을 낀다. 팔짱은 부모와 연인, 친구 사이의 친밀성을 나타내는 징표이다. 그러나 남성들은 서로 팔짱을 끼지 않고 어깨동무로 친밀성을 과시한다.

자신의 가슴 위쪽으로 팔짱을 끼면 자기 과시, 아래쪽으로 팔짱을 끼면 자기 방어를 의미한다. 이처럼 팔의 위치에 따라 사람들에게 주는 인상이 아주 달라진다. 한 팔을 사람들 쪽으로 쭉 펴면 지배적으로 보이고, 허리에 양손을 올려놓으면 자기 주장적으로 보인다. 사람들을 향해 두 팔을 활짝 벌리면 수용적이고 관용적이라는 인상을 준다.

3~5세의 시설아 가운데 공격성이 강하고 다른 아이들과 잘 어울리지 못하는 10명을 골라 5명씩 두 그룹으로 나누었다. 한 그룹(A그룹)의 아이들에겐 교사가 하루에 두 번씩 아이가 눈치채지 못하게 껴안아 주면서 머리를 쓰다듬어 주고, 다른 그룹(B그룹)의 아이들에겐 별다른 관심을 나타내지 않았다. 3개월이 지난 뒤 아이들의 대인 관계와 정서 상태의 변화를 비교해 보았더니, A그룹이 B그룹보다 훨씬 성격이 밝아지고 다른 아이들과도 잘 어울린다는 보고가 있다. 마음과 마음이 서로 교류되는 친밀감에서 상대를 자신의 내면 세계로 끌어들이려는 사랑의 표현은 우리의 신체 중 특히 팔에서 잘 나타난다.

어깨에— 놓인 손은
진실을 말한다—

우리 신체 중에서 어깨에 얽힌 말만큼 많은 것도 없다. '어깨를 으쓱하다, 어깨를 펴다'라는 표현은 당당한 모습을 말하고, 반대로 '어깨를 늘어뜨리다, 어깨를 움츠리다'라는 표현은 의기소침해 기세가 꺾인 모습을 말한다. 진화론을 주장한 찰스 다윈은 어깨를 움츠리고 몸을 웅크리는 것은 양보를 나타내는 자세로서 상대의 공격을 억제하는 효과가 있으며, 어깨를 펴는 것은 강한 자신감과 위엄을 나타내는 것으로 공격을 촉발하는 효과가 있다고 말한다.

'어깨가 가벼워진다'는 말이 있다. 어깨에 무언가 달려 있는 듯한 느낌을 가지게 되면 긴장과 불안을 느끼지만, 어깨가 가벼워지면 부담이 줄어든다. 그러나 그런 중량감의 의미에서뿐만 아니라 정서적 측면에서도 어깨에 매달려 애원하거나 의지하며 사랑의 감정을 호소하기도 한다.

상대에 대한 호감은 어깨의 방향과도 관련이 있다. 남성은 아주 좋아하는 여성 앞에서는 어깨의 방향을 똑바로 하지 않고 비스듬히 한다. 반대로 여성은 마음에 들지 않는 남성에게는 어깨를 똑바로 하지 않고, 아주 좋아하는 남성에겐 어깨를 약간 움츠린다. 또 머리를 옆으로 해서 상대의 어깨에 기대는 자세도 남성과 여성 사이에 큰 차이가 있다. 남성은 좋아한다고 해서 상대 여성의 어깨에 머리를 기대지 않으나, 여성은 사랑하는 남성의 어깨에 머리를 기대며 친근감과 의존심을 나타낸다.

　심리학자 아처는 진짜 부부와 가짜 부부의 사진을 판별하는 실험을 통해 친밀도가 있는 사람들의 자세를 연구했다. 먼저 아처는 서로 전혀 모르는 두 사람에게 진짜 부부인 것처럼 포즈를 취하도록 하고 사진을 찍었다. 아처는 이 가짜 부부 사진과 진짜 부부 사진을 판정자들에게 보여 주고 진위를 판별하도록 했다. 놀랍게도 대부분의 판정자들이 사진만 보고도 진짜와 가짜 부부의 미묘한 차이를 찾아냈다. 똑같이 사랑하는 부부 사이인 것처럼 행세를 해도 가짜 부부 사진에서는 어딘지 서로 어울리지 않는 점이 발견되는 것이다. 아처의 실험에서 가장 결정적으로 진실을 폭로한 것은 어깨에 놓인 손이었다. 가짜 부부의 사진에서는 긴장한 나머지 손이 굳은 채로 어색한 위치에 놓여 있었다.

　심리학에서는 이것을 '납세공(蠟細工) 같은 손의 효과'라고 한다. 우리 사회에는 낯선 사람과 신체 접촉하기를 꺼리는 금기가 존재한다. 모르는 사람과 접촉함으로써 생기는 긴장감이 모형으로 만든 손처럼 굳어 있다. 표정으로는 친밀한 척할 수 있지만 통제하기 힘들다.

　이렇듯 어깨에 놓인 손은 '거짓말탐지기'라고 해도 좋다. 손이 놓인 위치나 분위기가 그들의 관계가 진실한지 아닌지를 나타낸다. 상대에게 향하는 어깨의 방향과 어깨에 놓인 손은 두 사람의 관계를 나타내 주는 좋은 징표가 된다.

코는— 마음의 넓이를 나타내는 표징—

얼굴 한가운데 자리잡은 코는 생김새에 따라 아주 다른 인상을 준다. 동화에서도 마녀는 매부리코, 좋은 사람은 둥그런 코, 주정뱅이는 딸기코로 묘사되고 있다. 코는 마음의 넉넉함이나 씀씀이를 간접적으로 나타내는 표징으로 많이 쓰인다. '주먹코' · '넓적코' 로 넉넉하고 풍성한 마음을 표현하고, '콧대' 로 자만심, '콧방귀' 로 무관심을 표시한다.

얼굴 표정 가운데 코를 잘 살피면 그때 그 사람의 정서를 읽을 수 있다. 혐오감을 느낄 때는 코에 주름이 잡히고, 크게 웃거나 행복할 때는 코에서 입으로 여덟 팔(八)자 모양의 주름이 생겨 입술 끝을 지나 아래로 내려온다.

분노는 몸과 얼굴 전체에 나타난다. 그것은 상대방에게 위협을 주어 폭력적 마찰을 일으키지 않으려는 과시일 수도 있다. 노여움은 아무리 겉으로 나타내지 않으려 해도 의외인 곳에서 나타나게 되어 있다. 그것이 가장 잘 나타나는 곳이 바로 코이다.

화가 나 굳어진 표정을 무리하게 아무렇지도 않은 듯이 하려고 하면 콧구멍이 자연히 크게 열리게 된다. 흥분되어 호흡은 빨라지는데도 입은 여덟 팔(八)자로 다물고 코로 숨을 쉬어야 하므로 콧구멍이 넓어질 수밖에 없다. 태연한 표정을 짓고 있어도 상대방의 콧구멍이 넓어진 것을 보면 화가 난 상태이므로 더 자극을 주지 말아야 한다.

손가락과 코가 만나면 여러 가지 심리적 의미를 가진다. 손가락으로 콧잔등을 문지르고 있으면 상대방을 의심하고 있는 것이고, 코를 후비고 있으면 상대방의 말을 거절하는 것이며, 손가락으로 코밑을 문지르고 있으면 상대방에 대해 불쾌한 감정을 가진다는 뜻이다.

코와 관련된 이런 동작은 심리학적으로 말하면 대화가 잘 진전되지 않아 긴장하고 있다는 표시이다. 현상에 대해 반발하거나 거절할 때 긴장을 하게 되면, 코 내부의 점막에 생리적 변화가 일어나 간지러워 코를 후빈다고 설명하는 사람도 있다.

우리는 아이를 귀여워할 때 코를 만지면서 어른다. 어린아이나 동물의 새끼는 그 생김새가 둥글고 감촉이 부드럽기 때문에 귀엽고 예쁜 느낌을 준다. 어린아이는 머리·코·손 할 것 없이 몸 전체가 온통 둥글다는 인상을 준다. 그래서 아이를 보면 가장 먼저 둥글고 예쁜 코를 만져 주고 싶은 생각이 든다. 서커스에서 빨간 제일 딸기코를 단 삐에로가 익살스런 몸놀림을 하면 아이들은 즐거워 어쩔 줄 모른다. 둥글고 빨간 딸기코가 그들에게 몹시 친근감을 주는 것이다.

연인끼리 서로 코끝을 갖다 대는 것도 친근함을 가까이서 직접 확인하려는 포즈이다.

그러나 나라에 따라서는 코와 관련된 제스처가 전혀 반대의 의미로 쓰여져 오해를 불러일으킬 수 있으므로 주의해야 한다. 우리 나라 사람들은 엄지손가락과 둘째손가락을 가지고 코끝을 잡거나, 코를 한 손으로 덮고는 생각에 잠기는 일이 많다. 그러나 유럽에서는 엄지손가락을 코끝에 대고 다른 손가락은 부채꼴처럼 펴서 흔드는 동작은 조소나 멸시의 의미로 쓰인다. 이처럼 몸짓의 의미는 문화에 따라 아주 다를 수 있다는 것을 유념해야 한다.

볼은— 사랑의 거울—

"아이, 부끄러워" 하면서 수치심을 느낄 때나, "너 그 사람을 보고 왜 그렇게 얼굴이 빨개지지? 너 그 사람 좋아하지?"라는 말을 들을 때처럼 정서적으로 흥분하면 얼굴, 특히 볼이 빨개진다.

볼이 빨개지는 것은 정상적으로 경직되거나 수축되는 활동의 억제로 인해 혈관 내의 혈액이 일시적으로 얼굴에 증가함으로써 나타나는 자율신경계의 반응이라고 할 수 있다. 즉 많은 양의 혈액이 한꺼번에 흐르기 때문에 볼이 빨갛게 달아 오르는 것이다. 이런 현상은 얼굴에만 나타나는 것 같지만, 다윈에 따르면 몸의 다른 부분에도 나타나는 생득적(生得的)인 것이라 한다. 다른 사람에게서 기분 나쁜 소리를 듣거나, 몹시 화가 날 때 얼굴이 붉으락푸르락하는 남성이 있다. 아마도 피가 머리 끝까지 솟구친 것인지도 모른다.

대화를 나누면서 상대의 몸을 은근슬쩍 만지는 여성이 있다. "알겠다니까요!" 하면서 남성의 어깨를 살짝 건드린다. 별로 친한 사이도 아닌 여성이 자기 몸에 손대는 것을 보고 남성은 '내게 관심이 있는 모양이지'라고 섣부른 착각을 하는 수가 많다. 그러나 여성은 그런 감정을 가지고 그렇게 행동하는 것만도 아니다. 여성에게서 퇴짜를 맞지 않으려면 먼저 그 진의를 파악해야 한다. 이때 여성이 자기의 어떤 부분을 만지는가를 단서로 해야 한다. 손이나 어깨, 팔을 만지면 단순한 우정과 호의 외에 특별한 연애 감정은 가지고 있지 않은 것으로 생각하면 된다.

그러나 볼이나 허리를 만진다면 이야기는 달라진다. 이럴 땐 당신에게 특별한 감정을 가지고 있다고 봐야 할 것이다.

일반적으로 표정에서 상대의 속마음을 읽어 내는 비율은 친한 사람끼리가 70퍼센트, 그렇지 않은 사람끼리는 60퍼센트이다. 상대의 마음을 읽어 내는 비율은 그저 그런 정도라고 할 수 있다. 왜 그럴까? 서로 정반대의 감정을 나타내는 표정은 확실하게 구별할 수 있지만, 비슷한 감정은 구별하기가 매우 어렵다. 즉 '사랑·즐거움·행복'을 나타내는 표정은 '분노·결의'의 표정과는 확실하게 구별되지만, '경멸·놀람'의 표정과는 구별하기가 어렵다.

얼굴 부분에 따라 나타내는 감정도 다르다. 얼굴을 이마와 눈썹, 눈과 눈꺼풀, 코와 뺨과 입 세 부분으로 나눠 어느 부분에 어떤 감정이 많이 나타나는가를 조사한 것이 있다. 그 결과에 따르면, 뺨과 입 부분만을 보고도 행복감에 젖어 있다는 것을 읽어 내는 확률은 98퍼센트나 되었다.

뺨을 받치는 손은 자기를 위로해 주는 어머니나 연인의 부드럽고 따뜻한 어깨나 가슴을 대신한다. 즉 손으로 뺨을 받침으로써 사랑하는 사람에게 기대는 기분을 느낄 수 있게 된다.

걱정되는 일이 있을 때 뺨과 머리를 손으로 누르는 수가 있는데, 그것은 '사랑하는 사람이 자기 머리나 얼굴 등을 쓰다듬어 주기를 바라는' 기분을 나타낸다고 할 수 있다.

발끝에— 묻어나는 마음—

대화를 나눌 때 상대가 당신을 향해 다리를 벌리고 있는지, 모으고 있는지를 살펴 보라. 다리를 벌리고 있으면 편안한 마음으로 당신을 받아들인다는 뜻이고, 다리를 모으고 있으면 마음을 닫은 채 당신을 거부한다는 뜻이다. 또 다리를 포개는 것은 붙이는 것과 같은 의미를 갖지만, 남녀 사이에서는 다른 뉘앙스가 담겨 있다. 특히 여성이 남성 앞에서 다리를 포개고 앉는다든지 포갠 다리를 자주 바꾼다면, 상대에게 관심이 있다고 봐야 할 것이다.

남성이 다리를 크게 벌리고 앉는 것은 남성다움을 과시하려는 신호가 된다. 액션 영화를 보면, 적에게 붙잡힌 주인공이 의자 뒤로 양손을 결박당한 채 다리를 크게 벌리고 앉아 있는 장면이 자주 나온다. 이런 포즈는 '너희들에게 결코 굴복하지 않겠다' 는 태도를 나타내는 것이다.

남성이 다리를 벌리고 앉아 있는 것은 상대를 믿는다는 의미이다. 초면의 남성과 대화를 나누는 동안 그가 편안한 자세로 다리를 벌리고 앉아 있다면, 당신을 신뢰하고 수용하고 있다고 생각해도 좋다. 그렇다고 당신도 다리를 벌리면 상대방은 경계하게 되므로 당신은 다리를 모으는 것이 좋다.

다리를 모으고 앉은 자세는 '당신의 말뜻을 받아들이겠습니다' 라는 표시로서 본능적인 '방어 자세'이다. 그러나 계속 다리를 모으고 있으면 피로를 느끼게 되어 어느 정도 긴장이 풀리면 이번엔 다리를 꼬고 앉게 된다. 이것 역시 일종의 '방어 자세'이다.

다리를 꼬고 앉는다는 것은 상대의 말을 일방적으로 받아들이지 않고 이쪽 주장도 내세우겠다는 상호 커뮤니케이션의 신호가 된다. 상대가 다리를 모으고 앉아 있다면, 곧바로 본론을 말하지 말고 긴장을 푸는 이야기부터 먼저 나누는 것이 좋다. 상대가 어느 정도 긴장을 풀고 다리를 꼬고 앉는다면 본론으로 들어가도 좋다. 그러나 상대가 너무 자주 다리를 이쪽저쪽 바꾼다면 슬슬 대화를 정리해야 할 단계라고 생각해야 한다.

공원 벤치에 나란히 앉아 있는 커플들을 관찰해 보면, 어깨를 나란히 하거나 팔로 상대의 어깨를 껴안는다. 더 재미있는 것은 사랑하는 사람끼리는 무릎이나 발끝이 서로 상대편을 향하고 있다는 점이다. 대기석에 앉아 있는 야구 감독과 선수의 무릎과 발끝의 방향에서도 서로에 대한 신뢰 관계를 읽어 낼 수 있다.

이렇듯 무릎이나 발끝이 사랑하거나 호의를 갖는 사람 쪽으로 향하는 것은 아주 자연스러운 일이다. 이때 상대를 향한 발끝이 서로 닿을 만큼 가까이 있다면, 다른 사람이 자기들 사이에 끼어드는 것을 원치 않는다는 표시라고 할 수 있다. 거꾸로 말하면 겉으로 좋은 관계처럼 보여도 무릎이나 발끝이 서로 반대 방향을 향하고 있다면, 속마음은 상대로부터 멀어져 있거나 상대에게 적극적인 관심이 없음을 나타낸다.

상대와 대화를 나누는 동안 상대의 무릎이나 발끝을 관찰해 보라. 무릎이나 발끝이 당신 쪽을 향하고 있다면, 상대는 당신에게 관심과 호의를 가지고 있다는 증거이다.

　부모들은 아이가 다리를 가만히 두지 못하고 계속 떨면 "복 나간단 말이야. 그만두지 못해!" 하면서 꾸짖는다. 심리학에서는 다리 떠는 것을 욕구불만을 해소하기 위한 몸 동작이라고 본다. 상대가 다리를 계속 떨고 있다면 마음속에 어떤 걱정이나 불안이 있다고 봐도 좋을 것이다.

　　　　　　　　　　　　　　　　　새로 쓴 마음을 읽으면 사람이 재미있다

부부— 금실은
발주무르기에서부터—

〈맨발로 뛰어라〉, 〈맨발의 청춘〉이란 영화가 있었다. 아무런 가식 없이 있는 그대로를 보여 주는 젊음의 정열적인 힘을 그린 영화였다. 그러나 우리 나라에서는 예로부터 맨발은 감춰야 할 수치스런 부분으로 여겨져 왔다.

그렇지만 요즈음 젊은 여성들은 맨발로 다니는 것은 보통이고 발톱에 빨갛고 파란 매니큐어를 바르고 발목엔 발찌까지 하는 등, 맨발의 아름다움을 과시하는 시대가 되었다. 하지만 예전에는 여성이 맨발을 남에게 보이는 것은 단정치 못한 사람이나 하는 행동쯤으로 여겼다.

발은 가장 쉽게 남성성(男性性)과 여성성(女性性)을 구별해 주는 표적 대상이 된다. 따라서 '남성답지 않은 작은 발', '여성답지 않은 큰 발'로 평가받을지 모른다는 두려움 때문에 발의 노출을 꺼리는지 모른다.

발의 크기와 생김새 등을 보고 나름대로 상대방의 성격을 알아본다는 사람도 있다. 즉 크고 우락부락한 발을 가진 사람은 부지런하고 소박하지만 계획성이 모자라고, 작고 예쁘장한 발을 가진 사람은 온순하고 섬세하지만 고집이 세다는 것이다.

남의 발을 씻어 주는 것만큼 상대방에 대한 배려와 존경의 표시도 없다. 아주 가까운 사이, 말하자면 부자지간이나 부부간이 아니고선 좀처럼 하기 힘든 행동으로, 자신을 낮추고 상대방을 높인다는 심오한 뜻이 담겨져 있다. 신체의 가장 아랫부분을 상대방에게 선뜻 내맡기고 씻김을 받는다는 것은 서로 마음이 통하는, 간격 없는 사이가 아니고선 도저히 있을 수 없는 일이다.

'발목이 잡혀' 이러지도 저러지도 못하는 수도 있겠지만, 사랑하는 사람에게 발목이 잡히는 것만큼 전율적인 감정의 스파크가 일어나는 일도 아마 없을 것이다. 상대방의 손을 잡기도 힘들지만, 발목을 잡는다는 것은 용기를 필요로 하는 아주 대담한 행동이 아닐 수 없다.

흔히 우리는 발바닥은 감각이 둔하고 신경이 무딘 곳이라고 생각하기 쉽다. 하지만 발바닥은 신체의 각종 경혈이 모두 모여 있는 아주 예민한 곳이다. 따라서 간지럼과 통증 등 감정이 쉽게 드러나는 곳이다.

요즘은 아이가 태어나면 족적을 떠서 기념으로 남기고, 갓난아이를 귀여워할 때 토실토실한 발을 만져 준다. 이처럼 발을 만져 준다는 것은 사랑의 감정을 진달하는 아주 적극적인 표현 방법이다. 피로에 젖어 있거나 병석에 누워 있는 사람의 발을 주물러 주는 것은 따뜻한 위안의 정을 전달하는 가장 좋은 방법이다.

부부가 서로 상대방의 발을 가볍게 주물러 주는 것보다 애정이 더 따뜻하게 교차되는 일도 아마 없을 것이다.

'부부 금실은 발주무르기에서부터' 라고 한다면 억지 표현이 될까?

체온을— 느끼며 걷는
연인들의 걸음걸이—

남녀가 친밀해지는 가장 좋은 방법 중 하나는 스킨십이다. 손을 잡거나 어깨를 두드리거나 포옹하는 것이 열 마디 말보다 사랑의 감정을 전달하는 데 더 효과적일 수 있다.

영국의 동물 생리학자 모리스는 남녀의 구애 패턴을 12단계로 나누었다.

그에 따르면, 이성을 만나게 되면 먼저 상대의 신체를 보고 신체적 특징에 관한 정보를 뇌에 입력시켜 매력적인 존재인지 아닌지를 판단하는 '눈에서 신체로' 라는 첫 단계를 거친 후 최종 12단계인 '성적 결합' 까지 나아간다고 한다.

손을 잡고 걷는 사이가 되었다면 12단계 중 네 번째 단계에 이른 것으로 이제 본격적으로 가까워지기 시작한 단계라고 할 수 있다.

길을 가다 보면 어깨동무하고 걷는 커플이 많은데, 서로 깊은 관심을 갖게 되면 자연스럽게 어깨에 손이 올라가게 된다. 우정에서 벗어나 애정으로 접어드는 단계, 즉 다섯 번째 단계에서 나타나는 몸짓이다.

다음 단계는 어깨에 올라갔던 손이 허리까지 내려온다. 이것은 동성끼리는 거의 하지 않는 동작으로 서로 성적인 관심을 가지게 된 단계에서 나타나는 몸짓이다.

또 상대의 머리를 만지작거리며 걷는 커플이 있다. 여덟 번째 단계에서 나타나는 몸짓으로 상당히 성적으로 밀착되어 가는 사이라고 할 수 있다.

우리는 호감을 가지는 사람에게는 의식적이든 무의식적이든 접근하려고 한다. 거리적으로 접근이 불가능한 상황에서는 눈으로 상대를 따라잡으려 한다. 이처럼 서로 호감을 느끼면 시선 교차가 빈번히 일어나는데, 그것은 두 사람 사이의 간격을 좁히려는 신호이다.

또 몸의 방향과 기울기도 상대 쪽으로 향하지만, 싫어하는 사람과는 거리를 두려고 한다. 어쩔 수 없이 그와 신체가 접촉하게 될 때는 살짝 몸을 돌려 피한다.

직접적인 접촉을 허용한다는 것은 강한 호감을 가지고 있다는 것을 나타내기 때문이다.

남녀간의 거리는 큰 의미를 가진다. 심리학자 홀은 남녀간의 거리 두기에서 친밀도를 구별한다.

처음 좋아하는 단계에서는 서로가 손을 뻗으면 닿을 수 있는 거리(75~120센티미터)를 유지하지만, 가까운 관계로 발전되면 쉽게 상대방에게 닿을 수 있는 거리(45~75센티미터)에 이르게 된다. 서로 친밀한 대화를 나눌 수 있는 다음 단계로 넘어가면 제 3자가 끼어들 수 있는 여지가 없는 거리(15~45센티미터)로 가까워지고, 더욱 발전하면 상대방의 체온을 직접 느낄 수 있고, 말이 필요없는 거리(0~15센티미터)까지 밀착된다.

교제 기간이 18개월을 넘긴 커플이나 신혼 생활을 시작한 부부는 위와는 역순으로 차차 상대와 거리를 두게 된다. 사랑과 믿음이 깊어지면 서로 거리를 두고 걸어도 마음은 통하는 것이다.

회의 분위기를— 살리는 몸짓—

인류 행동학자인 코하라는 신체의 어느 부분을 주로 사용해 사고하느냐에 따라 인간을 네 가지 유형으로 분류했다. 입 인간, 손 인간, 다리 인간, 눈 인간이 그것인데, 연필을 쥐어야 생각이 정리된다면 손 인간이고, 걸으면서 생각하는 사람은 다리 인간이다. 마찬가지로 입 인간은 대화를 나누면서, 눈 인간은 독서를 하면서 사고를 정리한다.

코하라의 분류에 따르면, 입 인간은 회의나 프로젝트 발표에서 자기 의견을 가장 능숙하게 전개해 나가는 발표자이거나 의사 표시를 가장 많이 하는 참석자가 될 수 있다. 반면 다리 인간, 손 인간, 눈 인간은 발표자의 말에 고개를 끄덕이거나 발표자에게 시선을 집중해 줌으로써 회의 분위기를 이끌어 간다.

발표자는 참석자의 자세나 동작, 의견 제시 방법이 나타내는 의미를 잘 파악해야 원만하게 회의를 진행할 수 있다. 듣는 사람들이 고개를 끄덕이면 발표자에게 '당신의 말을 열심히 듣고 있다'는 의미로 전달된다. 발표자도 '나의 의견이 인정받고 있다'고 느끼게 되므로 말이 더 유창해진다. 반대로 듣는 사람들이 고개를 끄덕여 주지 않으면 발표자는 발표 의욕을 잃게 된다.

발표 내용에 관심과 흥미를 가지게 되면 자연히 발표자에게 시선이 집중되게 마련이다. 그냥 쳐다보는 것이 아니라 진지한 자세로 메모도

하고 중요한 대목에선 고개를 확 들어 시선을 꽂게 되는데, 그렇게 하면 발표자는 만족감과 자신감을 갖게 된다.

참석자가 발표를 들으면서 손으로 자기 턱을 문지르거나 입술을 쓰다듬으면 발표 내용에 수긍이 간다는 의미이지만, 이마를 문지르거나 콧잔등을 문지르면 내용을 별로 탐탁히 여기지 않는다는 의미가 되어 발표자를 의기소침하게 만든다.

한편 발표자의 제스처나 자세도 듣는 사람에게 큰 영향을 미친다. 즉 코를 만지거나 턱을 문지르거나 볼을 쓰다듬으면서 설명하는 것은 별로 실현 가능성이 없는 것을 숨기기 위한 일종의 위장술로 보이기 쉽다. 또 머뭇거리거나 자세를 자주 바꾸는 것은 현재 상황에서 빨리 벗어나고 싶다는 뜻이다. 부드럽게 의견을 전달하기 위해서는 미소 띤 밝은 표정으로 시선을 한 곳에 7~8초 가량 두는 것이 좋다. 입술이 말라 있거나 입술을 깨물거나 어금니를 힘껏 무는 것은 듣는 사람의 마음을 불편하게 한다.

장소에 따라서도 회의 분위기가 달라진다. 형식적으로 회의를 끝내는 것이 좋을 경우에는 참석자의 수에 비해 좀 넓은 방을 사용하면 좋다. 느긋하고 쾌적한 분위기에서 적당한 간격을 두고 앉으면 회의가 화기애애하게 진행된다. 즉 발표자의 의견대로 통과되기를 바라는 회의에는 넓고 느긋한 분위기를 활용하는 것이 좋다. 그러나 토론이 필요한 회의에서는 작은 방과 둥근 탁자를 사용하면 효과적이다. 참석자끼리 서로 몸이 닿으면 친밀감이 높아져 긴장감은 줄면서 경쟁심은 높아져 토론이 활발해진다.

상사의 부탁을— 부드럽게
거절하는 몸짓—

현대인 가운데는 '착한 직장인 콤플렉스'에 시달리는 사람들이 많다. 남의 부탁, 특히 상사의 무리한 지시나 부탁을 딱 잘라 거절하지 못하고 마음 고생을 하며 마지못해 일을 처리하는 경우가 많다. 능력이 있다고 인정받으면 다른 사람보다 몇 배나 많은 일이 맡겨져 혼자 감당해 내기 어려울 수 있다.

우리는 친밀하지 않거나 혈연 관계에 있지 않은 사람들과 훨씬 더 많은 관계를 맺으며 살아간다. 지시를 내리는 상사나 함께 일하는 직장 동료와의 관계도 이런 예라고 할 수 있다. 이런 관계는 세력과 경쟁을 포함한다. 사회 조직에서는 계층과 서열이 존재하므로 세력을 가지는 상사의 지시에 따를 수밖에 없다. 즉 '상대의 지시와 감독을 받는' 추종 관계에 놓이게 된다. 세력과 경쟁은 다른 사람과의 상호 작용에 큰 영향을 미친다.

상사의 지시에도 따라야 하고, 동료와의 경쟁에서도 이겨야 하므로 상사의 부탁을 거절하기란 여간 곤혹스럽지 않다. 그러나 일을 맡아 감당해 내지 못하는 것보다는 미리 거절하는 것이 오히려 책임있는 행동이라 할 수 있다.

부당한 지시를 받았을 때는 되도록 상사와 눈을 마주치지 말아야 한다. 몸은 꼿꼿이 세우지 말고 약간 숙이면서 부드러운 어조로 말하는 것이 좋다. 그런 간접적인 의사 표시는 상사의 감정을 상하게 하지 않는다. 그리고 거절한 뒤에는 얼른 자리로 돌아오는 것이 좋다. 상사 앞에서 계속 우물쭈물하며 답변을 제대로 못하면 결단력이 없는 사람으로 보여진다.

사회학자 매슈어는 두 사람의 상호 작용에서 눈썹은 세력 관계를 반영한다고 말한다. 치켜올린 눈썹은 복종을 나타내고 처진 눈썹은 세력을 나타낸다고 한다. 다시 말하면 눈썹을 내린 얼굴은 공격적으로 보이는 데 반해, 눈썹을 치켜올린 얼굴은 부드럽고 순종적으로 보인다.

그러나 무엇보다도 이렇게 거절하기 난처한 상황에 효과적으로 대처하기 위해서는 상사와 평소에 자주 접촉해 심리적 거리를 좁혀 나가는 것이 좋다. 인사하는 법에서부터 일상의 사소한 행동 하나하나가 상사가 당신을 보는 평가와 관련된다는 것을 명심해야 한다. 상사와의 거리는 너무 가깝지도 너무 멀지도 않은 것이 좋다. 너무 가까우면 비롯없다는 인상을 주어 불쾌감을 줄 수 있고, 너무 멀면 서먹한 관계가 된다. 근접심리학에서는 상사와 부하의 거리, 곧 사회적 거리는 2~2.5미터 가량이 좋다고 한다. 상사에게는 이렇게 조금 떨어진 거리에서 존경을 나타내는 것이 좋다. 상사와 좀 거리를 둔다 해도 시선을 통하여 친밀감을 표시할 수 있다. 상사와 마주쳤을 때는 걸어가던 중이라도 그 자리에 멈춰 서서 정중하게 인사함으로써 형식적인 인사가 아니라는 인상을 주는 것이 좋다.

사랑의—
몸짓에 담긴 선물—

스킨십과 함께 선물을 전달하면 따뜻한 마음이 상대에게 더 확실하게 전달된다. 아이에게 선물을 쥐어 주고는 머리를 가볍게 쓰다듬어 준다든지, 사랑하는 사람에게 넥타이나 목걸이를 걸어 주고는 볼을 갖다 대면서 포옹해 준다든지, 반지를 끼워 주고는 손을 꼬옥 쥐어 주면 상대는 당신의 따뜻한 사랑의 감정을 접하고는 큰 감동을 느낄 것이다.

또 상대가 선물을 즉시 끌러 보고는 눈을 약간 크게 뜨고 입을 조금 벌리면서 "아, 예쁘다! 이거 정말 갖고 싶었는데…… 고마워요"라고 감사를 표시하면, 당신은 굉장히 흐뭇해지면서 기쁨을 느낄 것이다. 선물은 따뜻한 마음을 교류하게 하는 중개자 역할을 한다.

「라 밤바」라는 히트곡을 남기고 10대의 젊은 나이에 죽은 록 뮤지션 리치 발란스의 일생을 다룬 「라 밤바」라는 영화에서는 그가 전화 박스 안에서 기타를 치면서 "너를 위해 이 노래를 만들었어"라는 말과 함께 전화로 그의 애인 다나에게 노래를 들려주는 장면이 나온다. 노래 선물을 받은 다나는 비싼 보석을 받은 것보다 더 기뻐했음은 물론이다. 상대를 더욱 기쁘게 해주려면 선물의 전달 방법도 고민해야 한다.

여성은 왜 꽃을 선물받으면 기뻐할까?

남성이 꽃다발을 안고 사랑하는 여인의 집 현관 초인종을 누른다. 꽃을 선물받은 여성은 꽃을 받아들고는 기뻐 어쩔 줄 모른다. TV 드라

마에는 이런 장면이 많이 나온다. "생일 축하해"라면서 팔을 곧게 펴고 두 손으로 정중하게 받치는 애인에게서 사랑의 마음을 읽어 내고 감동한다. 이때 두 손으로 정중하게 받친다는 것은 존경의 마음에서라기 보다 '당신을 아끼며 보살피겠다'는 배려의 마음이라고 할 수 있다.

상대가 무엇을 좋아하는지도 모르고 그냥 선물만 하는 것으로는 상대에게 기쁨을 주지 못한다. 우선 꽃은 아름다워서 여성을 상징한다고 할 수 있다. '당신은 꽃처럼 아름다워요'라는 의미가 꽃 선물 속에 담겨져 있어, '내가 꽃을 좋아한다는 것을 알고 있었구나'하는 자존심을 만족시켜 준다.

또 꽃 선물은 부담을 주지 않는다. 비싼 선물을 받으면 '뭔가 딴생각이 있는 게 아닌가'하는 경계심을 갖게 되고, 액세서리 등 장신구를 선물받으면 마음에 안 들어도 '몸에 지니지 않으면 안 된다'는 의무감을 갖게 된다. 이런 짐에서 꽃 신물은 무난하다. 꽃 신물을 할 때는 반드시 상대를 직접 만나서 윗사람에게 하듯 깍듯하게 두 손으로 받쳐야 한다는 것을 잊지 말아야 한다.

아내는 결혼기념일이나 생일에 남편의 선물을 은근히 기대한다. 선물 그 자체보다 남편의 사랑을 확인하려는 것이다. 이때 남편은 시치미 떼고 있다가 부엌일 하는 아내 뒤로 살며시 다가가 어깨를 사뿐히 껴안으며, "그동안 수고 많았지. 사랑해" 하면서 꽃 한 송이라도 건네보라. 이때의 꽃 한 송이는 비싼 에메랄드 반지보다 더 큰 감격을 아내에게 안겨 줄 것이다.

몸짓에 담긴 선물은 자기 마음을 상대에게 확실하게 전달하는 효과를 지닌다.

새로 쓴 마음을 읽으면 사람이 재미있다

식탁— 커뮤니케이션—

함께 식사를 했을 때 얻어지는 심리적 효과는 아주 크다. 우리는 가족끼리 식탁에 둘러앉아 식사하면서 나누는 대화에서 가족애를 확인한다. 가족 간의 단란한 커뮤니케이션은 가족의 결속을 강화하고, 서로의 이해를 돕는 장(場)이 된다. 적어도 하루에 한 번 온 가족이 함께 식사하는 것은 자녀의 가정 교육을 위해서도 권장할 일이다.

만난 지 얼마 안 되는 사람에게서 "식사라도 함께 하실까요?"라는 제의를 받을 수 있다. 이 말에는 생리적 욕구의 충족보다는 긴장 없는 커뮤니케이션을 통해 서로의 간격을 좁혀 보자는 의미가 내포되어 있다. 오랜만에 길거리에서 만난 친구에게 "어디 가서 차라도 한잔 할까?"라고 하거나 집에 찾아온 손님에게 차나 과일을 대접하는 것도 이런 이유에서다.

식사를 함께 하면 정서적으로 안정이 되며 친근감이 느껴진다. 파티, 데이트, 기념행사 등에 음식이 꼭 끼는 것도 같은 이유에서다. 감미로운 음악이 흘러나오는 분위기 있는 곳에서 식사를 함께 하는 데이트만큼 두 사람을 더 가까워지게 하는 것도 없을 것이다. 첫 데이트에서 음식 맛을 음미하는 여유를 가지기는 어렵겠지만 식사를 함께 하면 확실히 상대의 마음을 자기 편으로 끌어들이는 효과가 있다.

의견이 맞지 않은 사람들끼리라 할지라도 식사를 함께 하면서 서로 다투거나 얼굴 붉히는 일은 거의 하지 않는다. 식사를 함께 할 때 설득 효과는 더 커진다. 설득 커뮤니케이션 이론에 따르면, 음식을 먹는 동안 상대의 제의를 거절하거나 반박하게 되면 입안에 든 음식물이 튀어 나오게 되므로 그대로 상대의 제의를 수용하게 된다는 것이다.

미국의 심리학자인 웨이버그는 "행동이 감정을 통제한다"고 말한다. 어떤 일로 화가 나거나 짜증이 날 때 전혀 상관없는 일을 하면 그런 감정이 사라진다는 것이다. 다시 말해 전혀 상관없는 행동을 함으로써 그때의 감정에서 벗어날 수 있다는 것이다.

남편에게 몹시 화가 난 주부는 저녁때 시장에 가서 반찬거리를 사는 것으로 화를 풀어라. '오늘은 화가 나서 저녁밥도 짓고 싶지 않아'라며 여기저기 친구들에게 전화를 걸어 분통을 터뜨리거나 자리에 누워버리면 화가 가라앉기는커녕 감정이 더 상하게 된다. 분통이 터지는 자리에 그대로 머물지 말고 묵묵히 일어서서 나와야 한다.

실연했을 때는 맛있는 음식을 마음껏 먹어라. 고통은 덜려고 하면 할수록 더 고통을 안겨준다. 분노는 자기가 하고자 하는 일을 가로막는 장애물이 된다. 아무 상관 없는 일을 함으로써 자신을 가로막는 고통과 분노를 해소하라. 누군가와 얼굴을 맞대고 음식을 함께 먹는 것도 아주 좋은 방법이다.

새로 쓴 마음을 읽으면 사람이 재미있다

몸 짓 에 서 보 는 고 객 의 심 리

손짓, 몸짓, 앉는 자세 등은 언어보다 더 강하게 마음을 전하는 도구이다. 이것들에 나타나는 심리적 의미를 알게 되면 상대와 더 효과적인 커뮤니케이션을 할 수 있다.

손 — 짓

상대의 손 움직임에서 어느 정도 'Yes', 'No'의 의사 표시가 확인된다. 먼저 '긍정 사인'인데, 상대가 말하면서 자기 턱을 쓰다듬을 때는 마음 편하게 당신의 말을 듣고 있고 또 그것을 받아들이겠다는 표시이다. 물론 버릇으로 그럴 수도 있으니 단정은 할 수 없지만, 상담(商談)을 진행하고 있을 때 상대가 턱을 쓰다듬으면 구매 의사가 있다는 표시니까 더욱 밀어붙일 필요가 있다.

중요한 것은 상대가 마음 편안하게 당신의 말을 들어 주고 있느냐는 것이다. 상대의 손이 아주 자연스러우면 교섭이 좋은 방향으로 진척되고 있다고 생각해도 좋다. 손놀림이 좀 어설프거나, 손가락으로 책상을 두드린다거나, 얼굴 여기저기로 손이 자주 간다면 거절 표시로 받아들이면 된다. 손놀림이 부자연스럽다는 것은 마음의 동요를 참는다는 표시이다.

또 머리 위로 양손을 낀다든지, 라이터나 펜 등을 만지작거리는 것은 이야기에 흥미가 없다는 표시이다. 이런 사인을 자주 보낼 때는 아무리 설득해도 별 성과를 거둘 수 없다.

몸 — 놀림

"이런 상품은 당신 회사 말고도 P사와 Q사에서도 판매하고 있어요. 내가 조사해 본 바에 의하면 내구성(耐久性)은 Q사 제품이 제일 뛰어나다고 하는데……."

상식적인 이유를 대면서 막무가내로 따지고 드는 무척 힘든 상대가 있다. 이때 방어할 타이밍을 잃으면 상대의 페이스에 말려 들게 된다. 이럴 때는 상대의 말을 끊는 작전이 필요하다. 여러 가지 몸놀림을 사용하여 자연스럽게 이야기의 흐름을 끊는 기법을 알아보자.

헛기침을 계속한다. "음, 음" 하는 헛기침을 반복함으로써 더 이상 상대의 말에 관심이 없다는 표시를 한다.

자세를 크게 바꾼다. 상대방에게 몸을 숙이고 있었다면 몸을 일으키고, 왼쪽으로 향하고 있다면 오른쪽으로 몸을 돌려 자세를 바꾼다.

자연스러운 이유를 대면서 자리를 뜬다. "화장실에 다녀오겠습니다", "전화 좀 하고 오겠습니다" 등의 핑계를 대고 좀 시간적 간격을 가지면서 상대의 공격이 둔화되기를 기다린다.

일부러 시선을 돌린다. 상대와는 관계없는 방향으로 시선을 돌린다. 일부러 상대와 시선을 마주친 다음 다른 곳으로 시선을 돌려도 효과적이다.

이밖에도 '상대와 같은 자세를 취하지 않는다', '고개를 끄덕이지 않는다', '시선을 마주치지 않는다' 등 소극적인 방법도 있다. 그러나 곁눈질을 하거나 팔짱을 끼거나 다리를 떠는 것은 오히려 역효과를 낸다.

젊 어 지 는 비 결

다시 젊어진다는 것은 동화의 세계에서나 있을 수 있는 이야기가 아니다. 낡은 의학 상식으로는 노화는 일방 통행의 과정이므로 되돌이킬 수 없는 것으로 되어 있다. 그러나 일정한 환경과 조건이 갖춰지면 젊어질 수 있다고 한다. 1979년 하버드 대학교에서 실시한 실험 결과에서 알아낸 사실이다.

이 기적 같은 젊음을 되돌리는 실험이란 무엇인가? 어떤 시골에 실험 센터를 만들고 75세 이상의 건강한 노인들을 모집하여 5일간 함께 지내게 하였다. 이 실험 센터에는 20년 전의 잡지가 준비되어 있었고, 스피커에서는 20년 전의 음악이 흘러나오도록 하였다. 참가한 노인들로 하여금 20년 전으로 되돌아간 생활을 하게 하였다. 노인들은 50대 때의 옷을 입고, 당시의 히트송을 듣고, 잡지도 1959년의 것을 읽게 하였다. 당시 하던 일을 하면서 50대의 기분으로 닷새간을 보내게 하였다.

그 결과 믿기 어려운 변화가 노인들에게 일어났다. 실험 후 세 살 정도 젊어진 것이다. "겨우 세 살이야?"라고 해서는 안 된다. 의학·생리학적으로 이것은 대단한 것이다. 약품으로도 일어날 수 없는 변화가 온몸에 일어났다. 실험 개시 전과 후의 사진을 제3자에게 보였더니, 실험 뒤의 사진이 젊게 보인다고 판정하였다. 확실히 용모가 젊어졌다. 정밀검사를 해보았더니 관절을 움직일 수 있는 범위가 확대되었다. 즉 운동 능력이 증대된 것이다. 손가락도 조금 길게 펴졌고, 앉은키, 체중, 어깨폭도 늘어났다. 노화로 인해 분비되지 않던 성장 호르몬이 분비되었기 때문이다. 먼 귀가 들리게 되었고, 오른쪽 눈의 시력도 좋아졌으며, 기억력도 향상되었다. 생리학적으로도 젊어진 것이다. 생활 능력도 젊어졌다.

늙었다고 한탄만 하지 말고 20년 전의 T셔츠와 바지를 트렁크에 넣고 리조트에 가서 비틀스 음악을 들으면서 옛날 잡지를 읽는다면 다시 젊어질 수 있는 것이 아닐까.

마음의 ― 힘

"소인은 놀고 있으면 좋지 못한 짓을 한다"는 말은 공자의 『논어』에 나오는 한 구절인데, "부인이 놀고 있으면 비만이 된다"는 말은 심리학적 논어이다. 직업을 가진 여성들은 대체로 아름답다. 여성이 아이를 낳고 뚱뚱해지는 것은 자연스런 현상이지만, 비만해지는 데는 심리학적 이유도 있다. 가정 속에 들어가 '졸업했다'는 의식을 가지게 되면 비만해지기 쉽다.

지방(脂肪)은 좋게 말하면 정절(貞節)의 심벌이고, 나쁘게 말하면 색기(色氣)의 상실을 뜻한다. 그러나 여성이 취업하게 되면 남성의 눈을 의식하게 된다. 그렇게 되면 호르몬의 작용으로 몸의 근육이 뻗어 스마트하게 된다. 정신적 청춘기로 되돌아오게 되면 육체도 그에 맞추어 젊어진다. 성적 관심은 복근(腹筋)을 줄이는 효과가 있다고 주장하는 사람도 있다.

집 안에서 맴돌던 주부가 집 바깥에서 일하게 되면 예뻐지는 예는 자주 볼 수 있다. 직업을 가진다는 것은 아주 효과 있는 미용법인지도 모른다. 마음은 몸에 민감하게 반영된다. 감기에 걸리고 몸 상태가 좋지 않은 것은 고민과 문제를 안고 있기 때문이다. 여성은 말로는 표현할 수 없는 심리 상태를 질병이라는 형태로 몸을 통하여 나타낸다. 최근의 연구에 따르면 자궁암과 유방암은 부부 관계에 문제가 있을 때 발생하기 쉽다고 한다.

몸을 치료한 뒤의 마음의 문제가 더 중요하다는 예가 영국에 있었다. 태어난 지 얼마 안 되어 장님이 된 어떤 사람이 52세에 시력 회복 수술을 받았다. 직업은 구두 수리공으로 결혼도 했고 성격도 쾌활했다. 눈이 먼 것을 빼면 보통 사람과 같았다. 그런 그가 시력 회복 수술로 52세에 처음으로 시각을 찾은 것이다. 최초로 시각에 들어온 것은 의사의 얼굴이었는데 그 당시를 그는 이렇게 회상했다. "나는 어렴풋이 툭 튀어나온 어떤 형태를 보았다. 나는 그것을 건드려 보고 코가 틀림없다는 생각을 했다. 그리고 그것이 코라면 내가 보고 있는 것은 상대의 얼굴이라는 것을 알게 되었다." 그것이 무엇인지를 알아내기 위해서는 눈이 안 보일 때처럼 감각과 청각으로 확인하지 않으면 안 되었다. 시력은 아주 빨리 회복되어 갔다.

그러나 그의 마음은 점점 우울해지기 시작하여 수술 몇 개월 뒤에는 우울증에 걸렸다. 그가 가장 충격을 받은 것은 눈에 보이는 새로운 세계가 눈이 멀었을 때 생각했던 세계와 전혀 다르다는 것이었다. 그는 슬픈 듯이 이렇게 말하였다. "나는 언제나 여성은 아름답다고 생각해 왔습니다. 그러나 여성을 실제로 보니까 별로 아름다운 것 같지 않습니다." 보이는 것 모두가 지금까지 상상했던 것과는 달랐다. "세상은 너무 단조롭다"고 그는 늘 말하였다. 우울한 나날을 보내다가 기적의 수술을 받은 지 1년 9개월 뒤, 그는 심한 우울증으로 54세의 생애를 마쳤다. 그는 맹인으로서는 훌륭하게 자립할 수 있었지만 정상인으로서의 인생에서는 완전히 자신감을 상실하고 말았다. 52년간 익숙했던 청각과 촉각의 세계에서 벗어나 눈이 보이는 새로운 세계에 들어와서는 적응력을 상실한 것이다. 수술로 시력은 회복되었지만 마음 상태는 오히려 악화되었다. 의학은 일취월장(日就月將)하고 있지만 그것에 수반되는 마음의 문제를 절대로 소홀히 해서는 안 된다.

여자의 3장
마음을 읽는다

어리광— 부릴 수 없는 여성—

어떤 곤란한 일에 부딪쳐도 결코 울지 않는 여성이 있다. 아니, 울 수 없다고 말하는 편이 좋을지 모를 여성이 있다. 눈물이 눈시울을 적셔도 삼켜 버리고 아무렇지도 않은 듯한 얼굴을 한다. 또한 자립심이 강하여 어려움을 쉽게 극복하고 재치도 있으므로 주위 사람들로부터 똑똑하다는 평을 듣는다.

그러나 본인의 마음은 언제나 덤덤하다. 그 이유는 다른 사람에게 어리광을 부릴 수 없기 때문이다. 이런 타입의 여성은 응석 부리는 것을 소위 스타일을 구기는, 체면이 깎이는 일이라고 생각한다. 따라서 귀염성 없는 여성으로 보인다.

귀염성이란 다른 사람에게 어리광 부리는 것을 말한다. 일반적으로 어리광은 아이 때나 부리는 유치한 행동이라고 생각하는 경향이 있다. "어리광 부리지 마", "응석받이로군" 등의 말에서 봐도 어리광은 좋은 의미로 쓰이는 것이 아니다.

그러나 어떤 경우에도 어리광을 부려서는 안 된다고 생각하는 것은 문제이다. 왜냐하면 그것은 유아성(幼兒性)을 지나치게 억누르는 것이기 때문이다. 건전한 사람이란 때와 경우에 따라 어리광을 부릴 수도 있는 사람이다.

다시 말하면, 건전한 성격이란 유연성이 있는 성격이다. 어리광을 부릴 수 없는 여성은 다른 사람에게 주기만 하지 받는 것을 부담스러워 한다.

"그녀는 받는 것보다 주는 것을 좋아한다", 또 "모성적이다"라는 말은 호평같이 들리지만, 나쁘게 말하면 젊은 사람 같지 않다는 말도 된다. 다시 말하면, 몸은 젊지만 심리적으로는 늙었다는 것을 의미한다. 이런 여성에게 "어리광 좀 부려 봐"라고 말하면 "응석 부릴 수가 없어요. 어리광은 어떻게 부리는 건데요?"라고 싱거운 대답을 한다.

왜 이처럼 어리광 부릴 수 없는 여성이 되었을까?

어릴 때 어리광을 부려 본 적이 없기 때문이다. 어리광 부리고 싶어도 어리광 부릴 수 없는 상황이었기 때문일 것이다. 예를 들어 아버지가 술만 드시면 술버릇이 좋지 않아 아버지에게 어리광 부리기는커녕 오히려 어머니 대신 아버지 뒤치다꺼리만 했는지도 모른다. 또는 맞벌이하는 부모 밑에서 자랐기 때문에 집안일과 동생들 돌보는 데 바빠 어리광 같은 것은 엄두도 못 냈는지 모른다. 다시 말하면, 어리광은커녕 언제나 긴장하며 살아야 하는 상황에 처해 있었는지 모른다.

한편 부모의 엄격한 가정 교육을 통하여 어리광을 억제함으로써 모범생이 되는 수도 있다. 부모에게 꾸중을 안 들으려고 부모님의 마음에 드는 행동만 해야 했기 때문이다. 부모의 지나친 간섭과 억제로 모범생이 되어 버렸을 때는 응석을 부릴 기회는 이미 사라져 버린 뒤였다. 이런 모범생은 친구들에게도 소외된다. 젊은 사람답지 않아 당연히 남자들도 잘 따르지 않는다.

왜 이런 우등생이 고통을 겪게 되는 것일까?

남자들은 이런 타입의 여성은 자기들 마음대로 움직일 수 있다고 생각한다. 확실히 그녀는 순종도 잘 하고 인내심도 있다. 그러나 이런

새로 쓴 마음을 읽으면 사람이 재미있다

여성에게 고마움을 느끼는 남성은 대체로 유아적 성격의 소유자이다. 이런 유아적 남성은 남에게 칭찬받기만을 좋아하고 책임감이 없다. 이런 사람은 다른 사람에게 이용당하기 쉽다. 이런 남성은 나중에는 여성에게 어머니로서의 역할을 요구하는 어리광쟁이가 되어 버린다.

이런 여성은 애써 모은 돈도 남성에게 다 털리게 되나 그렇다고 남성이 만족하는 것도 아니다. 잘 참는 여성이라는 점에서는 높이 살 만하지만 여성으로서는 어딘지 좀 부족한 점이 있다고 말한다면 지나친 말이 될까?

남성은 아내에게 어머니이며, 아내이며, 친구이기를 바란다. 바꾸어 말하면, 어머니인 동시에 여자가 되어 주기를 바라는 것이다. 그러나 이런 역할을 다 해내는 여성은 어리광을 부릴 수 없어 남성을 실망시킨다.

또 이런 여성을 좋아하는 남성은 분별력이 없어 떼를 잘 쓰고, 비꼬기를 잘 하며, 폭력을 휘두르고, 외도도 예사로 한다.

모범생인 이런 여성 가운데는 심지어 자기 남자 친구에게 "당신에게 좋은 여자가 생긴다면 언제라도 물러나 줄 수 있어요"라고 말하는 사람도 있다.

하지만 그 정도까지 자기를 희생해야 할 필요가 없다. 이런 여성은 남성에게 주기만 하지 말고 받을 줄도 아는 유연성을 가져야 한다.

사랑에는 소유욕이 따라야 한다. "당신은 나의 것"이라고 할 정도의 집착도 가져야 한다.

남자를— 힘들게 하는 여성—

미인이고, 머리도 좋고 성격도 밝고 사교적이어서 어느 누가 봐도 '좋은 여자'로 보이는 여성이 있다. 그러나 남편이나 아들 또는 남자 친구 등 주위의 남자들을 모두 무기력하고 소극적인 남자로 만드는 여성이 있다. 의식적으로 그렇게 한 것은 아니지만, 문득 정신을 차리고 살펴보니 주위의 남자들이 모두 풀이 없고 기가 죽어 있다는 것을 발견하게 된다.

남성들은 여성이란 원래 상냥하다고 생각한다. 그러나 여성을 상냥하다고만 잘라 말할 수는 없다. 융(Jung) 심리학에서는 여성은 '그레이트 머더(great mother)'의 요소를 지니고 있다고 본다. 그레이트 머더란 인류 공통의 집단무의식을 의미하는 것으로, 여성의 마음의 심층에는 상대를 따뜻하게 감싸는 요소와 함께 상대의 에너지를 빨아들이는 요소가 공존하고 있다.

여성은 이런 요소가 자신에게 존재한다는 것을 의식하지 못한다. 그레이트 머더가 움직이기 시작하면 자식을 죽일 수 있을 정도의 무시무시한 마음으로 돌변할 수도 있다. 왜 여성은 그레이트 머더에 의해 움직이게 되는 것일까?

그것은 여성이 자신의 마음 깊숙이 숨겨 둔 그레이트 머더를 깨닫지 못하기 때문이다. 설령 그 존재를 알아낸다고 해도 그레이트 머더의

새로 쓴 마음을 읽으면 사람이 재미있다

충동에서 해방될 수 없다. 그것은 자신이 여성이라는 것을 즐거워할 수 없는 상황에 처하기 때문이다.

어릴 때부터 "여자가 뭘?"이라는 말을 들어 가며 자라는 동안 여성이라는 사실에 분통을 터뜨리게 된다. 이런 생각은 어릴 때에만 가지는 것도 아니다. 어른이 되어서도 남성에게 조금도 뒤질 게 없는데도 여성이라는 이유로 승진 기회도 없고 좋은 직장을 얻지 못한다는 생각에서 남성에 대한 투쟁심·적개심이 생겨난다. 그래서 무의식 중에 드라큐라 같은 그레이트 머더가 작동되어 남성의 에너지를 빨아들이려는 마음이 용솟음친다.

최근 들어 거식증(拒食症)에 걸린 여자가 늘어나고 있다. 거식증에 걸린 여성은 성숙해지는 것을 겁낸다고 한다. 이런 여성은 자신이 여성인 것을 혐오하기 때문에 여성답게 되는 것을 혐오하고, 또 여성다운 여성을 보는 것만으로도 화가 치밀어오른다. 그런 여성은 남성처럼 되

고 싶어하는 의식으로 점차 바뀌어 간다. 그래서 상냥하다고 하기도 어렵고 박력 있다고 하기 어려운, 즉 여자라고도 할 수 없고 남자라고도 할 수 없는 어중간한 인간이 되고 만다.

이런 타입의 여성은 남성에 대해 공격적이고 지배적인 태도를 취한다. 남성에게서 남성다움을 박탈하려는 것이다. 이러한 여성은 다른 사람 앞에서 서슴없이 남편이나 아들의 체면을 깎아내린다.

"애는 혼자 놀지 못하고 나한테만 매달린다니까요." "내 남편은 끝까지 해내는 게 하나도 없어요." 이런 여성은 무의식적으로 남성을 공격하여 남성보다 우위에 서고 싶어한다. 기가 센 어머니 밑에서 자란 남자아이는 기가 약해, 좋게 말하면 착한 아이이고 나쁘게 말하면 소심한 아이가 된다.

이런 여성에게도 여성다운 상냥스러움이 없다. 말수가 적고 짜증을 잘 내며 표정이 어둡다. 남편이나 남자 친구의 말을 잘 수용하려 들지 않는다.

"남자란 다 그런 거야"라는 식으로 남성을 과소평가한다. 이런 여성은 아들보다는 딸을 더 좋아한다. 무능한 아버지와 남자로서의 당당함을 보여 주지 못한 오빠와 남동생을 보며 자라 왔는지도 모른다.

여자아이도 어머니와 마찬가지로 여성인 것을 기뻐할 수 없는 여성이 되고 만다. 남편은 술을 마시면서 자신의 굴욕감을 얼버무리려 하고, 남자 친구는 호되게 당하고는 허둥지둥 도망가거나 그렇지 않으면 고분고분 말 잘 듣는 존재로 전락하고 만다.

그러나 이런 여성은 "나는 정말 남자운이 없어요"라는 인식밖에 못한다. 도저히 견딜 수 없어 상담받으러 왔다고는 하면서도 솔직하게 조언해 주면 언짢아한다. 오히려 잘못을 지적받았다고 생각한다. 반면 이런 여성은 남에게 인정받아 본 적이 없으므로 다른 사람이 칭찬해 주면 아주 만족해한다. 이런 타입의 여성을 어떻게 대하면 좋을까?

한 사람의 여성으로 인정해 주어야 한다. 즉 남성처럼 행동하지 않아도 사람들의 인정을 받을 수 있다는 것을 반복해서 경험하게 해주는 것이다. 예를 들면 "딸은 상냥해서 정말 마음에 들어"라든가, "네가 딸이라서 아버지는 아주 기쁘단다"라고 말해 준다. 여성인 것을 만족스러워하면서 자라 온 여자아이는 여성다운 여성이 된다.

여성으로 태어난 것을 혐오하는 여성에게서 그레이트 머더가 힘을 떨치게 된다. 남편을 사랑하는 아내, 아들을 믿음직스럽게 생각하는 어머니는 자신이 여성인 것을 기뻐하는 여성이다. 이런 여성을 만나게 되면 남성은 더욱 자신이 남성인 것을 의식하게 되고 남성인 것을 자랑스럽게 여긴다.

성별을 따지지 않고 '인간으로서의 자기'만을 강조하는 사람이 있다. 그런 생각을 극도로 고집하는 사람은 성감정(性感情)을 무시한다.

하지만 건전한 성인이란 자기와 남의 성감정을 인정하고 그것을 즐기는 데 죄의식을 갖지 않는 사람이다.

애매모호한—
태도를 보이는 여성—

"커피를 드시겠습니까? 홍차로 하시겠습니까?"라고 물어도 확실히 대답하지 못하고 머뭇거리는 여성이 있다. 옛날에는 이런 여성을 얌전하다고 했는지 모르지만 요즘은 상황이 다르다. 지금은 즉시 결단을 내리지 않으면 안 되는 고속화 시대이다.

어떤 처녀가 맞선을 본 뒤 자기 의사를 밝히지 않고 있어, 쑥스러워 그럴 것이라고 생각하여 가족들이 혼사를 추진해 택일까지 했더니 그때서야 "실은   "하고 자신의 본심을 털어놓는 여성도 있다.

신혼여행을 하와이로 가고 싶다고 하더니 이제 와서는 제주도로 가자고 한다. 이것도 저것도 못 버려 좀처럼 결단을 내리지 못한다. 겨우 제주도로 정해 제주도에 도착하고서는 하와이로 갔더라면 하고 후회한다면 즐거워야 할 신혼여행의 분위기가 완전히 깨질 수밖에 없다.

왜 이런 애매모호한 성격이 되었을까? 이유는 두 가지이다. 첫째는 어린아이 같은 기분이 아직도 남아 있기 때문이다. 아이는 쾌락의 원칙에 따라 행동하므로 '저것도, 이것도' 모두 갖고 싶어한다. 예를 들면 어머니가 "오늘은 아이스크림만 먹어. 초콜릿은 내일 사줄게"라고 타이르다가, 결국 아이에게 못 이겨 아이스크림도 초콜릿도 다 사주는 식으로 아이를 길러 왔다고 하자. 어릴 때부터 결단을 내리는 훈련의 기회가 주어지지 않으면 어른이 되어서도 우유부단함은 남는다.

새로 쓴 마음을 읽으면 사람이 재미있다

저 남자는 친절하고 부드럽고, 이 남자는 야성적이고 믿음직스러워 어느 쪽을 배우자로 선택해야 할지 몰라 결단을 못 내리는 여성이 되어 버리고 만다.

아이는 둘 중 하나를 버리지 못하지만, 어른은 하나를 버릴 수 있어야 한다. 어른으로 성장해 가는 과정에서 버려야 할 것은 버릴 수 있는 결단력을 가져야 한다. 인생은 자기 결정의 연속이라고 한다. 자기 결정이란 사람이나 사물, 사상과 기회를 버릴 때는 버리는 것을 말한다. 교사의 길을 선택한 사람은 회사원이 되기를 포기한 것이다. A씨와 결혼한 여성은 A씨 이외의 모든 남성을 포기한 것이다. 체념이 빠른 여성, 즉 선택이 빠른 여성은 심리 상태가 어른스럽다고 할 수 있다.

그 다음 이유로는, 부모가 서로 의견이 맞지 않아 다투는 것을 아이가 너무 많이 봐왔기 때문이다. 아이는 아버지의 마음에 드는 것은 어머니의 마음에 들지 않고, 어머니가 기뻐하는 일은 아버지가 싫어한다는 것을 알게 되었다. 어느 쪽을 편들어도 칭찬받을 수 없다. 그래서 어느 쪽으로도 해석될 수 있는 애매모호한 행동을 취하게 된다.

애매모호한 태도를 취하는 남성은 여성만큼 많지 않다. 남성은 어릴 때부터 확실하게 일을 마무리지어야 한다는 교육을 많이 받아 왔다. 남성에게는 자기 주장을 펼 수 있는 기개성(氣槪性)이 허용된다.

이제 여성도 남성과 어깨를 나란히 하여 살아가는 시대가 되었다. 언제까지나 남성에게 의존하고만 살 수 없다. 더구나 애매모호한 태도는 살아가는 데 마이너스가 된다. 어떻게 하면 여기서 벗어날 수 있을까?

완전주의를 버려야 한다. 완전주의를 버리고 자신의 능력에 맞게 일해야 한다. 다시 말하면 순간순간에 충실하라는 것이다.

그러나 무엇보다 중요한 것은 열심히 살아가는 태도이다.

미혼 여성 중에는 집에 있으면서도 가사를 돕지 않는 사람이 있다. 이런 사람은 무엇을 버리고 무엇을 골라야 하는지를 확실히 깨닫지 못한다.

애매모호한 생활 태도를 버리기 위해서는 여성이라 할지라도 자기 주장을 펼 수 있어야 한다. 여성의 주장이라고 해서 대수롭지 않게 취급되는 일이 있는데, 그럴 때 빙긋빙긋 웃기만 해서는 안 된다. '이것이다'고 생각될 때는 자기 주장을 펼 줄 알아야 한다. 여성은 참으며 따라야 한다는 전통적인 사고방식과 대결해야 한다.

이것은 남녀 관계에서도 마찬가지다. "NO"라고 처음부터 말해 두어야 할 것을 애매모호한 태도를 취하다가 남성을 화나게 만드는 사태에 이르러서는 안 된다. 물론 "NO"라고 거절함으로써 사랑을 잃는 수도 있다. 그러나 사랑은 잃더라도 간직해야 할 인간으로서의 프라이드는 남게 된다.

그렇다고 계속 "NO"라고만 고집하는 것은 현실 감각이 모자라는 유아적인 여성이나 할 것이다.

이성 관계가— 화려한 여성—

얼마 사귀지 않고서도 곧 남성에게 몸을 허락해 버리는 여성이 있다. 상대는 자주 바꾸지만 그를 해치려는 것은 아니니 제3자가 이러쿵저러쿵 간섭하지 말라는 식이다.

다른 사람에게 해를 끼치는 것은 아니라지만 인생의 목적도 없이 젊은 시절을 그렇게 허비하는 것을 주위 사람들은 차마 보고 있을 수는 없다.

남성 편력이 심하다고 해서 실제로 섹스를 갈망하는 것만은 아니다. 그렇다면 무엇을 찾고 있는 것일까?

먼저 첫 번째 가설로 내세울 수 있는 것은 아버지의 사랑을 찾고 있다는 것이다. 아버지에게 어리광을 부려 본 적이 없기 때문에 아버지를 대신해 줄 사람을 찾고 있는 것이다. 그래서 조금이라도 따뜻하게 대해 주는 남성이 있으면 곧 그에게 빠져드나, 자신이 찾고 있던 아버지의 이미지와는 너무나도 다르다는 것을 알고는 실망한다. 그녀가 찾고 있는 것은 아버지의 사랑이었지만 아버지 같은 남성은 좀처럼 찾기 힘들다는 것이다.

남성은 남성대로 그런 여성에게서 따뜻한 어머니의 사랑을 요구하며 응석만 부리려 하므로 여성에게는 오히려 그런 남성이 점점 부담스러워진다.

그래서 아버지를 대신할 사람을 계속 찾아 나서는 것이다. 이것이 소위 여성판 '돈환'이다. 특히 실의에 빠져 낙담하고 있을 때 친절하게 대해 주는 남성이 나타나면 곧 유혹에 빠지고 만다.

두 번째 가설은 부모에 대한 반발로 문란한 이성 관계에 빠져드는 경우이다. 이것은 대체로 엄격한 가정교육을 받은 여성에게서 많이 나타난다. 엄격한 가정교육에 대한 반발로 부모가 가장 싫어하는 짓을 하여 거역하려는 것이다. 자기 파괴를 통하여 부모에게 심려를 안겨 주려는 것이다. 이것을 흔히 '사회적 타락'이라고 하는데, 사회적 타락은 일종의 자살 행위이다.

세 번째 가설은 남성에게 증오심을 갖는 경우이다. 어릴 때 성추행을 당한 아픈 과거가 있기 때문에 남성에게 복수심을 갖게 된 경우이다.

미국의 어느 정신과 의사의 연구에 따르면 윤락녀의 심리가 대체로 그렇다고 한다. 남성에게 보복하기 위해 남성과 관계를 맺는다는 것이다. 돈을 낭비하게 만드는 것은 남성을 무력화시키고 보복하는 방법의 하나이다. 또 남성을 달아오르게 해놓고는 냉담하게 경멸해 버리는 것도 복수의 일종이다. 더구나 상대 남성의 비밀을 폭로하여 사회적 제재를 가하면 최고의 보복이 된다고 생각한다. 이처럼 겉으로는 남자를 좋아하는 것같이 보여도 실제로는 남성에 대한 증오심을 감추고 있는 여성이 있다.

네 번째 가설은 불안이나 고독 때문이다. 삶을 어떻게 헤쳐 나가야 할지 모를 때 불안과 고독을 느끼게 된다.

불안을 해소하기 위한 응급처치로 남성과의 신체적 결합을 원한다. 신체적으로 합친다고 해서 문제가 해결되는 것은 아니다. 일시적인 미봉책에 지나지 않아 불안감과 고독감에서 헤어날 수가 없다.

다른 사람과 마음의 교류가 없다는 것은 견디기 힘든 일이다. 예를 들면 비행(非行) 집단의 청소년이 그렇다. 학교에서는 따돌림받지만 짝패들과 어울리면 서로 마음이 통하게 되므로 그런 집단에 빠져들게 된다. 이성과의 사귐도 같은 이치라고 할 수 있다.

성행위로 치닫는다고 해서 모두 성적으로 성숙한 것은 아니다. 섹스에서는 나이나 지위나 학력 등이 전제가 되는 것은 아니다.

심리학에서 보면 무분별하게 이성에게 접근하는 '강박성'이 문제가 된다. 강박성이란 곁눈질도 하지 않고 한 곳에만 지나치게 열중하는 태도이다. 일에만 빠져 처자식도 돌보지 않고 일요일·휴일도 없이 매일 회사 일에만 매달린다면 강박적이라 할 수 있다. 아무리 음악을 좋아한다 해도 다른 일은 제쳐두고 하루 종일 음악만 듣는다면 그 사람은 강박적이다. 섹스도 마찬가지이다. 오로지 이성 교제에만 열중한다면 강박적이라고 할 수 있다.

다양한 활동을 균형 있게 해나가게 되면 정신적 만족과 안정을 얻을 수 있다. 이성 관계 그 자체가 나쁘다는 것이 아니다. 이성 관계만이 지배하는 인생이 문제라는 것이다.

자신의 인생을 이성 관계에만 소모해 버리는 사람은 누구일까? 현실 감각(손익 감각)이 모자라는 사람이다. 애정 관계에서 손익을 따지는 것은 너무 지나치다고 생각할지 모르지만, 지혜가 없는 사랑은 키(舵) 없는 배와도 같다. 지혜란 이런 경우 현실 감각을 말한다. 현실 감각을 바탕으로 하는 지혜와 애정이 있을 때 강박적 이성 관계에 빠져들지 않는다.

이성 관계를 보면 그 사람의 성격을 엿볼 수 있다. 일반적으로 여성은 현실 감각이 모자란다고들 말한다. 여성이 남성보다 냉정하다고 하는 사람도 있다. 이혼 신청은 여성이 더 많이 한다고 한다. 다시 말하면 배우자 선택에 실패했다고 생각하는 여성이 더 많다는 것이다. 연애 결혼은 중매 결혼보다 이혼율이 높다고 한다. 여성이 이혼 신청을 더 많이 한다는 것은 배우자를 고를 때 감정에만 치우쳐 이성적 판단과 현실 감각을 상실한 결과가 아닌가 생각된다.

과연 이성적인 판단은 사랑을 방해하는 것일까?

현명한 어머니는 냉정한 판단으로 자식을 양육한다. 현명한 아내도 이성적 판단으로 남편과의 애정 생활을 유지한다. 마찬가지로 현명한 여성은 현실 감각을 잃지 않으면서 남성과 교제한다. 이성적 판단을 하게 되면 이성 관계에만 빠져들지 않는다. 반면 무엇에 너무 빠져들게 되면 강박적으로 되어 분별력이 흐려진다.

나르시시즘에— 빠진 여성—

조금이라도 불쾌한 일이 있으면 곧 화를 내는 여성이 있다. 세상일이 자기 마음대로 된다고 믿는 사람이다. 또 실패를 모두 다른 사람의 탓으로 돌리는 불평가도 있다. 자신은 잘못이 없는데 다른 사람의 잘못으로 일을 그르치게 되었다고 생각하는 것이다. 사람들이 싫어하는 눈치를 보여도 자기 자랑을 그치지 않고 지나치게 자만심에 빠져 있는 여성이 있다.

한마디로 자기 도취가 강한 사람이다. 나르시시즘(자기 도취)이 강하다는 것은 자기 중심성(세상은 나를 위해서 움직인다)과 만능감(생각하는 대로 된다), 그리고 자기 자만(나는 중요한 인물이다, 유능하다, 미인이다 등 지나친 프라이드)이 지나치게 강하다는 것을 의미한다.

남성 중에도 이런 사람이 있긴 하지만 여성 쪽에 더 많은 편이다. 이런 여성과 함께 일하려면 신경이 쓰이고 힘이 든다. 왜 여성은 남성보다 자기 도취가 강할까? 그것은 지금까지의 문화가 남성 지향적이어서 여성을 손님으로 대접했기 때문이다.

인간은 원래 자기 도취적 성향을 갖고 있다. 유아가 그 예가 된다. 유아는 자기 중심적이어서 다른 사람 것도 모두 자기 것으로 하고 싶고, 무엇이든 자기 생각대로 하고 싶어 막무가내로 떼를 쓴다.

이런 나르시시즘은 성장함에 따라 줄어든다. 살아가면서 자기보다 유능한 사람이 더 많다는 것을 알게 되고, 떼를 써도 뜻대로 되지 않으며, 일하지 않으면 돈을 거저 주는 사람이 없다는 것을 깨닫는 사회성을 배운다. 그리하여 차츰 다른 사람의 입장에서 자신을 보며 성장한다.

지금까지 여성은 사회에 진출할 기회가 별로 없어 남성의 보호만 받으며 살아왔다. 그래서 여성의 나르시시즘적 성향은 좀처럼 줄어들지 않았다. 즉, 성장해 감에 따라 자기 중심성·자만심이 잘 줄어들지 않았다.

지금까지 문화가 여성을 특별 취급해 왔으므로 여성은 세상일이 자신을 위해 전개될 것이라고 믿는 경향이 있다.

어느 정도의 나르시시즘은 귀여운 데가 없지 않다. 그러나 도가 지나치면 곤란하다. 큰소리만 치면서 정작 어느 것 하나 해내지 못하는 사람이 그 좋은 예라 할 수 있다. 지금은 상당수의 여성이 직업을 가지고 일하고 있다. 일찍이 나르시시즘을 극복해 내지 못하면 나중에 오는 욕구불만을 견뎌 낼 수가 없다.

등교 거부아가 좋은 예라 할 수 있다. 이런 아이들은 부모에게 귀여움만 받아 왔으므로 마음속은 자만심으로 꽉 차 있다. 고학년이 될수록 다른 친구와 원만한 인간 관계를 유지할 수가 없다. 자만심에서 "군자(君子)는 위험한 것에 가까이 하지 않는다"는 식으로 학교를 피하려고 한다.

나르시시즘이 강한 여성은 지금까지 남성과 요령껏 일해 왔다고 해도 남성과 같은 규칙을 강요받으면 현실에서 도피하려 한다.

여성의 응석을 받아 주는 문화에서 왜 나르시시즘이 강한 여성이 있는가 하면 약한 여성이 있는가? 그것은 성장 과정과 관계가 있다. 즉 각 개인의 과거의 경험이 다르기 때문이다.

새로 쓴 마음을 읽으면 사람이 재미있다

나르시시즘을 강하게 하는 경험이란 무엇인가?

첫 번째는 유아기 때부터 부모의 과잉 보호를 받아 온 경우이다. 과잉 보호란 필요 이상으로 보살핌을 받는 것을 말한다. 이런 여성은 자신은 아무 노력을 하지 않아도 세상이 자기 생각대로 된다고 믿는다.

어떤 여대생이 어머니에게 이층 자기 방에 매일 아침 식사를 갖다 주도록 했다. 늦잠을 잤을 때는 택시로 학교에 등교했다.

이 여대생을 만나 보니 자발적으로는 이야기를 잘 하려 하지 않았다. 오로지 질문을 받은 것에만 대답을 하였다. 그렇다고 기분이 나빠 있는 것도 아니었다. 단지 모든 일을 다른 사람이 챙겨 주는 것으로 생각하고 있었다. 조금도 자기 스스로 문제를 해결하려 하지 않았으며, 다른 사람은 모두 자기에게 도움을 주어야 하는 것으로 생각하고 있었다. 따라서 감사하는 마음이 전혀 없었다. 그 누가 보아도 뻔뻔스럽다는 인상을 받게 된다.

나르시시즘이 강해지는 두 번째 이유는 유아기 때 응석을 부릴 수 없었다는 것이다. 인간은 어릴 때 어리광으로 나르시시즘을 적당히 만족시켜 주어야만 그것에서 차츰 벗어날 수 있다. 다시 말해 극도로 과잉 보호를 받으면 나르시시즘이 강해지지만, 적절한 어리광은 오히려 나르시시즘을 해소시킨다. 어릴 때 어머니와 사별했거나 생이별을 하여 응석 부릴 기회가 없었던 사람은 언제까지나 어리광을 부리고 싶은 욕망이 가시지 않는다.

그런 욕망을 떨치지 못하는 사람은 다른 사람의 어리광을 받아 줄 수 있는 마음의 여유가 없다. 자신의 생각만으로도 머리가 꽉 차 있기 때문이다. 자기 아이인데도 가까이 다가오면 귀찮아하는 어머니가 대표적인 예라 할 수 있다.

어리광을 부리고 싶은 욕망이 강한 여성은 다른 사람으로부터 사랑받고 싶은 욕구도 강하다.

그래서 자신을 드러내고픈 마음에서 남성에게 아양을 떨게 된다. 그러나 같은 여성끼리는 라이벌로서 경쟁한다. 나르시시즘이란 결국 유아적 경향이라고 할 수 있다.

나르시시즘이 강한 여성이라도 과잉보호 타입은 자기 현시적(自己顯示的)으로 행동하지 않는다. 왜냐하면 가만히 있어도 다른 사람들이 자기를 인정해 주고 돌보아 줄 것이라고 믿기 때문이다.

그렇다면 나르시시즘을 극복하기 위해서는 어떻게 하면 좋을까?

과잉보호 타입에게는 본인이 견디어 낼 수 있을 정도의 욕구불만을 서서히 느끼게 계획적으로 어떤 상황을 만들어 주면 좋다.

적당히 욕구불만을 해결해 나가게 되면 나르시시즘이 사라지고 현실에 눈을 돌리게 된다. "귀여운 아이는 여행을 보내라"는 격언은 이것을 가리키는 말이다.

자기 현시적인 여성은 누군가에게 한 번쯤 크게 인정을 받아 칭찬받고 싶어한다. 그러나 실제로 그렇게 해주는 사람을 찾기란 어렵다. 그럴 때는 카운슬링을 받아 보라고 권하고 싶다. 카운슬링을 통해 어떤 특정 기간 어떤 특정 인물로부터 충분히 인정받는 감정 체험을 할 수 있기 때문이다.

다른 사람에게 받아 봄으로써 다른 사람에게 갚을 수도 있게 된다. 다른 사람에 의해 나르시시즘을 만족시킬 수 있었던 사람은 다른 사람의 나르시시즘도 만족시킬 수 있다.

건전한— 여성—

건전한 여성이란 어떤 여성인가?

자신이 여성이라는 사실을 받아들여 여성인 것을 기뻐하는 여성이다. 다시 태어난다면 남성이 되고 싶다고 생각하는 여성이 적지 않다고 한다. 즉, 'I am OK. You are OK'라고 생각하는 여성은 많지 않다고 한다. 그러나 'I am OK. You are OK'라고 생각할 수 있는 여성이 건전한 여성이다.

'I am OK. You are OK'라고 할 때 그 의미는 '나는 내가 여성인 것을 받아들이고 여성인 것을 기뻐하고 있습니다. 결코 남성을 선망한다든지 증오할 생각이 없습니다. 남성은 남성대로 자신의 성(性)을 받아들여 남성인 것을 기뻐하기를 바랍니다. 여성은 여성이며 남성은 남성인 것을 함께 기뻐하고 싶습니다'라는 것이다.

이런 마음을 가지지 못하게 방해하는 것으로 남성 지향 문화를 들수 있는데, 그것 말고도 또 하나의 원인이 있다. 다름 아닌 부모와 자식의 관계이다. 부모가 딸을 귀여워하는 경우는 'I am OK. You are OK'가 된다. 그러나 딸을 엄격하게 키워 어리광 부릴 기회를 주지 않는 부모는 딸이 여성인 것을 스스로 혐오하게 하는 여성으로 만든다.

마지막으로 하나 지적하고 싶은 것은 성별 의식(性別意識)이 희박해지는 현상이다. 성별 의식이 희박해지는 것은 '나는 여성입니다'라는 자각을 약하게 만든다.

왜 그것이 바람직하지 못한가 하면 성별 의식은 직업 의식과 마찬가지로 자아정체감(自我正體感)의 근원이 되기 때문이다. 자아정체감이 형성되지 않으면 사는 보람을 느끼지 못한다. '나는 누구인가'를 확실히 느끼지 못하면 다만 물리적으로 존재한다는 것밖에 느끼지 못하여 존재하며 살아가는 데 필요한 자기 자각을 갖지 못하게 된다.

'나는 여성이다', '나는 교사이다'라고 자신을 규정하지 않으면 참된 의미에서 자신을 찾을 수 없다.

'나는 인간이다'라는 인간으로서의 자각과 아울러 '나는 누구인가'라는 의식을 만들어 가는 것이 현대를 살아가는 여성의 과제일 것이다.

만화가 지망생인 27세의 어떤 여성은 '나는 꼭 훌륭한 만화가가 될 거야'라는 확신을 가지고 노력한 결과, 많은 어려움도 있었으나 만화가로 성공할 수 있다는 자신감을 가지게 되었다. 그 여성은 자기 능력의 가능성을 믿고 오로지 앞으로 전진해 가면서 자기 일에 열중하였다.

그러면 자아정체감의 하나인 여성다움이란 무엇일까?

현대는 이행기(移行期)이며 변동기이다. 여성의 이미지는 지금 확실히 이런 것이라고 정해져 있지 않다. 여성다움은 이런 것이라고 누군가가 말하면 반드시 그 반론이 제기될 수 있는 시대이다.

따라서 자기 스스로가 납득할 수 있는 여성의 이미지를 창조하지 않으면 안 된다. 그것이 지금의 젊은 남녀에게 주어진 하나의 과제이다.

새로 쓴 마음을 읽으면 사람이 재미있다

미니스커트와— 팬티스타킹—

옷에서 여성의 자립이 나타났다. 젊은이들의 공적(功績)인 미니스커트가 출현한 것이다. 미니스커트는 처음에는 고객들에게 썩 어울리는 장르의 의류가 아니었으나, 1965년 영국인 디자이너 마리 펄트에 의해 큰 성공을 거두었다. 펄트가 디자인한 미니스커트는 경제적이었고 젊은층을 위한 것이었다. 젊은 영국 아가씨들은 거기서 자기들의 신체 해부학적 구조의 가치를 발견할 수가 있었다.

영국적 스타일의 유행과 함께 미니스커트는 전 세계의 젊은이들에게 보급되었으나, 프랑스에서는 소도시와 젊은 여성들 사이에서 말고는 쉽게 유행하지 않았다. 처음에 사람들은 미니스커트에 대해 그다지 호의적이지 않았다. 미니스커트는 결코 순탄하게 보급되지 않았다.

미니스커트는 처음에는 소녀들을 대상으로 하여 시장에 출하되었던 것으로, 사람들은 결혼 적령기에 이르기 이전의 소녀들이 짧은 스커트를 입는 데는 비교적 관용적이었다. 미니스커트가 처음 나왔을 때는 그것을 입고 댄스 파티에 간다든지 시골의 작은 마을을 거니는 것은 하나의 도발 행위로 보았다.

금세기 초 머리를 짧게 자르고 용기를 내어 외출한 최초의 여성들이 그랬던 것처럼 젊은 여성들이 미니스커트의 새 길을 텄다.

남성들은 그것에 관심을 보이면서도 분개하는 듯한 모순된 반응을 보였다. 그들은 환락과 여가의 장소에서 여성의 신체 노출이 새롭게 확산되어 가는 것을 눈요깃거리로 즐기고 있었다. 그러면서도 장소를 가리지 않고 성적 흥분을 일으키게 하는 여성들의 이런 촉발(觸發) 행위를 비난했다. 중년 부인들은 젊은 여성들과의 불리한 경쟁 때문에 그것을 맹비난했다.

미니스커트는 팬티 스타킹이라는 안전판이 없었다면 그렇게 유행할 수 없었을 것이다. 그것은 스타킹을 신지 않고는 입을 수 없었다. 미니스커트를 맨다리에 입는다는 것은 너무 대담한 행동이었다. 관능주의를 불러일으키는 미니스커트의 유행의 확산을 앞두고 수치심을 떨쳐 버리도록 팬티 스타킹이 고안되었던 것이다. 미니스커트는 진보주의적 조류에 의해 인정을 받았으나, 팬티 스타킹은 전통주의적·보수주의적 조류로부터 고안되고 강요되었다. 팬티 스타킹 착용 캠페인을 빌인 것은 가톨릭의 영향을 받은 사람들이있다.

여성의 의상은 사회를 반영한다. 피임이나 임신중절과 마찬가지로 미니스커트와 팬티 스타킹도 사회가 여성에 대해 가지는 개념의 표현이다. 이들 사회적 요인의 배후에는 심리적 동기가 작용한다. 이들 동기를 밝히기 위한 연구가 이루어진 1974년은 프랑스에서 팬티 스타킹이 보급되어 가던 시기로서 완전한 보급이 의문시되던 때였다.

하의(下衣) 길이, 모델의 포즈, 연출력, 의복을 입은 정도, 광고가 노리는 것 등 다섯 가지 기준에 따라 팬티 스타킹 광고 사진 20장을 선택하여 이 사진들을 파리 남서쪽 교외에 사는 여성 30명(13∼18세까지의 소녀 10명, 25∼35세까지의 성인 여성 10명, 40∼50세까지의 중년 여성 10명)에게 보여 주고는, 각각의 사진에 대해 "이 여성의 개성과 생활을 상상해 보십시오"라는 지시를 주면서 5점 만점으로 평가하게 하였다.

얻은 자료의 내용을 분석하여 팬티 스타킹의 잠재 경향을 밝혀 낸 결과, 남성의 마음을 사로잡으려는 유혹, 여성의 자기 사랑, 태내(胎內)에서 느꼈던 안정감과 포근함, 자기 스스로 일을 처리해 나가려는 자립심, 여성끼리의 우정 또는 동성애, 엿보는 취미와 노출 등으로 밝혀졌다.

팬티 스타킹은 세 연령 집단 모두에게 이미 기정사실로 받아들여지고 있었다(각각 90퍼센트, 100퍼센트, 90퍼센트). 다만 중년 여성의 경우 약간 유보적 경향을 보였는데, 그것은 그들의 체형 때문에 자기에게 맞는 사이즈의 팬티 스타킹을 발견하지 못했고 종래의 스타킹에 익숙해 있었기 때문이라고 생각된다. 젊은 사람들도 바지나 청바지를 즐겨 입기 때문에 약간 유보적 경향을 보였다. 중년 여성들은 집 안에서 스커트를 입지 않고 팬티 스타킹만으로도 지낼 수 있다고 생각하고 있었다.

이번에는 나체를 어떻게 정의 내리며, 또 그것을 어떻게 받아들이는가를 조사하기 위해 위에서 말한 팬티 스타킹 광고 사진을 착의(着衣)·반나(半裸)·완전한 나체(팬티 스타킹을 신은 나체) 세 가지로 나누고 어느 쪽을 호의적으로 보는가를 9점 만점으로 평가하게 하였다.

성인 여성들은 관능적 포즈를 취하는 것, 하의 차림으로 있는 것, 가벼운 실내복을 입는 것을 모두 나체로 간주하였다. 그러나 중년 여성들은 가슴을 드러내는 것만을 나체로 간주하였다. 나체를 가장 객관적으로 지각하는 쪽은 중년 여성들로서, 나체란 옷을 입지 않는 것을 의미하였다. 세 그룹 모두에게 가장 많이 보이는 경향은 나르시시즘, 즉 자기애(自己愛)였다.

팬티 스타킹 광고를 통하여 여성들에게 제시되는 것은 새로운 여성 이미지였다.

스타킹은 관능적 도구로서 여러 남성의 물신주의(物神主義)의 대상이 되었다. 여성은 스스로 성숙한다는 환상적 체험이 팬티 스타킹에서 구현된다. 팬티 스타킹을 착용하는 여성은 이미 '물건화된 여성'이 아니다. 팬티 스타킹은 여성에게 피막(被膜)으로 체험되고 있다. 이 보호막은 여성을 완전한 신체로 수복시키며 허술한 방어와 비굴한 순종을 찾아볼 수 없게 한다. 여성은 그 보호막의 보호를 받게 된 것이다.

팬티 스타킹은 관능주의의 대상에서 보호막으로 전환되었다.

임신과 출산의― 심리학―

대부분의 남편들은 아내가 임신했다는 것을 알게 되면 '이젠 나도 아빠가 되는구나' 하는 뿌듯함과 함께 '남자 구실을 해냈다'는 생각에서 큰 자부심을 느낀다. 그러나 경제 사정이 어렵거나 부부가 아닌 관계에서 아이를 갖게 된 사람들은 오히려 불안감을 느낀다.

아내가 임신한 지 3개월쯤 되면 남편은 아내와의 관계를 재정립하기 시작한다. 이젠 아내의 중심에 자리잡던 위치에서 밀려나는 게 아닌가 하는 생각을 갖게 된다. 아내가 자신과 뱃속에 든 아이에게 관심을 갖게 됨에 따라 남편은 점점 소외감을 느끼고는 친구에게 더 접근하게 된다. 그러나 대부분의 남편은 아내가 입덧을 하거나 힘들어할 때 아내를 보살피는 데서 오히려 더 큰 즐거움을 느낀다.

이때 남편은 아버지로서의 자기상(自己像)을 그려보기 시작한다. 우선 돈벌 수 있는 방법을 생각한다. 그래서 자기 직업을 재평가하기 시작하고 과외의 돈을 더 벌 방법을 궁리한다. 임신 3개월이 지나면 남편은 뱃속의 아이가 노는 것을 만져 보고는 아이가 자라고 있다는 사실을 실감하게 된다. 아내의 몸매가 나날이 달라지는 것을 보면 더욱 실감하게 되는데, 남성은 이런 때 보통 자신의 어린 시절을 생각하거나 태어날 아이를 마음속에 그려본다.

그런데 아내가 아이를 임신할 수 있다는 것에 크게 질투심을 느끼고, 또 아내의 몸 속에 생명체가 자라고 있다는 사실에 두려움 비슷한 감정을 갖는 남성도 있다. 이런 느낌은 자신의 성격 가운데 자리잡은 여성다운 기질에 둔감한 남성에게 강하게 나타난다. 임신한 아내를 보고는 '여자가 한번 되어 봤으면' 하는 원망(願望)을 갖는 남성도 있다.

임신 6개월이 지나면 남편은 자신이 가진 능력, 태어날 아이로 인해 야기될 문제들, 자신의 성격 안에 자리잡고 있는 여성적 기질 등의 갈등을 풀려고 애쓴다. 만약 그런 감정이 그때 적절히 처리되지 않는다면 아내의 임신으로 인하여 아내와 정서적으로 멀어져 가는 자신을 발견하게 된다. 그런 감정이 잘 처리된다고 한다면 임신 초기에는 가져보지 못했던 강한 부부애를 느낄 수 있다.

남성이 여성의 임신을 부러워한다는 예는 실제로 찾아볼 수 있다. 어떤 문화권에서는 아내가 진통을 겪을 때 남편도 의만(擬娩)을 한다.

의만이란 부인이 진통 중일 때 남편도 침상에 누워 분만의 고통을 흉내내는 미개 민족의 풍습이다. 그들은 며칠 또는 몇 주 동안 자리에 누워 이웃 부인들의 수발을 받는다. 이렇게 의만을 함으로써 남성은 아이를 낳을 수 없다는 무력감에서 오는 정서적 공백을 메울 수 있다.

현대 문명 사회에서는 아내가 진통을 겪을 때 남편이 해야 할 역할이 정해져 있지 않다. 남편은 아내가 진통을 겪고 있거나 분만하려 할 때 속수무책인 채 순산의 전갈이 올 때까지 애타게 기다릴 수밖에 없다. 병원 규칙 때문에 아내 곁에 있고 싶어도 그렇게 못하는 사람이 있는가 하면, 병원측에서 아내 곁에 있어 주기를 요청해도 꽁무니를 빼는 사람도 있다. 남성도 그런 사태에서는 자기의 무력함과 무능함을 느끼지 않을 수 없다. 분만 때 아내와 함께 있겠다고 하기가 쑥스러워 선뜻 그런 말을 꺼낼 수도 없다.

남성이 아내의 출산에 함께하기 위해서는 경험을 쌓아야 한다. 물론 분만 때 아내와 함께한다 할지라도 기껏 보조원 역할밖에는 할 수 없다. 분만을 앞당기거나 진통을 줄여 줄 수는 없다.

그러나 여러 번 그런 일을 되풀이하다 보면 아내를 편안하게 해줄 방법을 터득하게 된다. 아내가 호흡을 제대로 할 수 있도록 해주고 몸의 위치를 바로잡아 주기도 한다. 실제로 어떤 도움이 안 된다 할지라도 곁에 함께 있어 주는 것만으로도 큰 위안이 될 수 있다. 분만에 함께한다는 것은 남편에게도 큰 정서적 경험이 된다. 특별히 할 일이 없다 할지라도 참관하는 것만으로도 정서적인 효과를 얻을 수 있다.

여성과— 모피—

왜 여성들은 모피 코트를 좋아하는 것일까?

우선 모피에는 수렵자의 기념품이라는 동기가 숨겨져 있다. 즉 동물의 모피는 수렵자의 승리를 나타내는 징표이다. 모피는 부유한 사람이나 권력을 쥔 사람들이 몸에 걸치는 것으로 존경받을 만한 인물이라는 것을 나타내는 휘장 역할을 한다.

밍크 코트는 여성의 재산으로서는 더할 수 없는 사회적 성공의 징표이다. 소밀리아의 표범, 러시아의 검은실쾡이, 바다표범과 해달 등 고급 모피는 아주 부유한 사람만이 가질 수 있는 특권이다. 모피는 사회적 지위를 상징하는 것으로 존경심마저 불러일으키게 한다.

가게에 비닐로 만든 우의를 입고 나타나느냐, 값비싼 모피 코트를 걸치고 나타나느냐에 따라 같은 사람이라도 종업원의 대접이 다르다는 것이 조사 결과 밝혀졌다.

멋진 모피 코트를 입고 나타나면 종업원이 미소를 짓거나 존대말을 하며 의자를 권하고, 여주인이나 지배인을 불러 다른 사람보다 순번을 빨리 해주며 더 좋은 상품을 제시하는 등 종업원의 조건반사적 반응이 나타난다.

게다가 광고도 이런 동기를 염두에 두고 만들어진다. 그것은 '고귀한 자만을 위한 고가(高價)의 모피'라는 슬로건에 확실히 나타난다. 또 광고 사진에서 느낄 수 있는 연상에서도 나타난다. 모델이 되는 여성은 한결같이 아름답고 고상하며 자유롭고 또 젊다. 그러나 실제로 그런 코트는 상당히 나이가 든 부인이 애용하는 것이 보통이다.

의기양양하게 몸에 걸치는 그런 의상은 축제나 큰 행사, 부유하고 안락한 생활, 호사와 같은 관념을 떠올리게 한다.

그녀는 또 도발적 시선과 교만한 몸짓으로 교태를 부린다. 화장을 짙게 하고 머리 모양도 복잡하게 한다. 그녀는 가구·술병·그림·꽃·다이아몬드·비단 등으로 둘러싸여 있다.

모피는 겨울·눈·크리스마스를 생각나게 하는 방한 의료이다. 그것은 수렵이나 스키, 때로는 난로의 불을 연상시킨다.

남성은 털을 바깥에 드러내지 않고 입으나, 여성은 털을 바깥에 드러내고 입는다. 그러나 여성이 털을 바깥에 드러내고 입기 시작한 것은 불과 1세기 전의 일이다.

모피는 접촉과 애무를 유혹한다. 대부분의 모피는 대전성(帶電性)을 띠고 있어 전기적 활성의 장이 된다. 모피 코트를 입음으로써 여성은 애무를 유혹하는지도 모른다. 모피는 여러 가지 유혹 기법과 연관된다. 모피 광고에서 애무는 모델의 손의 위치에 의해 강조된다. 한쪽 손은 모피 위에, 또 한쪽 손은 몸 안에 둔다. 모피와 몸이 같다는 것을 나타내 보이려는 듯하다.

모피는 쏘아 죽인 동물의 가죽이다. 그것은 싸움과 승리라는 주제를 상기시킨다. 동물의 모피를 몸에 걸친다는 것은 그것을 입는 사람에게 힘과 공격성을 부여하는 의미가 있다.

남성들, 특히 게르만족의 남성들에게는 레온 비온, 옥스처럼 모피를 제공하는 짐승류의 이름이 주로 붙는다. 동물을 죽인다는 것은 공포감을 주며, 선망받고 거부되고 증오받는 아버지나 어머니의 죽음을 표상할 수도 있다.

또 모피는 상징적 차원에서 살해된 부모에 대한 죄책감과 오이디푸스 콤플렉스의 극복을 상징한다고 할 수 있다. 모피의 감촉이 부드럽다고 하여 폭력과 관계없는 것은 아니다. 동물의 모피를 벗기는 것은 피투성이 행위이다. 그 상징적인 형태가 고대 그리스인이 양수신(羊獸神)인 마르시아스를 죽이고 해체하는 신화 속에 나타난다.

그러나 요즘에는 점점 더 많은 사람들이 모피를 제공한 동물이 받아야만 했던 고통을 의식하게 되었다. 독살된 이리, 덫에 걸려 다리를 빼려고 발버둥친 토끼, 눈을 도려낸 바다표범의 단말마적 고통을 이해하기 시작한 것이다.

현대 사회에서 모피 거래는 여성을 대상으로 하고 있다. 여성과 모피 사이에 연관이 맺어지게 된 것이다. 모피로 여성을 정복한 것은 남성과 동물의 대결이라는 상징적 의미를 띠고 있다.

모피는 여성의 신체를 골고루 보호하면서 여성의 신체를 돋보이게 한다. 모피는 동물적이고 야성적이며 본능적인 성격을 강조한다. 그것에서 어떤 신화적 동일시가 생겨나 고양이·이리·표범·호랑이와 동일시되는 여성은 마침내 요부·흡혈귀가 되는 신화까지 만들어 내기에 이르렀다. 여성의 긴 머리는 모피와 연관되어 여성다운 폭신한 털 혹은 여성적 모피를 연상케 한다.

또 모피는 어머니의 따스한 품을 연상시킨다. 심리학자 할로우의 실험에서 새끼 원숭이는 공포를 느낄 때 젖병을 든 어미보다는 포근하게 안길 수 있는 따뜻한 모피로 만든 어미 인형에게 달려가는 것을 알 수 있었다.

새로 쓴 마음을 읽으면 사람이 재미있다

사실 모피는 몸을 맡길 수 있는 따뜻한 피난처처럼 느껴진다. 태어나기 전의 난막(卵膜)을 연상케 하는, 태아를 둘러싼 막의 대용품처럼 느껴지는 것이다.

마찬가지로 대부분의 광고는 펄트(모자·방석·신 따위의 재료)를 긴장시키는 듯한 분위기, 난로 속에서 잘 타오르는 장작불, 몸을 덮는 모포, 몸을 푹 파묻을 수 있을 듯한 안락의자 등 어머니의 태내로의 퇴행이라는 동기를 유발시킨다.

신체를 보호함과 동시에 신체를 탐내는 듯한 느낌을 주는 모피의 물신주의에서 서로 융합되고 있는 아버지와 어머니의 환영(幻影)을 보게 된다. 모피가 가지는 남성적 힘은 이렇게 신적인 동물(여성)과 동일시된다.

인간에게 동물은 애완물이며 일을 돕는 조수이자 먹이인 동시에 큰 공포, 순수 상태에서의 악이며 섹스이기도 하다. 동물의 모피를 몸에 두르는 것은 토템 신앙의 축제의 연장선 위에 있다.

모피 코트를 입는 것은 때로는 수간(獸姦) 환상의 결과이기도 하다. 괴물스럽기도 하고 신성하기도 한 동물과의 결합이 그것으로 성취될 수 있었다.

여성들이 모피 코트를 좋아하는 심리적 의미가 이런 것들에 숨겨져 있다.

어 투 에 서
엿 볼 수 있 는 여 성 의 심 리

"아니에요"를 ― 반복하는 여성의 심리

"이렇게 하면 되겠어요?" "아니에요." "그렇다면 이렇게 하면……." "아니에

요." 여성의 'No'는 남성의 본심을 파헤쳐 보려는 상투적인 수단이다. 'No'

라는 대답을 들으면 상대는 다른 것을 제시하지 않으면 안 된다. 이렇게 'No'

를 반복하게 되면 남성은 자기의 모든 것을 털어놓지 않으면 안 된다. 여성의

'No'는 반대를 의미하기보다는 손해를 입지 않으려는, 이해타산적 부정이다.

"기다리게 해서 미안해요"를 ― 입버릇처럼 하는 여성

데이트 때 "늦어서 미안해요"라고 하면서 늘 남성을 기다리게 하는 여성이 있

는가 하면, "좀 기다리세요"라고 이유도 밝히지 않고 남성을 오래 기다리게 하

는 여성이 있다. 기다리게 해서 미안하다는 말을 하려면 처음부터 기다리지 않

게 하면 좋으련만, 상대를 기다리게 한다는 것은 어떤 계산이 있어서이다. 기

다리는 사람은 기다리게 하는 사람보다 세력이 아래인 것으로 간주된다. 이것

을 '종속의 효과'라고 부르는데, 기다리게 하는 여성은 기다리는 남성이 자기

에게 종속되어 있다는 생각을 가지는 것이다.

"싫어요"라고 — 말하는 여성의 본심

"당신이 싫어요"라는 여성의 말은 좋아한다는 의미로 받아들이면 된다. 본심을 말해 버리면 속이 드러나므로 본심과는 반대로 말하는 것이다. 이것은 '반동 형성'이라고 불리는 방어 기제(자기 자신이 다치지 않도록 미리 방어선을 치는 것)의 하나이다. 남성에게 프로포즈를 받았을 때 곧 'OK'라고 말하면 가벼운 여성이라는 인상을 준다. 여성은 무의식중에 "안 돼요"라고 말한다. "싫어요"라고 말하는 것과 같은 심리이다. "좋아해요"라고 말하기가 쑥스런 여성은 무의식중에 "싫어요"라고 말해 버린다.

'내가 ~'라는 — 말에 숨겨져 있는 본심

대화 가운데 '내가 ~'라든가, '나의 ~'라고 말하는 여성이 있다. 구태여 '나'라고 말하지 않아도 되는데 '나'라는 말을 강조하는 것은 자신을 강하게 드러내려고 할 때이다. '나는 ~를 하고 싶어', '나는 ~라고 생각해'라고 말하는 여성은 자기 현시적이고, 의존심이 강하고, 미숙한 성격의 소유자이다.

재잘거리기 좋아하는 — 여성이 얻을 수 있는 특권

하고 싶은 말을 모두 말하게 하는 것이 심리요법의 기본이다. 말하는 동안 자신의 문제가 무엇인지를 확실히 파악하게 되고, 또 모두 말해 버림으로써 후련한 기분이 된다. 그렇게 되면 열심히 자기 이야기를 들어준 상대에게 호감을 가지게 된다. 불만이라는 기름을 전부 태워 버리면 분노라는 불꽃이 완전히 꺼져 버린다.

여 성 의 속 셈

여심을 — 읽는 법

"그 사람은 내가 싫어졌나 봐. 나를 봐도 별로 표정도 없고 말이야." 친구에게
이런 자기 고민을 털어놓는 여성은 사실 자기가 그를 싫어하게 되었다는 것을
바꾸어 말하는 데 지나지 않는다. 이런 말을 그대로 받아들여 "잘 해 보지 그
래"라고 격려한다면 오히려 우스운 꼴이 된다.

본심을 말해 버리면 주위 사람들로부터 비판을 받거나 사회적 제재를 받을 위
험이 있을 때 오히려 자기가 '그가 나를 좋아하지 않는 것 같다'고 생각해 버린
다. 이것은 '투사'라고 불리는 방어기제이다. 사실 자기는 상대를 좋아하지 않
는데 그렇게 말하면 자신이 비난받으므로 "그가 나를 싫어한다"고 말함으로써
자기의 본심을 억압하는 것이다. 거꾸로 "그는 나를 좋아하나 봐" 하면서 언짢
은 표정으로 말하는 것은 사실 "나는 그가 좋아"라는 말을 뒤집어 말하는 것이
다. 여자의 마음이란 뒤집어 읽지 않으면 본심을 알아차릴 수 없을 때가 많다.

여자의 — 눈물

"여자는 불리해지면 일부러 눈물을 보인다"고 말하는 사람이 있다. 실제로 여
성의 눈물에 마음이 약해지는 것을 경험한 남성이 많을 것이다. 정에 호소할
때 상투 수단으로 눈물을 이용하는 것이다. 정으로 호소하면 논리적 분석 없이
무비판적으로 받아들이기 쉽다.

셰익스피어가 쓴 『줄리어스 시저』 가운데 시저의 추도 연설에서 이론 정연하고 격조 높은 브루투스의 연설은 관중의 호응을 얻었으나, 안토니우스의 눈물로 호소하는 연설은 감동의 소용돌이를 불러일으켰다. 결국 이 연설로 브루투스는 참패했는데, 이것은 정에 호소하는 것이 얼마나 큰 파괴력을 갖는지를 가르쳐 준다.

'이 여자가 일부러 우는 체하는지도 모른다'는 생각이 들어도 남자는 모른 체 넘어가는 아량이 있어야 하지 않을까? 그러나 너무 자주 눈물을 보이게 되면 효과가 떨어진다. 눈물은 최후의 카드로 아주 소중히 사용해야 한다.

헤어지고 싶은 마음을 — 암시하는 말

두 사람의 관계가 점점 식어 가서 헤어지려 할 때는 두 사람 사이의 어투부터 달라진다. 즉, 두 사람의 대화에서 그 심리적 간격을 읽을 수 있다. 이것을 '근접도'라고 한다. 근접도가 높은 표현은 친밀성과 호감을 나타내지만, 근접도가 낮은 표현은 기피나 악감정을 나타낸다.

"우리는 사이가 좋아요"라고 말하는 것은 '~ 사이가 좋았다'고 말하는 것보다 근접도가 높다. 즉 두 사람 사이를 과거형으로 말하는 것은 두 사람 사이의 거리가 멀어졌다는 증거이다. 또 "영수씨가 좋아요"라는 말은 "그가 좋아요"라는 말보다 근접도가 높다. 남자 친구를 '그'라고 부르게 되었다면 서로 거리가 멀어졌다는 증거이다.

남자의 4장
마음을 읽는다

자신을— 사랑하는 남성—

미소년 나르시스에게서 사랑을 받지 못한 요정 에코는 계곡에 몸을 던지고 만다. 그 후 나르시스는 수면에 비친 자신의 모습에 넋을 잃고는 자기 찬미에 빠져 결국 물속에 떨어져 죽고 만다.

인간은 누구나 이상적인 자기상(自己像)을 만듦으로써 자신에 대해 만족하고픈 욕구가 있다. 자기 모든 것을 걸 만한 값진 일을 찾아내지 못하거나, 또 자아 이상을 가질 수 없을 정도로 퇴색해 버린 현대인은 자기를 사랑함으로써 그 공허감을 메우려 한다. 이렇게 다른 사람들보다는 자기를 위해 살아가는 사람을 자기애(自己愛) 인간이라고 부른다.

자기애 타입은 자신을 과대평가하므로 보통 사람 이상의 큰 이상을 갖게 되고, 또 그것을 현실화하려고 한다. 또 끊임없이 주위 사람들로부터 칭찬과 호감을 얻으려 한다. 다른 사람들로부터 비판을 받는다든지, 칭찬을 받지 못할 경우에는 다른 사람을 무시하거나 부정하려 한다. 자기애 충족을 위해서라면 다른 욕망이나 인간성은 희생되어도 좋다는 생각을 갖고 있다.

자기애 타입을 구체적으로 분류해 보면 자기실현형, 동조형, 파탄형, 분열형, 무용지물형이 있다.

먼저 자기실현형에 속하는 사람들은 특별한 재능과 높은 이상을 가지고 그것의 실현을 위해 엘리트 코스를 밟으며 열심히 노력한다. 동조형·획일형의 경우는 작은 생활 공간에서 평범하게 생활해 나가면서 사회가 제공하는 정보를 잘 이용하여 자기 자신을 최대한 실현하려고 한다.

이에 반해 파탄형은 자기는 대단한 존재라는 생각을 가지지만, 사춘기 이후에는 그것을 뒷받침할 만한 자기 실현 능력이 모자라서 자기애가 산산조각나 버리는 타입이다.

정신분열증 경향을 가진 사람도 자신의 주관적인 내적 공상 세계를 중요시하고 전능감(全能感)을 가진다는 점에서 자기애 타입이라고 할 수 있다. 그런가 하면 자기는 이제 무용지물에 지나지 않는다고 생각하는 노인들이 갖는 자기 사랑은 무용지물형이라 할 것이다.

이런 타입은 사회 문제보다는 자기 주변의 문제, 즉 친구·연인·취미 등에 더 관심을 기울인다. 신문이나 TV에서 여러 가지 사회 문제가 보도되고 있어도 자신에게 지금 가장 시급한 문제는 이 빗속에 우산 없이 어떻게 그녀를 만나러 갈까 하는 것이다. 회사 동료와의 인간 관계보다는 연인이나 친구와의 관계가 더 큰 비중을 차지한다. 그래서 동료 직원들과의 회식에 꼭 참석할 필요는 없다고 생각한다. 회사에 급한 일이 생겨도 애인과의 데이트 약속을 깨거나 동창회에 빠지고 싶은 생각이 전혀 없다.

가까운 사람끼리의 관계에 더 비중을 둔다는 것은 자기 존재를 더욱 과시하겠다는 의도와도 관련 있다.

물론 자기를 과대하게 높여서 환상적인 자기상을 추구하려는 경향이 없는 것은 아니다. 테니스 연습이 있는 날에는 필라의 테니스복, 명동에 외출할 때는 버버리 T셔츠, 골프장에 갈 때는 크리스찬 디올의 골프복이 어울리는 남자가 되고 싶다는 X세대의 브랜드 지향이 자기애

새로 쓴 마음을 읽으면 사람이 재미있다

인간의 좋은 예라 하겠다.

○○대학의 학생, △△회사의 사원이라는 것이 의미를 가지지, 거기서 어떤 일을 하느냐는 별로 중요치 않다고 생각한다. 대학도 회사도 일종의 브랜드에 지나지 않는다. 건강하고 탄력적인 몸을 가꾸기 위해 헬스클럽에서 열심히 체력단련에 힘쓰는 남성도 환상적인 자기를 추구하는 자기애 타입이다.

무한정—
미루기만 하는 남성—

모라토리엄이란 원래 지불유예 기간을 뜻한다. 즉, 전쟁·폭동·천재지변 등으로 인한 비상사태 하에서 국가가 채권·채무의 결제를 일정 기간 유예함으로써 금융기관의 붕괴를 방지하는 조치이다.

심리적·사회적 모라토리엄이란 사회적 책임이나 의무를 면제받으면서 청년들이 수업이나 수양만을 받는 기간으로서, 빨리 졸업하여 성인의 구실을 다 해내야 하는 시련의 시기이기도 하다.

현대 사회에서는 모라도리엄 상태에 계속 머물면서 천천히 사기 역할을 찾겠다는 남성이 늘고 있다. 이것저것 공부하면서 자기에게 가장 적합한 직업을 고르려 한다든지, 여러 명의 이성과 교제를 해나가면서 자기에게 가장 어울리는 배우자를 고르겠다는 것이 모라토리엄의 좋은 예라 할 수 있다.

이런 타입은 지금 하고 있는 일을 잠정적이고 일시적인 것으로 본다. 진정한 자기는 앞으로 실현될 것이므로 현재의 자기는 참된 자기가 아니라는 생각을 갖는다. 그래서 결정을 다음으로 미루기만 한다. 따라서 주인 의식을 갖기보다는 손님 의식밖에 갖지 못한다.

이런 타입은 자기가 아직도 자기 구실을 다 못하고 있다는 열등감을 느끼기는커녕 오히려 전능감마저 가진다. 또 금욕적이지 못하여 물질적이고 성적인 충동을 추구한다. 더구나 아직도 수련을 받고 있다는 생각은 하지 못하고 오히려 즐기기만 하려는 쾌락주의로 흐르는 경향이 있다. 대학원생이 되어서도 어느 분야로 진출해야 할지를 결정하지 못하여 전전긍긍한다. 어떤 것을 선택한다는 것은 다른 가능성을 모두 버리는 것이라는 생각을 한다.

어떤 곳에 취직하고서도 그 직업을 한평생 계속하겠다는 생각을 갖지 못하는 회사원, 이성과 적극적으로 사귀면서도 결혼할 생각을 하지 않는 젊은이, 또 결혼을 했으면서도 아이를 가지려 하지 않고 부모의 역할을 나중으로 미루는 젊은 부부 등 미룰 수 있는 데까지 계속 미루면서 모라토리엄 상태를 유지하려는 사람이 이른바 모라토리엄 인간형이다.

예전에는 모라토리엄 상태는 금욕을 강요받는 부자유스런 시기여서 젊은이들은 어려움을 감당해 내면서 거기에서 빨리 벗어나려 했다. 그런데 요즈음의 젊은이들은 어째서 모라토리엄 상태에 계속 머물려고 할까?

그 이유로는 모라토리엄 상태가 별로 부담을 주는 것이 아니라는 점을 들 수 있다. 제 구실을 다 못한다고 해서 엄격한 금욕이 강제되는 것이 아니어서 욕구불만이 쌓이지 않고, 사회적 책임과 의무가 강요되지 않아 오히려 스트레스를 적게 느낀다.

게다가 요즈음에는 일정한 직업을 갖지 못하는 젊은이라도 어느 정도의 결제력을 가질 수 있다. 아르바이트로 유행하는 옷, 카메라폰을 살 수도 있다. 생산자로서의 의무는 다하지 않으면서 소비자로서의 권리는 더 자유로이 행사할 수 있게 된 것이다.

또 개인의 자유가 존중받는 사회이므로 직업이 없다고 해서 이성과의 교제나 결혼을 못할 것도 없다. 학생 부부도 늘어나고 있는 실정이다.

그 다음 이유로는 기술 혁신의 가속화, 전통 사회의 해체로 인해 세상이 너무 빨리 변화한다는 것을 들 수 있다. 전통 사회에서는 윗세대로부터 물려받은 문화유산을 젊은이들이 잘 가꾸어 나가지 않으면 안되었으나, 요즈음의 젊은이들은 전통 문화보다는 새로운 문화나 기술의 개발에 더 열을 올리고, 또 그것에 만족을 느낀다. 이제 젊은이들은 기성세대를 더 이상 부러워하지 않는다. 그들은 계속 밀려오는 새로운 문화의 물결 속에 빠져들어 그대로 안주하고 싶어한다.

이 시점에서는 최선의 선택이라 할지라도 앞으로 그것이 어떻게 뒤바뀔지 모르므로 선뜻 결정을 내릴 수가 없다. 최종 결단은 될 수 있는 한 뒤로 미루면서 자기의 가능성을 그대로 유지하고픈 것이 그들의 심리이다.

새로 쓴 마음을 읽으면 사람이 재미있다

반항과 대항을 통해—
존재 의미를 찾는 남성—

자아 주체성이란 '나는 나'라는 주체적인 의식이다. 또 그것은 '내 인생을 어떤 방향으로 끌고 갈 것인가?'에 대한 확실한 신념이며, '사회나 집단에서 나는 어떤 역할을 할 것인가?'에 대한 다짐이기도 하다.

사회나 문화의 주류가 갖는 가치관과 일치하는 주체성을 긍정적 주체성이라고 한다면, 그것과 대조되는 것을 부정적 주체성 또는 대항적 주체성이라고 한다.

부정적 주체성이란 좋은 직업이나 사회적 지위를 찾으려 하지 않고 바람직하지 못하고 쓸모없는 생활을 하는 사람이 갖는 주체성으로, 신경증자·정신병자·범죄자·약물중독자·알코올중독자 등이 갖는 정체성을 말한다. 이들은 자기는 구제불능이고 건강하지 못하며, 또 사회로부터 낮은 평가를 받고 있다는 것을 알고 있다.

또 깡패나 비행 소년 집단이 갖는 주체성이 있다. 그들은 사회로부터 지탄받는 빗나간 행동을 하고 있지만 의리와 단결로 뭉쳐 있다는 긍지 비슷한 것을 가지고 있다.

이처럼 자기들의 행동이 정상이 아니라는 것을 스스로 인정하는 부정적 주체성과 달리, 자기들의 주장은 정당한데 권력 체제와 일반 대중의 인식이 잘못되어 있다고 생각하여 다수 세력에 대항하면서 새로운 가치관을 찾으려는 사람들이 갖는 정체감을 대항 주체성이라고 한다.

이러한 정체감을 갖는 사람들로는 종교개혁가, 교조(敎祖), 혁신적인 예술가, 사상가, 혁명가, 확신범, 정치범 등을 들 수 있다.

주류가 갖는 가치관에 불만과 위화감을 느끼고 자신을 체제에 대한 대항자라고 규정짓고는 열렬히 활동하는 사람을 볼 수 있다. 이들은 반항과 대항이 자신들의 존재 의의라고 생각한다. 그러나 청년기를 지나서까지도 대항 주체성을 유지하기란 아주 어려운 일이다. 대항 주체성에 의지하던 사람이 스스로가 주류가 되는 장년기에 이르면 큰 갈등을 일으키게 된다.

대항 주체성은 대상에 따라 대항과 반항의 강도가 뒤바뀌므로 일관되지 못하고 의존적이다. 혁명과 같은 사회 변동으로 가치관이 뒤바뀌면, 대항적 이데올로기가 거꾸로 주류로 바뀌어 대항 주체성 자체가 소멸되어 버린다.

사람은 크든 작든 주아(主我 : 의욕 · 행동 능의 수체)와 자기 개념(자기 자신에 대한 의식, 감정과 가치관 ; 경험에 의해 형성됨)과 자기 의식(자기의 사회적 관계 및 역할, 소속 등에 가치는 이미지 ; 자기개념에 의해 그때그때 생성됨) 사이에 차이가 있다. 그런데 그 격차가 일정 수준을 넘으면 환경과 적절한 형태의 상호작용을 할 수 없게 된다. 즉, 자기 개념과 자기 의식의 테두리 내에서 행동한 결과가 자기 자신에게 적절한 결과를 가져오지 못한다는 것이다. 그때까지의 자기 개념에 집착하여 현실을 무시하게 되면 언제나 부적응 상태에 있게 된다.

끊임없이— 바꾸는 남성—

그리스 신화에 등장하는 바다의 신 프로테우스는 무시무시한 뱀, 사자, 용, 불, 홍수 등으로 자유자재로 변신할 수 있다. 사람들의 마음속에는 여러 가지 모습으로 변신하고픈 마음이 은연중 자리잡고 있는데, 그것이 이런 신화의 배경이 된 것이다.

인간은 동물로 그 모습을 바꿀 수는 없지만 생활 양식은 바꿀 수 있다. 사회체제나 가치관이 고정된 시대에는 자기의 가치나 신념을 바꾸려면 큰 저항에 부딪쳤다. 신념을 바꾸려면 내적 갈등뿐만 아니라 주위의 비난도 각오해야만 했다.

그러나 변화가 극심한 현대 사회에서의 인간관이나 가치관은 변화하기 쉽고 또 다양하다. 이상이라고 할 만한 생활 방식이 정해져 있는 것도 아니다. 어제까지의 생활 방식을 떨쳐 버리고 완전히 새로운 생활 방식에 따른다 해도 현실에 적응할 수 있으면 된다는 생각을 하는 사람도 있다.

고등학교·대학교 시절에는 사회의 학력주의나 입신 출세주의를 통렬히 비판하면서 전통 문화에 강한 애착을 갖고 있었으나 외국에 유학을 가서는 새 문화에 심취한 남성이 있다. 귀국해서는 다시 전통 문화에 애착을 느끼게 되었지만, 얼마 안 가서 한때 자신이 몹시 비난하던 대기업에 스스럼없이 취직하였다.

이런 사람은 변동 없는 전통적 사회의 가치관에서 보면 주체성 없고, 신뢰할 수 없으며, 어떤 가치관을 갖고 있는지 좀처럼 알 수 없는 사람이라는 부정적 평가를 받게 된다.

그러나 그는 변동이 격심한 시대에 살아남기 위해서는 프로테우스적 생활 방식이 필요하다고 생각하여, 지금의 자신을 일시적인 상태로 보고 변신을 거듭하는 것이다.

이런 프로테우스 타입으로는 어떤 논점에서 다른 논점으로, 어떤 주제에서 다른 주제로 옮겨 가면서 잃어버린 자신을 발견하려고 끊임없이 애쓴 행동적 사상가 사르트르, 어떤 변화에 직면해도 육체적·정신적 노력으로 적응해 가는 '브리키의 북'의 주인공, 조각가 장 딩글리, 작곡가 존 케이지 등을 들 수 있다.

프로테우스 타입의 핵심은 그 마음속 깊숙이 숨겨져 있는 부조리 감각과 조소이다. 여러 가지 경험을 통하여 부조리를 찾아내고, 그것을 조소함으로써 절대적 진리나 세계관을 인정하지 않고 끊임없이 변신과 재생을 꾀하는 것이다.

이런 타입은 계속 새로운 세계로 나아가려다 보니 새로운 대상이 언제나 매력적으로 보인다. 그러나 그 대상은 새로운 세계로 인도하는 사다리나 다리에 지나지 않으므로 그 역할이 끝나면 쓸모 없게 되고 만다. 그래서 그는 그 세계로부터 탈출을 꾀하며, 또다시 새로운 대상을 찾아 나선다.

캡슐— 인간—

요즈음의 젊은이들은 대화를 잘 나누지 않는다. 친구들끼리 식사하러 가서도 밥만 얼른 먹고는 핸드폰으로 문자를 보내다가 "자, 갈까?" 하는 식으로 일어난다.

지하철이나 버스 속에서 MP3 이어폰을 귀에 꽂고 음악에 심취해 있는 젊은이들을 많이 볼 수 있다. 그들이 대화를 나눌 때는 기껏해야 귀에서 이어폰을 뗄 때뿐이다. 음악에 심취해 있을 때는 아무리 말을 걸어도 잘 대꾸하지 않는다.

이것은 군중 속에 있으면서도 자기만의 공간에 틀어박혀 다른 사람이 침입해 오는 것을 거부하는 행위로 볼 수 있다. 길거리나 지하철에서 마주친다 해도 그가 이어폰을 꽂고 있으면 인사하기도 민망할 정도이다.

이렇게 다른 사람이 침입해 오는 것을 거부하는 사람들은 다른 사람과 접촉할 때에도 완충물을 필요로 한다. 마주 앉아 있긴 해도 흘러나오는 음악이나 TV나 DVD에 더 주의를 기울인다.

서클 모임 같은 곳에서도 우스갯소리에 의미 없는 웃음을 지으면서도 정작 심각한 문제를 토의할 때에는 거의 무표정하다. 다른 사람과 일정한 거리를 유지함으로써 자신을 보호할 수 있긴 해도 역시 고독감을 지울 수는 없다. 시간만 나면 컴퓨터 앞에 앉아 인터넷을 하거나 게

임에 몰두한다. 또 친구에게 핸드폰으로 별 의미 없는 문자 메시지를 보낸다.

현대의 젊은이를 캡슐 인간이라고 부른다. 타자의 침입을 일체 거부하고 의인화(擬人化)된 매체를 갖춘 캡슐 속에 안주하려는 젊은이들에게는 '캡슐 인간'이라는 말이 딱 들어맞는 표현인지도 모른다.

　　　　　　　　　　　　　　　새로 쓴 마음을 읽으면 사람이 재미있다

편집형과— 분열형—

인간을 편집형(偏執型)과 분열형으로 나누는 사람이 있다. 편집형은 과거의 모든 것을 적분(통합화)하는 축적지향형으로, 그들로 인하여 근대 문명이 여기까지 발전해 왔다고 하면 지나친 말이 될까?

계속 경쟁하면서 축적하기란 아주 어려운 일이지만, 그들의 노력으로 이만한 발전을 이룰 수 있었던 것이다. 이런 타입은 급변하는 사태에는 약하지만 경쟁에 찌들려 피로감을 느끼는 사람들의 공감은 얻을 수 있다.

또 이런 타입은 자기 자신의 생각보다는 객관적 사실을 중시하여 사리를 따져 차근차근 문제에 접근해 나간다. 쉴새없이 입수되는 정보를 소화하여 머릿속에 정리해 두고는 그것을 다른 사람에게 요령 있게 전해 주려고 한다.

또 마음속 깊이 어떤 감정을 갖고 있긴 하지만 겉으로 나타내는 일이 없어 주위 사람들은 그것을 알 길이 없다. 그들은 정열적인 접근이나 격정적인 표현 방식을 아주 싫어하여 조용히 사이좋게 지내기를 바란다.

분열형 인간은 언제나 시점 제로에서 미분(차별화)한다. 계속 축적해 가면서 한 곳에 정착하여 그것을 중심으로 영역을 끝없이 확대해 나가는 것이 편집형인 데 비해, 분열형은 순간순간의 분위기를 날카롭게 파악하여 거기에 적응할 수 있는 재빠른 몸놀림을 보이지만 적응하기 어렵다고 판단될 때는 재빨리 손을 뗀다.

이런 타입은 이치를 심각하게 따지려 하지 않고 자기가 속한 집단의 신조나 사상과 자기의 신조나 사상이 서로 어긋나도 별로 신경쓰지 않는다. 그의 사고는 명확한 논리성을 갖는 것이 아니어서 주위 사람들이 아무리 논리적으로 설득하려 해도 소용이 없다.

"갖은 고생 다하면서 이만큼 이루어 놓았으니 앞으로도 계속 이렇게 살아갈 거야"라는 프로 감각은 편집형적인 데 반하여, "지금 이 상태를 좋다고도 나쁘다고도 할 수 없지. 그러나 더 좋은 게 있으면 그쪽을 택하겠어"라는 아마추어 감각은 분열형적이다. 다른 사람보다 조금이라도 빨리, 조금이라도 먼저 나아가려 한다.

모두 어떤 방향을 향하여 달려가고 있다고 해서 자기도 그쪽으로 딜려가야 할 필요는 없다고 생각하여 반대 방향으로 혼자 달리는 사람도 있다. 아르바이트를 한다는 기분으로 직장 생활을 하는 사람, 평생한 곳에서 일한다는 것은 꿈에도 생각할 수 없는 일이라고 생각하는 사람은 분열형이라고 할 수 있다.

축적·생산·안주(安住)를 특성으로 하는 편집형적 인간이 다수인 현대 사회에서 소모·탕진·도주를 특성으로 하는 분열형 인간이 오히려 인간적일 수도 있다.

그러나 사회를 움직여 나가는 것은 어디까지나 편집형으로, 젊을 때는 분열형이던 사람도 나이가 들면 편집형으로 바뀌게 마련이다.

새로 쓴 마음을 읽으면 사람이 재미있다

과잉— 적응형—

시회 생활을 해나가려면 사회의 요구에 순응해야 한다. 사회가 복잡해 질수록 사람들은 사회에 적응하기 위해 자신을 통제하지 않으면 안 된다. 그러나 사회에 대한 지나친 적응으로 자신이 가진 욕구나 목표를 모두 놓쳐 버리고 후회하는 일이 있는데, 이런 상태를 과잉적응이라고 한다.

우리 나라가 이처럼 고도의 경제 발전을 이룰 수 있었던 것은 국민들의 근면성 덕분이라고 하겠다. 그러나 경제 사정이 좀 호전되니까 3D 산업 운운하며 더럽고 어렵고 위험한 일은 꺼리고, 조금만 여유가 있으면 해외여행을 하면서 여가를 즐기려는 풍조로 바뀌었다.

그러나 열심히 일하는 데서 삶의 보람을 찾는 사람은 그런 풍조에 쉽게 휩쓸리지 않는다. 직장일에만 충실하면서 살아온 사람은 그만큼 자신에게는 신경쓰지 않았다는 말이다.

이제 취미 생활을 즐기면서 자기에게도 충실해 보라고 하면 그들은 오히려 당황스러워한다.

그러나 "나는 지금까지 도대체 누굴 위하여 살아왔단 말인가?", "내 사생활을 이처럼 희생시켜 가면서 얻은 게 도대체 뭐란 말인가?" 하면서 자기 처지를 후회하는 사람이 늘어 가고 있다.

만사가 순조로운 때는 별 문제가 없으나, 어느 날 갑자기 한직으로 밀려나거나, 승진을 기대하던 터에 느닷없이 지방으로 발령을 받거나, 정년퇴직을 얼마 앞두지 않고 지금까지의 역할이 바뀌는 등 역할이 줄어들 때에 문제가 발생한다.

그럴 때 직장일 외에 다른 일은 모르던 그들은 굉장한 충격을 받는다. 여러 가지 신체적 증상이 생기고 우울증에 걸리는 수도 있다. 또 무기력해지고 의욕도 상실한다.

과잉적응의 병리적 현상의 하나로 일요신경증이라는 것이 있다. 휴일이 되면 괜히 불안해져서 차분히 휴식을 취할 수 없다. 직장 동료 이외엔 이렇다 할 만한 친구도 없고 취미도 별로 없이 일밖에 모르며 살아온 사람에게 이런 증후가 보인다.

이들은 일을 마쳤는데도 빨리 퇴근하지 않고 직장에서 시간을 보낸다. 휴일이면 그렇게 불안해지는 것은 지금껏 살아온 것에 대한 허무감때문이다. 한가해지면 공허감을 다시 느끼지 않을까 하는 우려 때문에 불안해지는지도 모른다. 인생의 제1선에서 물러나야 할 때나 역경에 처했을 때 이런 타입이 가장 큰 충격을 받는다.

만나고 싶어도 만날 사람이 없고, 친밀한 관계를 맺고 싶어도 상대가 없을 때 고독감에 휩싸이게 된다. 이렇게 고독감이 높아지면 심리적으로 우울 상태가 되어 알코올 중독이 된다든지, 극단적인 경우는 자살을 시도하게 된다.

자기 자신을 부정적으로 보게 되면 심리적인 조화를 잃게 된다. 밝은 표정을 지을 때 마음은 밝아지고 몸은 생기를 띠게 된다.

평소 자신에게 너무 소홀하지 말고 관심을 기울이면서 밝은 마음을 가져야 한다.

새로 쓴 마음을 읽으면 사람이 재미있다

소진 증후군과—
상승정지 증후군—

의욕과 자신을 가지고 눈코 뜰 새 없이 일하던 사람이 어느 날 갑자기 언제 그랬느냐는 듯이 그런 열정이 다 식어 태만해지는 경우를 볼 수 있다. 이것을 소진 증후군이라고 한다.

소진 증후군은 정력적이고, 근면하며, 유능하고, 자신을 과신하는 타입이다.

이런 타입은 너무 일에 집착한 나머지 일 이외에는 전혀 관심이 없다. 머릿속에는 언제나 일에 대한 생각만으로 가득 차 있어 친구와의 교제도 시간 낭비로 생각하고, 또 가족들과의 단란한 시간도 잘 가지려 하지 않는다.

일과 관계없는 것은 모두 쓸데없는 짓으로 생각한다. 따라서 취미를 갖는다든지, 가벼운 마음으로 여행을 떠난다든지 하는 정신적 여유를 갖지 못한다.

이런 사람이 어느 날 갑자기 일에 매력을 잃고는 열정을 다 불태운 듯이 무기력해져 우울한 기분으로 세월을 보내는 경우가 있다. 열심히 몰두해 온 일이 잘 안 되거나, 자신 있게 추진해 온 일을 윗사람이 기대만큼 평가해 주지 않거나, 자신을 높이 평가해 주리라고 굳게 믿어 왔던 상사가 자기를 제치고 라이벌인 동료 직원에게 중요 직책을 맡기거나 하는 것 등이 원인이 되어 일에 대한 열정이 식어 버린 것이다.

이렇게 되지 않기 위해서는 일하는 시간과 쉬는 시간을 엄격히 구별할 줄 알아야 하며, 직장 동료뿐 아니라 친한 친구와도 자주 만나야 하고 가족과 단란한 시간도 가져야 한다. 또 혼자 부담 없이 보낼 수 있는 시간을 가지면서 '성공해야 한다', '승자가 되어야 한다'는 강박관념에서 벗어나 장기 계획을 세워 여유 있는 마음으로 일을 추진해야 한다.

또 중장년층 가운데는 해를 거듭할수록 지위가 오르고 수입도 늘어나서 모든 것에 상당히 자신감을 갖던 사람이 어느 날 갑자기 일이 뜻대로 이루어지지 않아 실의에 빠지게 된다. 그때 자신의 능력의 한계를 깨닫고는 우울감에 젖는 타입이 상승정지 증후군이다.

기반이 무너져 내리는 듯한 느낌과 함께 모든 것이 허무하게만 여겨진다. 삶의 목표를 잃어 중심이 흔들리는 것이다. 이런 증후는 소진 증후군과 마찬가지로 한직으로 밀려나거나, 전근 발령을 받거나, 승진에서 누락되거나, 몸을 다치거나 하는 것 등이 원인이 될 수 있으나, 오를 만큼 올라서 그 이상의 상승을 기대할 수 없거나 오랫동안 꿈꾸어오던 목표가 달성되고 난 뒤에도 올 수 있다.

상승정지는 중장년기가 오면 누구나 경험하는 것으로 이를 계기로 자신의 인생을 재편성해야 한다.

지금까지의 생활 방식에 구애받지 말고 느긋한 마음으로 계속 노력한다면 여유 있고 살맛 나는 새로운 인생을 맞이할 수 있게 될 것이다.

파랑새— 증후군—

메델링의 「파랑새」에서는 치루치루와 미첼이라는 오누이가 행운의 파랑새를 찾아 여기저기 헤매지만, 그 어느 곳에서도 그것을 발견하지 못하여 지친 몸을 이끌고 집에 돌아와 보니 파랑새는 자기들의 새장 속에서 지저귀며 놀고 있었다. 행복은 저 멀리에 존재하는 것이 아니라 아주 가까운 곳에 존재하는 것이다.

일류 대학을 졸업하고 일류 기업체에 취직한 것을 아주 기뻐했음에도 아무런 이유도 없이 1~2년쯤 지나 사표를 내고서는 직업을 이것저것 바꾸는 엘리트 청년들이 1970년대 후반부터 눈에 띄게 늘어났다. 자기에게 맞는 직업은 따로 있다는 막연한 생각에서 이런 결단을 내리는 것이다. 그렇다고 확실한 목표나 전망을 가지고 있는 것도 아니다. 이런 타입을 파랑새 증후군이라 부른다.

전직(轉職)을 부정적으로만 보지 않는 요즈음, 전직하는 사람에게도 여러 가지 동기가 있다.

파랑새 증후군은 자기 생각대로만 믿고 나가겠다는 고집이 강하다. 무엇이든 자기 생각대로 될 것이라는 유아적 만능감에서 벗어나지 못하는 것이다. 또 말하는 태도에 예의가 없고 공동 작업이나 집단 생활을 꺼린다. 새로운 상황에 대처하는 방법을 모르므로 사소한 문제에도 당황하고 인내력이 없어 결과를 오래 기다리지 못한다.

이런 타입은 주위 대상을 상세히 보려 하지 않는다. 하나의 생각에 집착하고 그것이 서서히 무르익어 가도록 기다리지 않는다. 즉, 차례차례 떠오르는 아이디어로부터 종합적인 결론을 이끌어 내기 위해 심사숙고하지 않는다. 그러므로 좀처럼 하나의 작품을 자기 스스로 완성할 여유가 없다.

또 이런 타입은 일을 벌여 놓고는 그것을 완성하려고 하지 않는다. 곧 싫증이 나서 다른 일에 손을 댄다.

이런 타입은 현실적인 감각이 모자라 전혀 어울릴 것 같지 않는 이성에게 갑자기 마음이 이끌려 헤어나지 못한다.

그에게 일상생활 환경은 직관에 의해 처음 안내되는 밀실과도 같아, 직관은 무의식에서부터 외부 세계로 끊임없이 새로운 가능성을 찾아 나가도록 그를 인도한다.

이런 타입이 나오게 된 배경으로는 공부만 잘하면 된다는 학력 편중의 풍조가 학교나 가정에 만연함으로써 야기되는 수험 지옥의 영향, 도시의 주택 사정으로 인한 놀이 공간의 부족, 모자 밀착으로 인하여 아이들에게 자주성이 길러지지 않는 점 등을 들 수 있다. 그 결과 학교 성적은 좋지만 대인 관계 능력이나 인내력이 모자라고 남이 시키는 일은 잘하지만 자주성과 유연성이 모자라는, 이른바 편중차 엘리트가 되는 것이다.

그러나 개중에는 주위의 흐름에 목적 없이 자기 몸을 이리저리 내맡기고 있는 자신의 모습을 뒤늦게 발견하고는 새로운 인생을 자기 힘으로 개척하려는 늦깎이 엘리트도 있다.

새로 쓴 마음을 읽으면 사람이 재미있다

남성은— 무엇으로 사는가—

남성들은 부끄러워해서는 안 된다는 교육을 어려서부터 받아 왔다. 수줍음이 많은 남성은 남성답지 않다는 것이다. 남성에게는 강인함과 씩씩함이 덕목으로 되어 있다.

남성과 여성은 본질적으로 같으나 마음속 자기 규제가 남성과 여성의 행동 원리를 차이나게 한다.

남성은 양심의 가책을 느낄 만한 일이 없으면 정정당당하게 살아간다는 신념을 가진다. 바꾸어 말하면, 양심에 가책을 느낄 만한 일이 있으면 죄책감을 느껴 자유스런 행동을 할 수 없다는 뜻이다. 즉 죄의식이 남성의 행동을 속박하지만, 그렇다고 여성에게 죄의식이 전혀 없다는 것은 아니다.

'나는 과연 좋은 아내인가?'라는 죄책감을 "당신과 결혼하기를 잘했다"는 남편의 대답을 들음으로써 떨쳐 버리고 싶은 심리도 있다.

여성의 행동 원리는 죄의식보다는 수치심에 있다. 지하철에서 떠드는 아이를 꾸짖을 때 어머니는 "사람들이 욕해. 그만 해"라고 한다. 어머니의 꾸중은 아이의 수치심을 자극하여 행동을 억제시킨다.

이런 상황에서 아버지는 "다른 사람에게 폐 되잖아. 그만 해"라고 한다. 이것은 아이에게 죄의식을 심어 주어 죄책감을 느끼게 한다.

그러면 수치심이란 무엇인가? 주위 사람들에게 약점을 보임으로써 나쁜 소리나 듣는 게 아닌가 하는 두려움이다. 여성들은 집안의 큰일을 앞두고는 좋은 옷을 준비하고 미장원에서 머리를 만지는 등 준비하느라 여념이 없다. 그러나 남성은 어지간히 머리가 길지 않으면 그 전날 이발소에도 안 간다.

이처럼 여성은 남성보다 다른 사람에게 더 좋은 인상을 주려고 신경 쓴다. 여성들의 이야기는 대체로 길다. 그것은 상대방에게 나쁜 인상을 주거나 오해를 받지 않으려고 상황이나 동기를 상세히 설명하기 때문이다.

이에 반해 남성은 오히려 설명이 부족하다는 느낌이 들 정도로 말이 적다. 그것은 어렸을 때부터 남성은 말을 많이 해서는 안 된다는 교육을 받아 왔기 때문이다. 남성은 '나쁘게 보려면 봐라. 남에게 폐를 끼친 적은 없어'라는 식이다.

수치심이란 결국 사람들에게 나쁜 인상을 주지 않으려는 방어기제이다. 남성은 교제 중인 커플과 깊은 관계를 갖기 원하면서도, 한편으로는 이 여성의 인생을 망치는 게 아닌가 하는 죄책감을 가지게 된다.

여성은 자신을 너무 노출해 버리면 상대가 싫증내지나 않을까 하는 실애공포(失愛恐怖)를 갖는다. 그래서 다른 사람의 애정을 계속 받기 위해 타자 지향적으로 된다.

수치심을 갖는다는 것은 다른 사람이 자기를 어떻게 보느냐 하는 의식이 강하다는 말이다. 남성에게도 그런 심리가 없는 것은 아니지만 여성 쪽이 더 강하다.

다른 사람의 시선에 신경 쓴다는 것은 다른 사람이 안 볼 때는 수치심을 안 가진다는 말도 된다. 여성은 다른 사람과 같이 있을 때와 혼자 있을 때의 행동에 큰 차이를 보인다. 이런 점에서 남성은 좀 다르다.

새로 쓴 마음을 읽으면 사람이 재미있다

남성은 죄의식에서 스스로를 규제하는 경향이 강하다. 죄의식이 지배한다는 것은 다른 사람의 시선보다는 자신의 시선에 더 신경을 쓴다는 말이다.

"소인은 한가롭게 지내면서 좋지 못한 짓을 한다"는 말은 남성에 대한 경고이다. 한가롭게 지내면서 좋지 못한 행위를 하는 남성은 양심이 형성되지 않은 남성이라는 것이다. 남성이 여성보다 융통성이 없어 보이는 것은 양심 때문이다.

인간은 양성성(兩性性 : 남성의 기질과 여성의 기질을 함께 가지는 것)을 가지므로 남성도 여성적 요소를 많이 지니고 있다. 남성 가운데도 외모에 신경을 많이 쓴다든지 장황한 변명을 늘어놓는 사람이 없는 것은 아니다. 여성적 요소를 많이 갖고 있는 남성의 행동은 여성의 행동 방식과 거의 다를 바 없다. 특히 오늘날에는 성 역할에 대한 편견이 많이 줄어들어 성별에 따라 뚜렷한 행동의 차이가 있다고 보지는 않는다.

그렇다고 해도 남성의 행동 방식은 죄책감 지향, 여성의 행동 방식은 수치심 지향이 아니라고 할 수 없다.

세 살 무렵부터 가정교육이 시작되는데 남자아이는 남자다워지고, 여자아이는 여자다워지도록 요구된다. 여자아이는 그대로 성숙해 가면 되지만, 남자아이는 그때까지와는 전혀 다른 자기를 만들어 가지 않으면 안 된다. 귀엽게 보이기보다는 강하게 보이도록, 의존적이기보다는 독립적으로 보이도록 요구된다.

왜— 슈퍼맨은
아직도 인기가 있는가—

1938년 DC커믹스 사가 발행한 만화 잡지에 처음 데뷔한 슈퍼맨도 이제 70세 가까이 되었다. 크리프톤 별[星]로 태어난 이 세계적인 영웅은 오늘날까지도 여전히 큰 인기를 유지하고 있다.

슈퍼맨이 태어난 1930년대는 전 세계가 공황에 허덕이던 때였다. 슈퍼맨은 평시에는 평범한 신문기자이지만 사건이 일어나면 용감하게 악에 맞서는 권선징악의 주인공이다.

강한 남성, 책임감 있는 남성을 동경하는 심리는 시대나 연대를 초월하여 어디에서나 존재한다. 야구 선수 박찬호, 축구 선수 박지성 등이 인기를 얻고 있는 배경에는 그들이 가지는 육체적·정신적 강인함과 책임감에 있다. 이런 남성들에게 존경과 사랑의 뜻을 바치는 이유는 무엇인가?

우리는 욕구불만에서 벗어나려고 지나친 행동을 하다 보면 주위 사람들로부터 손가락질을 받게 된다. 그래서 자기를 무리하게 억제하면 고통이 더 커진다. 이런 고통을 해소하고 자기를 지키려는 적응 방법이 방어기제이다.

방어기제 가운데 동일시(同一視)라는 것이 있다. 동일시란 어떤 사람의 특성, 또는 전체를 자기 내면에 받아들여 그와 비슷한 존재가 되기를 바라는 것이다.

새로 쓴 마음을 읽으면 사람이 재미있다

자기 능력으로는 도저히 어떻게 할 수 없어 고뇌하는 남성들은 슈퍼맨과 자기를 동일시함으로써 무능함에서 벗어나려고 하였다. 당시의 어두운 사회상이나 생활의 고통 등이 많은 남성들에게 그와 같은 동일시를 부추겼다고 할 수 있다.

스포츠나 연예계의 스타를 동경한다든지, 정치가나 경영인에게 심취한다든지 하는 것은 자기가 가지지 못한 능력을 가진 사람과 자신을 동일시함으로써 자기의 무능함을 메우려는 데 있다.

다른 사람의 마음을 사로잡을 수 있는 사람이란 많은 사람의 동일시의 대상이 될 수 있는 인망이나 역량을 가진 사람이다. 혼탁한 시대가 되면 남성들은 동일시의 대상으로서 강력한 지도자의 출현을 갈망하게 된다.

남성은 일반적으로 다른 사람에게 승인받고 존경받고 싶어한다. 이것을 사회적 승인 욕구라고 한다. 즉 '다른 사람들이 바람직하다고 생각하는 인물'이 되고 싶어하는 욕구이다.

위세를 부리는 남성은 사실 자신감이 없어 다른 사람에게 의존하는 사람이라고 하겠다. 이런 사람일수록 내심은 더욱 슈퍼맨처럼 되고 싶어한다.

어 투 에 서
엿 볼 수 있 는 남 성 의 심 리

"기다렸지?" 하면서 — 약속 장소에 나타나는 남성

"과장이 붙들고 놓아 줘야 말이지. 내가 아니면 안 된다는 거야. 약속 시간은
다가오지 과장은 계속 나에게 어쩌면 좋으냐고 묻지. 그래서 늦었어. 미안해."
이런 말을 자주 하는 남성은 자신은 대단히 촉망받는 인물이라는 것을 은근히
나타내려는 타입이다.

"바빠 죽겠어"라는 — 말을 입버릇처럼 하는 남성

이런 남성은 '나는 유능하고 촉망받는 인물이어서 언제나 바쁘다'는 것을 은
근히 나타내려는 타입이다. 연인 앞에서 '바쁘다'는 말을 연신 하는 남성은 자
기의 무능을 남에게 보이고 싶지 않아 바쁘다는 말을 계속 읊조림으로써 '자기
의 무능'을 정당화하려는 것이다.

"할 얘기가 있어"라면서 — 여성을 불러 내는 남성

"할 얘기가 있는데 좀 만나 주지 않겠어?"라며 자신의 단골 레스토랑으로 여
성을 불러 낸다. 자기가 자주 가는 곳으로 상대를 불러 낸다는 것은 홈그라운
드의 이점을 살리려는 것이다. 낯익은 장소에서는 자신의 힘을 발휘하기 쉽기
때문이다. 이런 상황에서는 남성이 주도권을 잡기 쉬워 여성은 불리해진다.

"피곤해 죽겠어"라는 — 말을 입버릇처럼 하는 남성

"피곤해 죽겠어", "오늘은 컨디션이 안 좋아", "오늘은 기분이 별로야"라는 말을 입버릇처럼 하는 남성이 있다. 이것은 실패에 대비한 변명이라고 할 수 있다. 시험 전날 밤 일부러 술을 많이 마시고는 "술이 덜 깨서 실력 발휘를 못했어"라고 여성에게 변명하는 남성도 있다. 데이트 상대에게 '별 볼일 없는 남성'으로 보이지 않으려고 미리 연막을 치는 것이다.

'옛날에는~'이라고 — 입버릇처럼 말하는 남성

'옛날에는 ~였다'라고 옛날에 있었던 일을 자랑스럽게 말하는 남성의 심리는 좀 복잡하다. 우선 지금 자기의 능력을 다른 사람과 비교당하고 싶지 않다는 심리이다. 자기 능력이나 사고에 자신감이 없는 남성은 다른 사람과 비교되는 것을 두려워한다. 그래서 과거에 있었던 일을 들추며 자기가 얼마나 뛰어난 인물이었는 지를 강조하려는 것이다. 또 과거에 있었던 일을 들고 나와 지금의 자기를 실제 이상으로 크게 보이려는 것이다. 다시 말하면 과거의 실적을 후광으로 자신의 유능함을 나타내 보이려는 것이다.

섹스에 관한 — 말을 자주 입에 담는 남성

성적 욕구가 채워지지 않는 남성일수록 섹스에 대한 관심이 높다. 욕구가 충족되지 않으면 말로 그것을 충족시키려는 대상(代償) 행동을 하게 된다.
농담이나 유머를 포함한 섹스 용어는 대화 분위기는 바꿀 수는 있지만, 노골적으로 섹스를 표현하는 것은 자기는 섹스에 대한 욕구 불만으로 가득 차 있음을 드러내는 것이다.

남 성 의 속 셈

남성이 '다루기 힘든 여성'에게 ― 끌리는 이유

남성은 고분고분한 여성을 좋아한다고들 하지만 반드시 그렇지만은 않다. 외모나 능력에 자신이 있는 남성일수록 자기를 거부하거나 다루기 힘든 여성에게 더 끌리는 것 같다.

소크라테스의 아내는 잔소리 많기로 유명한 여자였다. 소크라테스는 그렇게 다루기 힘든 여인을 아내로 맞이한 이유를 다음과 같이 말했다. "내가 이런 여성을 감당해 낼 수 있다면 천하에 못 다룰 여자가 어디 있겠어?"

사람은 행동에 옮기기 전에 일정한 목표를 세운다. 이때 '이것까지는 달성하고 싶다'는 기준이 요구 수준이다. 일반적으로 자부심이 강하고 우월감이 강한 사람은 자기 평가가 높고 요구 수준도 높다. 플레이보이가 아니라도 대부분의 남성은 자기 말을 고분고분 따르는 여성에게는 별 매력을 못 느낀다. 다루기 힘든 여성은 남성의 공격 욕구와 요구 수준을 일깨우므로, 자신 있는 남성일수록 이런 여성에게 끌리기 쉽다.

남성의 ― 우정

A가 B를 좋아하면 B도 A를 좋아하게 된다. 반대로 A가 B를 나쁘게 평가하면 B도 A를 나쁘게 평가한다. 이것을 호혜성(互惠性)이라고 부른다. 사람은 본래 자기에 대한 평가를 높이려는 욕구를 가지고 있다. 이런 욕구는 다른 사람이

자기에게 호감을 가지고 높이 평가해 주는 것, 즉 다른 사람의 승인에 의해 충족된다. 특히 자신감을 잃거나 자기 자신의 가치에 불안을 느끼는 사람은 다른 사람으로부터 긍정적 평가를 받으면 만족을 느끼고, 반대로 부정적 평가를 받으면 욕구불만을 가지게 된다. 따라서 자기에게 호의를 보이는 사람은 자존심을 충족시켜 주므로 좋아하게 된다.

남성의 우정은 상대방의 입장을 이해하고 호의를 가짐으로써 시작된다. 남성은 자존심을 상하게 하는 사람과는 멀어지지만, 자존심을 충족시켜 주는 상대와는 강한 우정을 가진다.

어깨에 힘을 주는 — 남성의 심리

제복과 예복은 왜 어깨 부분을 강조하여 장식하는가? 라이 하우센이란 사람은 인간의 어깨뼈와 윗팔 부분의 털은 원래 위쪽을 향해 솟아 있었다는 사실을 발견하였다. 그런데 사람이 네 발로 걷다가 직립하게 되면서부터 어깨털이 옆으로 눕게 되었다는 것이다. 어깨털은 적어졌지만 방사형으로 흩어진 털은 상대에게 경외감을 불러일으켰다. 이것이 어깨를 강조하게 된 연유라는 것이다.

제복이라든가 예복의 어깨에 붙이는 견장은 계급을 나타내어 상대에게 우위를 과시한다. "어깨에 힘준다", "어깨를 나란히 한다"는 말에서 '어깨'는 상대에게 위엄을 주거나, 힘 관계를 과시하거나, 위세를 나타내는 말로 사용된다.

왜 이런 마음을 5장
가지는가

자존심을— 상하게 하면
격분하는 이유—

베토벤은 자존심이 강한 것으로 소문나 있었다고 한다. 한번은 빈의 한 늙은 귀족이 프러시아 황태자를 주빈으로 모시고 야간 음악회를 열었다. 그 황태자도 피아니스트로서 베토벤과는 전부터 아는 사이였다. 그런데도 그 귀족이 황태자와 귀족들을 위한 테이블과 그 외의 참석자를 위한 테이블을 따로 만들어 차별 대우하는 것을 보고 베토벤은 참을 수 없는 모욕감을 느껴 자리를 박차고 음악회에서 나와 버렸다. 며칠 후 황태자가 답례로 그 귀족을 초대했을 때는 물론 베토벤과 귀족은 한 테이블이었다.

리히노스키 공자은 베토벤이 본에서 빈으로 옮겨 왔을 때 숙식을 제공하는 등 여러모로 베토벤을 돌봐준 사람이었다. 그의 영지인 그레츠 성에서 어느 여름날 저녁에 있었던 일이다. 베토벤은 그곳에 역시 손님으로 와 있는 프랑스 사관들과 만찬을 함께 하게 되었다. 한 사관이 베토벤에게 "당신은 바이올린도 잘 켤 수 있나요?"라고 좀 무례하게 물었다. 베토벤은 묵묵부답이었다. 만찬이 끝난 후 리히노스키가 베토벤에게 피아노를 한 곡 쳐달라고 부탁했다. 베토벤은 아주 기분 나쁜 표정으로 "나는 당신의 하인이 아닙니다"라고 퉁명스럽게 말했다. 그러자 리히노스키도 좀 화가 나서 "그러면 성 밖으로 못 나가게 하겠어요"라고 소리쳤다.

진심에서 그런 말을 한 것이 아닌데도 베토벤은 칠흑같이 깜깜한 밤에 한 시간을 걸어 읍내로 나와 역마차를 타고 빈으로 되돌아와 버렸다. 자기 서재에 들어서자 베토벤은 분을 못 이기고 파트롱의 흉상을 마루에 내동댕이쳤다고 한다.

자기를 못나고 모자라다고 생각하는 사람은 거의 없다. 재능이 별로 없는 사람도 재능이 아주 많은 것처럼 떠든다. 자존심이 있기 때문에 그렇게 하는 것이다. "그 친구, 너무 건방져"라면서 다른 사람을 비난하지만 그 역시 나름대로의 자존심이 있어 그런 비난을 하는 것이다.

심한 열등감 때문에 고통스럽다고 호소하는 사람이 있는데 그런 사람도 자존심이 없어 그렇게 말하는 것은 아니다. 자존심이 있기 때문에 열등감을 느끼는 것으로 자존심이 없다면 열등감도 못 느낀다. 정도의 차이는 있을지 모르지만 사람은 누구나 자존심이 있다. 서로 잘났다고 헐뜯고 비난하는 것도 자존심 싸움이라고 할 수 있다. 우리는 설사 비난받는 일이 있다 할지라도 자존심만은 지키려 한다. 따라서 상대방의 자존심을 건드리는 충고는 오히려 역효과만 가져온다.

자존심은 단순한 개인의 욕망이나 사고방식과는 달리 개인의 존재에 집착하는 것이 아니라 개인의 존재 가치를 주장하는 것이다. 사회는 사회적 잣대에 따라 인간의 가치를 평가하여 재능이 어떻다느니, 인격이 어떻다느니, 학식이 어떻다느니 하지만, 개개인에게는 다른 사람이 갖지 못하는 나름대로의 가치가 있다. 자기의 가치를 주장하는 것이 자존심이지만 너무 독단적이어서는 안 된다.

청년기가 되면 우리는 여러 각도에서 자기 자신을 파악하려고 한다. 자기 개념(나는 누구인가에 대한 생각)은 여러 가지로 분석된다. 즉, 자신을 가치 있다고 보는 자존심은 자기 개념의 중심이 된다.

우리는 반드시 사회적 욕구에 좌우되어 살아가는 것만은 아니다. 어떤 것을 하고 싶다든지, 어떤 사람이 되고 싶다든지 하는 개인적 욕구가 사회적 요구와 일치하지 않는 경우도 많다. 사회적으로는 가치를 인정받지 못하지만 자신에게는 아주 가치 있는 것으로 여겨지기 때문이다. 우리는 자기 욕구를 더 우선시하므로 무시당하면 개인으로서의 자기가 부정되는 것 같아 아주 분개한다. 그러나 자신의 존재에 집착하는 것과 존재 가치를 인정하는 것은 다르다.

어떤 사람의 개인적·인간적인 요구를 무시할 수 없는 이유는 그의 존재 가치를 무시할 수 없기 때문이다. 그러나 사회의 요구에는 어긋나도 자신의 욕구만을 따라 살아가는 것이 더 보람 있다고 생각하는 것은 잘못된 것이다.

우리는 사회 생활에서 다른 사람과의 관계를 통하여 자기 개념과 자존심이 형성된다. 즉, 자존심은 자신에 대한 다른 사람의 평가와 다른 사람과의 비교에 의해 사회적으로 형성된다. 자신의 존재 가치를 귀하게 여기는 자존심이 없는 사람이 이렇게 다른 사람의 인격을 존중할 수 있겠는가? 자존심은 자기 중심적이고 배타적이며 부정적인 요소라고 생각하는 시각은 버려야 한다. 자존심이 강한 사람일수록 정신적으로 건강하여 자기와 남을 모두 귀하게 여길 줄 안다.

자존심이 높은 사람일수록 사회적으로 잘 적응해 나가면서 다른 사람과 좋은 인간 관계를 유지해 나갈 수 있다. 자존심을 가지도록 힘쓰자.

허영심이 없으면—
발전도 없다—

자존심은 자기를 존중하여 자신의 가치를 높이려는 것인 데 비해, 허영심은 다른 사람에게 잘 보여 자기를 높이려는 일종의 가식이다.

"허영은 인간의 가장 보편적이고 가장 고유한 성질이다. 허영은 인간의 존재 바로 그것이다. 인간은 허영심으로 살아가고 있다. 허영은 인간적인 것 중에서도 가장 인간적인 것이다"라고 말한 사람이 있다. 인간 자체가 허영이라는 말은 인간의 문화가 바로 인간을 허영심에 들뜨게 한다는 의미일 것이다.

허영심은 실제 이상으로 자기를 잘 나타내 보이겠다는 인간적 욕망이라고 할 수 있다. 자기를 잘 나타내 보이겠다는 의욕이 자기 발전을 이끌 수 있으므로 허영이 문화의 발달을 가져온다고 한다면 지나친 말이 될까?

노자는 '있는 그대로의 자연'이 가장 이상적이라고 말하였다. 그것은 한가로운 생활을 즐길 여유를 줄지는 모르지만, 그것으로는 진보도 향상도 기대할 수 없다. 인간으로 하여금 진보적 향상을 꾀하게 한다는 의미에서 "허영심은 인간적 욕망"이라고 해도 지나치지 않을 것 같다.

진보와 향상을 위한 허영은 바람직하지만, 내실은 전혀 없으면서 겉으로만 그런 기분에 젖는 것은 문제가 된다. 부자가 되기 위하여 열심히 노력하는 것은 좋지만 부자가 아니면서 부자 행세를 하는 것은

새로 쓴 마음을 읽으면 사람이 재미있다

문제이다. 부자 기분에 젖으려고 무리하게 돈을 빌린다든가 거짓 행세를 하지 않으면 안 된다. 어떤 여성이 인기 여배우를 동경한 나머지 그 여배우의 스타일·화장·걸음걸이를 흉내내며 의기양양한 기분에 빠져 뽐낸다면 웃음거리밖에 되지 않는다.

이솝 우화에 이런 이야기가 있다. 쥐들과 족제비들이 전쟁을 했다. 족제비들은 힘이 세서 쥐들은 언제나 패하기만 했다. 쥐들은 서로 모여 의논한 결과, 훌륭한 지도자의 부재가 패인이라는 결론에 이르게 됐다. 그래서 힘이 아주 세어 보이는 쥐를 우두머리로 뽑았다. 우두머리로 뽑힌 쥐는 위대하게 보이기 위하여 머리에 뿔을 달고는 싸움을 걸었지만 역시 패하였다. 다른 쥐들은 재빨리 구멍 속으로 기어들어가 목숨을 건졌지만, 우두머리 쥐는 뿔 때문에 구멍으로 들어갈 수 없어 족제비에게 잡아먹혔다.

우리의 일상생활에서도 허영심이 화근이 되는 수가 많다. 허세를 부리려면 무리를 해야 하는데 그런 무리가 재앙을 가져오기 때문이다.

심리학자 애들러는 "복잡한 인격을 이해하기 위해서는 허영이 사람에게 얼마나 큰 영향을 미치며, 또 그것이 어떤 방향으로 어떤 수단에 의해 구체화되는지를 확실히 파악하는 것이 중요하다"고 말하였다.

사람은 여러 가지로 허영심을 나타낸다. 사람이 많이 모인 장소에서 혼자 떠들며 대화를 독차지하려 들거나, 자기 마음대로 휘어잡을 수 없는 모임을 무시하려는 것도 일종의 허영심이다. 모임에 기꺼이 참석하지 않고 마지못해 참석하는 듯한 태도도 허영심이다. 그와는 대조적으로 어떤 모임이라도 얼굴 내미는 것을 즐겨하는 사람도 허영심이 강하다고 할 수 있다.

허영심에는 어린아이와 같은 유치한 면이 있다. 허영심이 강한 사람 가운데는 자기는 언제나 다른 사람에게 무시당하고 있다고 생각하는 사람이 있는가 하면, 반대로 언제나 세상 사람들의 선망의 대상이 된다고 생각하는 사람도 있다. 허영은 한마디로 자기 의식을 강하게 나타내려는 욕망이다.

겉으로는 소박한 체하면서도 정작 속마음은 허영으로 가득 찬 사람도 있다. 그들은 다른 사람들이 자기를 어떻게 보는가에 언제나 신경을 쓰므로 행동이 부자연스럽고 어색하다.

다시 말하면 이상 자기(理想自己)와 현실 자기(現實自己) 사이의 격차가 큰 사람은 자신감이 없으므로 허영심으로 그것을 메우려 한다.

허영은 일정한 한도를 넘으면 아주 위험하게 된다. 그것은 여러 가지 무익한 일이나 낭비를 늘리고, 자기 본위로 생각하게 하며, 자신에 대한 타인의 평가에 신경 쓰게 하여 현실과의 접촉을 방해한다. 즉 인생이 그에게 무엇을 요구하며, 또 자신은 인생을 위해 무엇으로 기여해야 하는지를 망각하게 한다.

또 허영심이 강한 사람은 자기 자신의 인격 결함에 대한 책임을 회피하려 한다.

허영심을 만족시키려면 무엇보다 노력이 필요하다. 열심히 노력하여 정당한 성과를 얻는다는 것은 허영의 단계를 넘어선 것이다. 노력이 뒤따르는 내실 있는 허영심은 문화 발전을 가져오게 하는 힘이 된다.

필요한— 거짓말도 있다—

말이란 원래 진실을 전달하기 위해 필요한 것이지 거짓말을 하기 위해 필요한 것은 아니다. 그러면 거짓말은 어떤 경우에 하게 될까?

우선 말하고 싶지 않은 것을 대답하도록 강요받았을 때 하는 거짓말이 있다. 아이들의 거짓말에는 그런 거짓말이 많으며, 범죄자가 경찰의 심문에 대답하는 거짓말도 그런 경우가 많다. 말하고 싶지 않은데 억지로 입을 떼도록 강요받을 때에는 거짓말밖에 할 것이 없다. 그런 거짓말은 강요된 거짓말이다. 거짓말을 하지 않으면 안 되는 상황에까지 몰고 가 받아 내는 거짓말이라고 할 것이다.

이런 경우 거짓말을 하는 사람이 나쁜지, 거짓말을 하게 하는 사람이 나쁜지 판단하기가 힘들다. 재판에서 묵비권이 인정되는 것도 개인의 의사를 존중한다는 의미에서뿐만 아니라, 말하고 싶지 않은 것을 억지로 말하게 하여 결국은 거짓말하게 하는 것을 막겠다는 생각에서일 것이다. 아이들이 대답을 강요받았을 때 하는 거짓말에는 이런 경우도 있다. 사실을 밝힐 의사가 있는데도 자초지종이 아주 복잡하여 쉽게 설명할 만한 언어 구사력이 모자라서 하는 거짓말이다.

또 거짓말을 하지 않으면 안 되는 상황은 아니지만, 너절하게 이야기를 늘어놓기 싫고 나중에 밝혀지더라도 지금은 밝히고 싶지 않다는 생각에서 거짓말을 하는 경우도 있다. 예를 들면 회사에서 돌아오는 길에 얼큰하게 한잔 하고 집에 와서 "친구 집에 들렀더니 억지로 술을 권해서 어쩔 수 없이 한잔 했어"라고 말하는 것이 그것이다. 이런 거짓말은 사기꾼이 사람을 속이려는 계획적인 거짓말과 달리 악의가 전혀 없다. 다시는 그런 돈을 쓰지 않겠다는 결심을 하게 하므로 그런 거짓말은 오히려 도움이 되는 거짓말인지도 모른다.

중환자에게는 의사나 집안 식구가 앞으로 몇 달밖에 살지 못할지도 모르는 중병이라는 사실을 감추고 대단한 병이 아니라는 듯 거짓말을 한다. 이런 거짓말은 상대의 고뇌를 완화시켜 주려는 것으로 동정 어린 거짓말이라고 할 수 있다. 결혼 주례사의 칭찬은 사실과 다를 때가 많다. 만일 결혼 주례사에서 사실 그대로 이야기하면 일대 소동이 일어날지도 모른다. 거짓말이라는 것을 알면서도 진실인 것처럼 믿는 경우가 그것이다. 위에서 든 몇 가지 예는 선의의 거짓말이라고 하겠다.

그러면 선의의 거짓말이라면 아무리 거짓말을 해도 괜찮으냐 하는 것이 문제이다. 선의의 거짓말이라 해도 남발하면 진실의 세계에 혼란을 일으킨다. 지나칠 정도의 겉치레 인사가 마음에 걸리는 것은 어디까지가 진실이고 어디까지가 가식인지 구별하기 힘들기 때문이다. 선의의 겉치레 인사는 상대방을 득의양양하게 하여 마음을 즐겁게 해주지만, 상대방의 호감을 얻으려는 겉치레 인사는 자기의 이익을 위한 사탕발림일 경우가 많다. 그것은 일종의 타산적 행동이다.

겉치레 인사는 돈이 한푼도 안 들뿐더러 노력이 그다지 들지 않는 편리함이 있다. 거기에는 상대를 심리적 우위에 서게 해서는 자기에 대한 경계를 늦추게 하려는 의도가 숨겨져 있다. 겉치레 인사는 진실성이 없으므로 상대에게 오히려 나쁜 인상만 준다. 그런 인사 뒤에는 어떤 속셈이 있을 거라는 의심을 받게 된다.

한편 흥을 돋우기 위한 거짓말이 있다. 고리키의 작품 『밑바닥』에 나오는 대사를 보자.

"왜 거짓말을 하는 거지?"

"인간은 모두 회색 혼을 갖고 있어 연지를 바르고 싶어서야."

만우절이라는 것을 두어 거짓말을 만들어 내는 것은 회색 빛깔을 띤 진실의 억압에서 벗어나기 위한 방편의 하나이다.

와일드는 거짓말이 통용되는 세계를 두 가지 들고 있다. "말하고 싶어도 말할 수 없고 말하고 싶지 않아도 말해야 하는 현실 세계가 그 하나이고, 또 하나는 예술의 세계이다. 그것을 말하지 않고는 못 배긴다. 말하지 않고는 존재할 수 없기 때문에……." 평범한 생활은 무미건조하므로 거짓말로 새로운 생활을 창조한다는 것이다.

거짓말에서 즐거움을 발견하려는 사람이 있다. 즉흥적인 거짓말은 거짓말 자체를 즐기려는 것으로, 진실과의 사이에 확실한 선이 그어져 있다. 진실 같은 거짓말이 아니고, 진실 같지 않은 거짓말에는 애교가 담겨져 있어 진실의 세계에 혼란을 주지 않는다. 즉흥적인 거짓말은 사교적으로 환영받는다는 생각에서 어떤 식으로든 말을 꾸며 흥을 북돋우려는 사람이 있는데, 그것도 지나치면 재미가 없다. 흥을 돋우는 거짓말이 되기 위해서는 신선하면서도 어느 정도 진실성이 있어야 한다.

일반적으로 거짓말은 진실을 가장한다. 체호프가 창작을 위해 메모해 둔 수첩에 "정직한 사람이므로 필요 없는 거짓말은 하지 않는다"는 말이 적혀 있는데, 그것은 필요하다면 정직한 인간이라도 거짓말을 한다는 의미이다. 그러나 필요에 의한 거짓말은 거짓말이라는 것이 밝혀지면 그 저의가 탄로나므로 진실을 더욱 가장하려 한다. 따라서 필요에 의해 하는 거짓말은 진실 이상으로 진실하게 보이므로 사람을 속이는 힘이 있다. 거짓말이 진실처럼 받아들여지는 데 재미를 붙이면 진실하게 열심히 살아가려 하지 않고 거짓말로 적당히 살아가려 한다.

세세한 면까지 신경 써서 지어낸 거짓말은 진실 이상으로 사람을 속일 수 있지만, 아무리 그럴듯한 거짓말이라도 진실을 감출 수는 없다. 밝혀져도 좋은 거짓말은 그것으로 끝나지만, 밝혀지면 곤란한 거짓말은 진실이 밝혀지지 않도록 거짓말에 또 거짓말을 하게 되므로 더욱더 수렁에 빠져들게 한다. 즉, 한번 한 거짓말 때문에 거짓말에서 벗어날 수가 없는 것이다.

거짓말과 자기 본심과의 격차를 의식하고 그것을 감추려는 행동에는 몇 가지 특징이 있다. 일반적으로 팔·다리·손 등은 얼굴이나 음성보다 제어하기 어려운 신체 부분이므로 거짓말이라는 사인이 잘 나타난다. 손가락을 자주 움직인다거나 자기 몸을 무의식적으로 만지거나 상대의 말에 필요 이상으로 고개를 많이 끄덕인다.

또 거짓말을 잘 하는 사람은 대체로 게으르다. 부지런한 사람은 함부로 거짓말을 하지 않는다. 근면한 사람은 필요한 것을 얻고, 하고 싶은 것을 하기 위해 자기 능력과 노력을 다하는 사람이므로 거짓말을 할 필요가 없다. 대학 졸업장을 얻기 위해 4년이라는 긴 시간을 대학에서 공부해야 하는데, '나는 ○○대학을 나왔습니다'라는 한마디 거짓말로 그런 자격이 있는 사람과 같은 처우를 받을 수 있다면 그 이상 싸고 힘 안 드는 처세술이 없다. 거짓말은 근로와 능력 발휘의 의욕을 상실하게 하므로 일을 쉽게 해결하려는 습성이 생겨나게 한다.

게으른 사람에게는 편리한 수단이 되겠지만 그래도 많은 사람이 거짓말을 하지 않는 것은, 진실은 반드시 밝혀지고 거짓은 응징당한다는 공정한 세계에 대한 신념 때문이다.

고백의— 진짜 이유—

소설을 쓰는 사람이 처음 주제로 잡는 것은 보통 자신의 성장 내력과 실연 등이다. 따라서 작가의 처녀작은 자서전 성격을 띨 때가 많다. 즉 작가의 자전 소설은 고백론적 자기 주장이 담겨 있는 경우가 많다. 왜 이처럼 가까운 사이가 아닌 사람에게 자신의 신상 문제를 고백하고 싶어할까?

건강이 나빠지고 처지가 어려워졌는데도 찾아와 주는 사람이 한 사람도 없다면 서운함과 고독감을 느끼게 된다. 게다가 무언가 다른 사람이 모르는 자기만의 비밀을 가지고 있으면 고독감은 훨씬 더 커진다. 그 비밀 때문에 다른 사람들과 거리감을 느끼게 된다. 다른 사람과의 거리를 좁히려고 비밀을 순순히 털어놓는 것을 보면 고백이란 지긋지긋한 고독에서 벗어나기 위한 최후의 카드인 것 같다. 즉 비밀을 다 털어놓음으로써 다른 사람과 자기 사이의 간격을 좁혀 지긋지긋하고 냉엄한 고독에서 벗어나려는 것이다.

루소는 만년에 쓴 『고백록』에서 "형제도 이웃도 친구도 사회도 없는 나는 이 지구상에 남아 있는 단 하나의 존재가 되고 말았다. 그렇게 사교적이고 그렇게 사랑받던 사람이 세상 사람들로부터 배척받은 것이다"라고 말했다.

그는 많은 저서를 통하여 젊어서부터 명성을 얻어 사교계에 발을 들여놓았지만, 그 자신은 "나 같은 인간을 지금까지 본 일이 없다. 이런 인간은 나밖에는 절대 없을 것이다. 뛰어났는지 어쨌는지는 모르지만 하여튼 나는 다른 사람과 다른 데가 많다"고 말하면서 개성이 너무 강하고 사교계를 잘 몰라 귀족 계급으로부터 배척받아 사교계에서 쫓겨나게 된 사실을 밝히고 있다.

그는 교육 소설 『에밀』에서 정치와 결탁하여 민중을 박해하는 당시의 종교를 비난했다 하여 위험 인물로 간주되어 정치적 박해를 받으며 여생을 보내야 했다. 그래서 그는 그런 불행한 고독을 이겨 내기 위해 『고백록』을 써서 사회와의 가교로 삼으려 했다.

우리는 다른 사람의 고백을 들으면 그 사람과 비밀을 공유하게 되어 정신적 유대감이 생긴다.

우리는 다른 사람의 고민을 들으면 상대방에 대해 동정심을 느끼게 된다. 즉, 동정심을 기대하여 다른 사람에게 고백하는 수도 많다.

루소는 그의 『고백록』에서 "내가 하려는 것은 전례가 없는 일로 아마 앞으로 누구도 흉내를 못 낼 것이다. 그것은 한 인간을 적나라하게 밝혀 세상 사람들의 구경거리가 되게 하려는 것이다. 그 인간이 바로 나 자신이다"라는 말로 시작했다. 확실히 그때까지 그런 책을 쓴 사람은 없었다. 자신을 고상하고 아름답게 꾸며 보이려 하지 않고 있는 그대로 완전히 드러내 놓았던 것이다. 그는 그 책에서 소년 시절에 도둑질한 일과 유부녀와의 관계 등을 깡그리 밝혔다. 어떻게 이렇게까지 고백할 수 있을까 할 정도이다. 자기 내면을 열어 보임으로써 상대방의 마음도 열게 하여 서로 친밀감을 가지기 원했던 것이다.

심리학에서는 이것을 '자기 개시'라고 하는데, 자기 개시에 의해 서로 신뢰감을 가져 우정을 맺을 수 있다.

그가 그렇게 노골적으로 자기 고백을 할 수 있었던 저의에는 자기 변호라는 또 하나의 목적이 숨겨져 있었다.

스스로 자신의 부정이나 과오를 밝힘으로써 다른 것 때문에 받을 수 있는 비난이나 공격을 막을 수 있다. 노골적인 고백은 다른 사람에게 밝히고 싶지 않은 더 큰 비밀을 감추고 있을 경우의 연막일 수도 있다. 고백은 어째서 그런 부정을 저질렀는가를 반문하게 함으로써 자신을 변명할 수 있으므로 다른 사람의 이해를 구할 수 있다. 자기에게 유리한 것만 골라서 고백하면 사람들이 좋게 봐주지 않는다. 자기에게 불리한 것은 감추고 있지나 않은가 하는 의심을 받게 되므로 오히려 자기에게 불리한 것을 밝힘으로써 더 큰 신뢰감을 얻을 수 있다. 루소의 『고백록』에서의 노골적인 자기 고백의 배후에는 자기 변호의 저의가 숨겨져 있다고 해야 할 것이다.

자기를 나쁜 사람으로 만들어 다른 사람에게 좋지 않은 인상을 주려고 고백하는 사람은 아무도 없을 것이다. 고백은 자기 변호라고 할 수 있다.

그런가 하면 호신(護身)을 위한 고백도 있다. 다른 사람을 넘어뜨리느냐, 자기가 넘어지느냐 하는 생존 경쟁에서 이웃에도 직장에도 친구 사이에도 경쟁자는 있게 마련이다. 그러나 경쟁 상대가 아닌 사람에게 경쟁 상대로 보여 손해를 입는 경우도 적지 않다. 그런 사람으로부터 적대시되는 것을 피하고 질투나 반감에서 자기를 보호하기 위한 고백도 있다. 즉, 고백을 통하여 상대에게 약점을 보여 주어 상대가 심리적 우위에 서게 함으로써 자기에 대한 경쟁 의식을 약화시키려는 것이다.

이쪽에서 자기의 약점을 먼저 고백하면 상대는 기분이 누그러지고 자기가 우위에 있다는 안도감에서 경쟁을 피한다. 지적인 문제로 다른 사람과 다투고 싶지 않은 경우에 자기는 아무 것도 아는 것이 없다는 것을 구체적으로 고백해 보이면 상대는 안심하여 다른 쪽으로 관심을 돌린다.

사람들은 다른 사람의 약점을 캐내어 빈정대기를 좋아한다. 그들과 다투고 싶지 않으면 자신이 먼저 자기의 약점을 밝히면 된다. 그렇게 함으로써 다른 사람들이 자기의 약점을 크게 밝히는 것에서 자기를 방어할 수 있다.

왜 비밀은—
간직해야 하는가—

우리는 가끔 마음속에 품고 있는 관념이나 감정을 외부에 표출하고 싶은 강한 충동을 느낀다. 더군다나 이야기 상대가 없어 고독하면 그 충동을 더욱 억누를 수가 없다. 마음에 있는 고민을 하소연할 상대를 찾지 못하면 병이 된다는 이야기도 있다. 테니슨의 시 「왕녀」에 이런 구절이 있다.

전하가 전사(戰死)하여 궁중으로 시신이 옮겨졌다.
그러나 여왕은 기절하지도 울지도 않았다.
이것을 보고 시녀들이 여왕에게 아뢰었다.
"여왕님, 우셔야 합니다. 그렇지 않으면 여왕님도 오래 못 사십니다."

슬픈 감정이든 기쁜 감정이든 마음속에 품고 있을 수만 없어 파멸을 가져올지도 모르는 위험을 무릅쓰고 다른 사람에게 비밀을 털어놓는 경우가 있다. 인간은 본능적으로 마음속의 비밀을 털어놓고 싶은 생각도 강하지만, 한편으로는 그것을 비밀로 하고 싶은 생각도 강하다. 왜 그럴까?

비밀로 할 필요가 없을 듯한 것도 비밀로 하는 사람이 있는가 하면 속사정을 있는 그대로 밝히지 않고는 못 배기는 사람도 있다.

사람은 누구나 비밀을 가지고 있다. 어떤 것을 계속 비밀로 하고 있다는 것은 순전히 이기적 목적 때문이다.

우리는 자신을 방어하기 위해 자신의 참된 모습을 드러내려 하지 않는다. 특히 남성은 내심의 감정이나 약점을 드러내려 하지 않는다. 남성은 약점을 드러내거나 우는 소리를 하면 결코 남성다워 보이지 않는다고 생각한다.

이런 비밀에는 자신의 약점을 감추려 할 뿐만 아니라 다른 사람들로부터 비난이나 공격을 받지 않으려는 저의도 숨어 있다. 정치가뿐만 아니라 저명 인사 가운데는 자기 속을 보이지 않는 것이 사회적 활동에 필요한 곡예라고 생각하는 사람이 적지 않다. 이는 자기 일을 숨기려는 것일 뿐만 아니라, 자기만이 어떤 정보를 가지려는 저의로도 볼 수 있다. 상대로 하여금 어떤 책략이 숨겨져 있는지도 모른다는 생각을 갖게 하여 상대를 위압하려는 교활한 수단일 수도 있다.

프랑스 왕 루이 14세는 모든 권력이 국왕에게 집중되는 절대 군주 전제 정치를 확립하고, 군제 개혁과 군비 확장을 통하여 유럽 제일의 군대를 편성하고 영토 확장을 꾀하려는 야심에서 네 번이나 큰 전쟁을 일으켜 한때는 전 유럽의 패권을 한 손에 쥐었다. 열국의 사신을 모아 놓고 향연을 베푸는 등 위풍당당한 모습을 보여 사람들을 압도했던 그가 죽은 뒤 알려진 바에 따르면 키가 크게 보이게 하려고 언제나 구두 뒤창을 10센티미터 이상이나 높였다고 한다. 그런 사실은 그의 측근들조차 몰랐다고 한다.

비밀로 하지 않으면 위험하다거나, 알려지면 곤란한 약점을 감추려는 비밀만 있는 것은 아니다. 실수나 과실을 감추려는 비밀은 어쩔 수 없다고 하지만, 소년 시절의 꿈같은 어렴풋한 사랑, 조그마한 감상, 젊은 날에 그렸던 몽상마저도 비밀로 하려 한다. 또 자신의 불행한 과거, 가난한 추억도 비밀로 한다.

알려지면 수치스러운 비밀도 있지만 자기만이 간직하고 싶은 비밀도 있다. 모파상의 『여자의 일생』에서 주인공 쟌의 어머니는 죽음을 앞두고 젊은 시절의 연애 편지를 꺼내 혼자서 조용히 읽곤 했다.

우리가 자기를 의식하는 것은 자기만의 이상이 있다는 것을 느낄 때이다. 직장 동료들과 휴식 시간에 담소를 나눌 때나 많은 사람이 모여 웅성거리는 모임 등에서 우리는 문득 고독감을 느낄 때가 있다. 그런 곳에서는 자기만의 추억, 자기만의 비밀, 자기라는 존재를 확인할 수 없기 때문이다. 비밀은 자기 의식의 고향이라고 할 수 있다. 비밀로 되돌아오면 다른 사람이 개입되지 않은 자기만의 세계를 가질 수 있다. 그런 세계에서는 비밀이 자기의 밑천이 된다. 거기에는 다른 사람이 보면 별것 아닌 작은 비밀을 소중히 여기고 사랑하는 심리가 스며 있다.

여성은 그런 비밀을 간직하려는 경향이 남성보다 강하다. 여성은 자기 확립이 약하므로 자기라는 것을 확인하기 위한 자기 의식의 고향으로서 이런 비밀을 간직하려 한다.

또 비밀은 자기만이 아는 은신처이기도 하다. 약하고 불행한 처지에 놓인 여성, 예를 들면 이해심 없는 남편과 시어머니에게 학대받는 며느리가 누구에게도 기대지 않고 잠깐 동안의 위로를 받을 수 있는 것은 자기만의 비밀밖에 없다.

쟌의 어머니에게는 비밀스런 연애 편지가 그녀의 생명 유지에 큰 도움이 되었을 것이다.

모험을— 감행하는 이유—

나이가 들어서도 등산이나 탐험에 무척 적극적인 사람은 많지 않지만, 젊었을 때 한 번쯤 그런 꿈을 꾸어 보지 않은 사람은 아마 없을 것이다. 공상으로 그리는 동화의 나라도 일종의 탐험심에서 나온 것이다. 탐험에는 여러 가지 위험과 어려움이 따른다. 미지에 대한 흥미와 호기심만으로는 이러한 위험이나 어려움을 무릅쓸 수 없다. 그것을 행동으로 옮기려면 활기찬 에너지가 필요하다. 나이가 들면 탐험에 적극적이지 못한 것은 열의가 모자라서라기보다 그것에 전념할 수 있는 에너지가 모자라기 때문이다. 에너지와 조건만 충족된다면 나이와 상관없이 모두 탐험에 매력을 느낄 것이다.

체력이나 여가가 허락되지 않는다면 등산은 힘들지만, 쌓인 눈과 바위를 헤치고 정상을 정복하여 얻는 쾌감은 누구나 동경한다. 등산 영화를 보면 왠지 마음이 설렌다. 그런 경험을 맛보고 싶은 충동이나 생리적 쾌감 때문만은 아니다. 마음 설레게 하는 것은 바로 정복욕이다.

많은 사람들이 하고 싶어하는 것을 다른 사람보다 앞질러 먼저 성취한다는 점에서 정복은 무어라 표현할 수 없는 쾌감을 준다. 관광 여행처럼 누구나 갈 수 있는 곳이라면 탐험의 즐거움이 없고 쉽게 오를 수 있는 산이라면 정복욕을 맛볼 수 없다.

다른 사람이 할 수 없는 것을 해낸다는 것은 굉장한 만족감을 준다.

새로 쓴 마음을 읽으면 사람이 재미있다

많은 사람을 앞지른다는 의식 없이는 등산이나 탐험에서 정복의 의미를 찾을 수 없다. 누구도 아직 발을 디뎌 본 적이 없는 비경(秘境)을 탐험한다든가, 누구도 오른 적이 없는 높은 산을 정복하는 일은 더할 나위 없는 쾌감을 준다. 먼저 오르든 나중에 오르든 산 그 자체는 바뀌지 않겠지만 쾌감은 아주 다르다.

정복은 소유에 대한 의사와 확인이기도 하다. 높은 산을 정복했다고 해서 그 산이 법률적으로 자기 것이 되는 것은 아니지만, 정신적으로는 자기 것과 다름없다. 관광으로 여러 곳에 가보아도 그 땅을 소유했다는 생각은 들지 않는다. 탐험한 땅, 정복한 산은 마음속에 언제까지나 자기의 땅, 자기의 산으로 남는다. 그 산을 정복하고 싶다는 것은 단순히 그 산에 오르고 싶다는 것과는 다르다. 그 산을 자기 것으로 하고 싶다는 욕구이다. 정복이 취미나 여행과 다른 것은 소유욕이 따른다는 데 있다. 정복욕은 바로 소유욕이다.

정복에서 얻는 쾌감은 자신의 실력을 확인하고 얻는 만족감이다. 두 살 정도의 아이라면 집 정원에 만들어 놓은 작은 언덕에서도 정복감을 맛볼 것이며, 초등학생이라면 한라산 정상에서도 큰 정복감을 느낄 것이다.

자신의 힘을 끝까지 발휘하여 자기 실력을 확인해 보는 것이 정복욕이며 그 만족이기도 하다. 실력으로 자랑할 만한 것이 아닌 것을 가지고 정복이라고 할 수는 없다. 탐험이나 등산만이 아니라 무언가 어려운 기술을 습득하고서도 정복감을 맛볼 수 있다. 니체의 『짜라투스트라는 이렇게 말했다』라든가 제임스 조이스의 『율리시즈』 같은 책을 어렵게 독파하면 정복감을 맛볼 수 있다.

대학을 나와도 대학을 정복했다는 기분은 들지 않지만 박사 학위를 받았을 때는 정복욕을 맛볼 수 있다. 박사 학위 자체는 명예욕과 관계 있지만, 학위를 딸 만한 연구를 해냈다는 점에서는 정복욕과도 관계가 있다. 탐험·등산·연구 등은 세속적인 이해 타산과는 거리가 멀다. 정복을 통해 만족감을 얻게 되면 자신감도 얻을 수 있다.

이러한 정복감은 남성만이 맛보는 것은 아니다. 요즈음은 남성들도 해내기 어려운 일에 도전하여 성공을 거두는 여성들도 많이 볼 수 있다. 이처럼 진취적 의욕인 정복욕은 타산적인 것이 아니라는 점에서 심리적 충족감을 안겨 준다.

왜 호기심은— 호기심을 낳는가—

"지성이 용감하다는 것을 증명할 수 있는 것 중 하나는 호기심이다"라고 새무엘 존슨은 말했다.

호기심이 강한 사람은 머리 회전이 빠르다. 마음이 무언가에 자극받았을 때 그 자극을 주는 대상을 밝혀 보고 싶은 생각이 바로 호기심이다.

자극을 받는 사람과 그렇지 않은 사람이 있다. 또 자극을 강하게 받는 사람과 약하게 받는 사람이 있다. 자극의 정도에 따라 마음에 일어나는 반응이 다른데, 그것은 감수성이 강한가 약한가 마음의 작용이 활발한가 활발하지 않은가에 의해 결정된다. 따라서 감수성이 강하고 마음의 작용이 활발하면 같은 자극도 강하고 크게 느낀다. 또 자극을 받아들이는 방법은 지식의 정도나 종류, 경험, 또 건강 상태, 마음가짐에 따라서도 다르다.

자극을 받는다고 해서 반드시 호기심이 일어나는 것은 아니다. 호기심이 일어나려면 지성이 능동적으로 움직여야 한다. 저녁 하늘을 아무런 생각 없이 바라보고 있을 때 반짝 빛나면서 무언가 시계(視界)를 가로질러 가는 것이 있다. 그런 자극을 받아도 그것을 받아들이려는 마음가짐이 없다면 고개를 갸우뚱거리는 것만으로 끝나 버린다. 하늘을 나는 미확인 비행 물체(UFO)에 대한 지식이 있으면, 그 지식을 자극시켜 지금 본 것은 어쩌면 하늘을 나는 미확인 비행 물체일지도 모른다는 의문이 생기게 하고, 거기에 지성이 작동하면 그것을 밝혀 보고 싶은 호기심이 생긴다.

이처럼 호기심이란 자극의 정체를 밝혀 보려는 지성의 활동이다. 그것을 알고 싶어하는 것만으로 끝나지 않고 그것과 가까운 관계를 맺기를 원하는 희망이 내포되어 있다. 호기심에는 전진을 재촉하는 효과가 있다. 새로운 것을 추구하는 호기심이 강하고, 유행에 민감한 개혁 지향의 욕구를 변화 욕구라고 한다.

즉, 지성이 새로운 것을 경험하는 것이 호기심인데, 그것은 매일 맛보는 경험과는 다른 신선미를 지닌다. 따라서 호기심은 가치 있는 새로운 경험이라고 할 수 있다. 호기심이 강한 사람은 많은 것을 배우고 경험한다. 그들은 지식을 넓히고 경험을 풍부히 하며 인생을 창조해 나간다.

그러나 지나친 호기심은 오히려 자신을 망칠 수가 있다. "호기심은 고양이도 죽인다"는 말이 그것을 잘 말해 준다. 고양이는 호기심이 강한 동물로 머리가 좋고 감정이 풍부하지만, 그 호기심 때문에 오히려 덫에 걸리거나 늪에 빠지거나 한다.

그런 실패와 위험은 인간에게도 마찬가지여서 호기심에는 엄격하고 이성적인 길동무가 필요하다는 것을 이 속담은 경고해 주고 있다.

의사 소통이 가능한 나이가 되면 아이들은 주위 환경에 많은 관심과 호기심을 가진다. '왜 그럴까?' 하는 의문에서 주위 사람들에게 집요하게 질문을 던지지만 좀처럼 시원스런 대답을 듣지 못한다. 아이들은 가정 교육을 통하여 호기심이 하나하나 충족되면 창의적 사고가 발달하지만, 그렇지 못할 때는 다른 사람에게 불신과 의심을 갖기 시작한다. 좀더 자라면 그 호기심의 대상을 이성으로 옮겨 일찍 이성 관계에 눈을 뜨게 된다.

성장기에 있는 아이에게는 호기심으로 유혹하는 일정한 형식과 특징이 있다. 즉, 무언가를 알고 싶어하는 지식욕은 통찰력이 아직 발달하지 않은 아이의 호기심을 강하게 자극하여 물건을 직접 뜯어 보게 하여 망가뜨리거나 책벌레가 되게 할 수도 있다. 또 호기심이 지나친 아이는 너무 민감하여 다른 사람을 몹시 의심하는 성격이 될 위험성도 있다. 어른들은 아이들의 호기심을 충족시켜 줄 수 있도록 세심하게 신경써야 한다.

영원히— 충족될 수 없는
새것에 대한 욕구—

물품은 사용하는 동안 점점 낡아져 사용할 수 없게 된다. 그렇게 되면 낡은 것은 버리고 새것을 구해야 하는데, 그것은 물품뿐만 아니라 풍속·예술·과학 등에서도 마찬가지다. 사람에 따라 조금씩 다르긴 하지만 대체로 사람들은 오래 사용하여 싫증난 것은 못쓰는 것으로 보고 새것을 찾는다.

어째서 우리는 새것을 찾으려 할까? 지금까지 쓰던 것을 새것으로 바꾸거나 새것을 몸에 지니게 되면 우리는 쾌감을 느낀다. 새것은 산뜻한 감촉으로 쾌감을 준다. 우리는 생활 속에서 변화를 찾으려는 욕구를 가진다. 새것이 마음에 드는 것은 변화 욕구를 충족시켜 주기 때문이다. 여행의 즐거움 같은 것도 새로운 환경의 자극에 의해 얻을 수 있는 쾌감이다.

생활해 나가는 동안 낡아지는 것도 많지만 새롭게 바뀌어 가는 것도 많다. 낡은 가구가 새 가구로 대체되면서 생활 방식에 조금씩 변화가 일어나는 것이 좋은 예이다.

치열한 생존 경쟁, 과도한 노동, 끊임없는 소음, 눈부시게 강한 조명, 감정을 피로하게 하는 복잡한 인간 관계 등으로 우리의 신경은 날카로워지나 감각은 둔해져 자꾸 새로운 자극을 찾게 된다.

새것이라는 의식은 사물이 변화하는 데서 일어난다. 변화가 없고 언

새로 쓴 마음을 읽으면 사람이 재미있다

제나 같은 상태로 있게 되면 낡은 것같이 생각되어 신선미를 못 느낀다. 큰 변화, 급격한 변화에는 강한 신선미를 느끼지만, 완만한 변화에서는 새로움과 자극을 전혀 못 느낀다. 새것에서 신선함을 느끼려면 끊임없는 변화가 뒷받침되어야 한다. 까만 립스틱, 파란 아이섀도, 블레이크 댄스 등과 같이 강렬한 유행이 계속 나타나는 것도 강한 자극을 필요로 하는 현대인의 요구에 부응하기 위해서이다.

한편 현대인이 새것을 찾는 데 혈안이 되는 것은 왕성한 지식욕과도 관계가 있다. 원자력 이용이 당연한 것처럼 느껴지는 시대가 오더니 어느 사이엔가 인공위성, 인공위성에서 우주 여행으로 진보의 속도가 놀랄 만큼 빨라졌다. 그야말로 새로운 지식이 완전히 소화되기도 전에 또 다른 새로운 지식이 요구된다. 새로운 지식은 생활의 변화를 부추겨 고정된 생활 방식을 지킬 수 없게 한다. 살아간다는 것은 새것을 찾는 과정으로 새것을 찾아내지 못하는 현대인은 살아가기 힘들다고 하면 지나친 말이 될까? 시대의 조류에 뒤떨어지지 않으려면 새것을 찾지 않으면 안 된다. 오래된 것에 집착하면 시대의 조류에서 밀리게 된다.

새로움을 찾으려는 이런 인간 행동은 탐색 욕구와 밀접한 관계가 있다. 우리는 새로운 환경에 접하면 이런 신기한 대상이 어떻게 존재할 수 있는가를 알아내려고 하는데, 이것을 '탐색 욕구'라고 한다. 이런 욕구는 태어나고 얼마 안 있어 곧 나타나기 시작한다. 유아는 시각적 탐색을 해나가면서 자기와 환경을 관련지으려 한다. 이런 행동 경향의 중심을 '자기 효력감'이라고 하는데, 환경과 효과적으로 상호 교섭하는 능력이다. 즉, 자기의 행동이 환경에 영향을 미칠 수 있다는 '신념'이다.

이런 시대에 혼자서만 꼼짝 않고 있을 수는 없다. 그래서인지 새것일 때만 가치 있다고 믿고 새것만을 찾아 살아가려는 사람, 즉 새것이 장점이 많을 것 같아 새것만 찾으려는 심리를 가지고 있는 사람들이 많다.

하지만 새것을 찾는다는 것은 전향적 자세이긴 하지만, 이전의 것을 소화시킬 틈도 없이 새것만 찾는다면 새것을 빨리 낡게 만드는 모순을 낳는다. 자기가 갖고 있는 관념이 낡으면 아무리 새것을 찾는다고 해도 새 생활로 바꿔지 않는다.

똑같이 만들어졌는데도 새것은 정감이 없고 낡고 손때 묻은 것이 더 정취가 있는 것처럼 느껴지는 것은 왜 그럴까? 손때 묻은 것은 우리 생활에 깊숙이 파고들어 우리와 친숙하게 되었기 때문이다. 그 친숙성 있는 낡음에 정이 가는 것이다.

골동품은 예술적 가치를 지니지만 예술적 가치만으로 골동품의 가치가 성립되는 것은 아니다. 예술적 가치에다 시대가 남긴 예스러움이 깃들여 있어야 한다. 오랜 세월이 흘렀는데도 새것처럼 반짝반짝 빛난다면 역사적 가치는 있을지 모르지만 골동품으로서의 가치는 없다. 오래되고 더럽혀진 '녹이 애호되는 것은 친숙감을 주는 것 말고도 무덥고 습기 많은 세월을 견뎌 온 연륜과 관계가 있다.

이런 모순을 안고 있지만 새것과 옛것의 조화에서 삶의 의의를 찾아야 하는 운명을 지닌 것이 바로 현대인이기도 하다.

새로 쓴 마음을 읽으면 사람이 재미있다

왜 과거는— 그리움을
안겨 주는가—

물체의 탄성(彈性)이란 물체에 힘이 가해지지 않으면 정지 상태, 힘이 가해지면 운동 상태를 그대로 지속하려는 성질을 말하는데, 론 브로조는 인간의 심리 생활에도 그런 경향이 있다고 설명했다.

인간은 돌이나 목재와는 달리 생명이 있어 가고 싶으면 가고 하고 싶으면 한다.

자기 의사가 개재되지 않은 유기체는 생명이 있다 해도 거의 물체와 다름없다. 인간은 자기 의사대로 움직일 수 있지만, 브로조의 말대로 "자기 의사대로 살아가는 생활에서도 물체로서의 습성을 잃지 않아 그대로의 상태를 언제까지나 지속"하고 싶어하는 일면도 가진다. 다시 말해 변화를 싫어하고 두려워한다.

변화를 두려워한다 해서 그대로의 상태를 고집한다는 의미는 아니다. 인간은 누구나 지위가 더 높아지길 원하고, 더 많은 돈을 벌고 싶어하며, 더 좋은 곳에서 살길 원하고, 더 가지기를 원한다. 그렇게 되기 위해서는 행동으로 옮겨야 한다. 즉, 생활에 변화를 일으키지 않으면 안 된다.

그러나 변화는 현재의 사고방식이나 생활 방식의 파괴를 의미한다. 변화가 더 나은 상태를 약속한다 해도 익숙한 생활을 파괴하기는 어려우며, 경우에 따라서는 기대와 달리 자신을 불행에 빠뜨릴지도 모른다는 의심을 가진다. 그렇게 되면 아무리 현상에 만족하지 못한다 하더라도 선뜻 변화를 일으켜 새로운 생활을 시작하기란 어렵다. 변화에 따르는 저항을 생각하여 지금 이대로의 방식을 유지하려는 것이 보수성이다. 그러나 더 나은 생활, 유리한 지위와 기회를 바란다면 변화를 꾀해야 한다.

우리는 자신의 능력으로는 해낼 수 없을 것이라는 불안 때문에 지금 이대로의 임금, 지위, 생활에 안주하려 한다. 그것이 보수주의적 태도이다.

에머슨은 "우리는 봄과 여름에는 개혁론자이며 가을과 겨울에는 보수주의자이다. 또 아침에는 개혁론자이며 밤에는 보수주의자이다. 개혁론은 적극적이고 보수주의는 소극적이다. 후자는 위안을 목표로 하지만 전자는 진리를 목표로 한다"고 말했다.

이 말은 보수주의와 진보주의는 생활 의욕과 정신력에 따라 구분된다는 것을 구체적으로 설명하고 있다. 아무리 생활 의욕이 왕성해도 새로운 환경이나 생활에 대처할 자신이 없으면 지금까지의 생활에 안주하게 된다.

보수주의에는 생활의 보수주의와 사상(思想)의 보수주의가 있다. 생활 의욕이 왕성해도 현재 이대로의 상태가 자기에게 이익이 된다고 생각한다면 현상 고수의 보수주의자가 된다.

남성과 여성을 비교해 보면 여성 쪽이 더 보수적이라 할 수 있다. 가정을 지키고 아이를 키우는 여성은 변화를 별로 달가워하지 않는다. 현상이 좋고 나쁘고 간에 안정된 생활을 더 중하게 여긴다.

체력이 약하고 정신적 탄력성을 잃은 노인은 보수적으로 살아갈 수밖에 없다.

누구나 고향을 그리워하지만 노인이 되면 더욱 그렇다. 고향 산천 모든 게 그리워 아이 때는 불만스럽고 불쾌했던 것마저도 그리움으로 바뀐다. 다시 한 번 그 생활로 돌아가고 싶어진다. 만년을 고향에서 보내고 싶어하는 사람도 적지 않아 젊어서 고향을 버렸던 사람들이 재산을 모아 고향으로 돌아오기도 한다. 고향은 변화가 격심하지 않아 자신의 과거가 그대로 숨쉬고 있는 듯한 느낌이 든다. 저항력이 없어지고 약해진 신체 상태로 살아가기에는 그곳이 아주 적합하다고 생각된다. 이것이 고향을 그리워하고 과거에 안주하기를 바라는 보수 심리이다.

보수는 과거와 아주 밀접한 관계가 있다. 활력이 넘치던 청소년 시절을 전면적으로 긍정함으로써 현재는 아주 불행한 시절로, 과거는 행복한 시절로 규정해 버린다. 우리는 원래 과거에 겪은 쓰라린 일보다 행복하고 즐거웠던 일을 더 잘 회상할 수 있다. 또 과거의 괴롭고 쓰라렸던 일들이 지금의 행복의 원동력이 된다고 믿는다. 거의 모든 사람이 자기는 쓰라린 과거를 딛고 일어섰다고 믿는다는 사실도 바로 이것을 말해 준다.

중년 이상인 사람들은 새롭고 격렬한 문화를 받아들이기를 꺼린다. 자기들이 경험해 보지 못한 것에 저항감을 가지는 것은 정신적으로 그것을 극복할 만한 육체적·정신적 자신이 없기 때문이다.

그러나 보수주의의 소극적 태도로 인해서 자기 혼자만의 세계에 빠질 위험이 따른다는 것도 명심해야 한다.

샐러리맨의 경제관념

연말 정산 결과가 — 기다려지는 이유

샐러리맨은 매달 급료에서 얼마씩 떼어 세금을 납부하는데, 더 낸 세금은 연말에 정산되어 돌려받는다. 이 돈은 당연히 돌려받아야 할 돈으로 공돈이 아니다. 그럼에도 불구하고 그 금액이 많으면 마치 큰 공돈이나 생긴 것처럼 기분좋아한다.

이처럼 일단 자기 수중에서 나간 돈을 돌려받게 되면 생각지도 않던 공돈이 생긴 것처럼 기분이 좋아진다. 친구에게 돈을 빌려 주고는 까마득히 잊어버리고 있을 즈음 친구가 돈을 돌려줄 때 느끼는 기분과 매한가지이다. '아, 내가 돈을 빌려 주었던가?' 하면서 기분이 좋아 친구에게 커피를 산다. 비상금을 책갈피 사이에 끼워 둔 것을 잊어먹고 있다가 몇 년 뒤 우연히 발견했을 때 느끼는 기분도 마찬가지이다. 일단 자기 수중에서 떠나간 돈에는 자기 것이라는 소유 의식이 희박하다. 원천징수제라는 교묘한 트릭 덕분에 샐러리맨은 납세에 별 저항을 느끼지 않게 되고, 또 연말 정산에서 더 낸 돈을 돌려받게 되면 아주 기분이 좋아지는 것은 이런 이유 때문이다.

사장이 점심 시간에 — 평사원과 같은 식사를 하는 이유

부도 직전의 회사를 일으켜 세우는 데 뛰어난 A는 회사에 부임하면 먼저 노동조합 위원장을 부른다고 한다. "회식을 한번 합시다. 나도 사원들과 똑같이 낼 테니 각자 부담으로 합시다." 회식 석상에서 A는 회사 재건을 위해서는 명예퇴직이 필요하다는 것을 강조하면서 울먹이기까지 한다. 설명이 끝나면 사원들은 사장의 말에 감동하여 명예퇴직 희망자가 나온다.

그것은 물론 A의 간곡한 회사 사정 설명 때문일 수도 있으나, 각자 부담하는 회식이라는 소박함에 사원들이 마음의 문을 열기 때문이다. 사원으로서는 사장이 내는 회식으로 생각했으나, 얼마 되지 않는 회식비를 각자 부담하자는 데 놀라면서도 한편으로는 친근감을 느낀다.

사람은 자기보다 지위가 높은 사람이 자기 수준의 금전 감각을 가지고 있다는 것을 알게 되면 친근감을 느끼게 된다. 고급 음식점에서 한턱 내기보다는 대폿집에서 한잔 하면서 부하들과 어깨동무를 하는 상사가 훨씬 더 친근감을 준다.

공금을 — 아끼지 않는 이유

사기업의 사원은 회사의 이익이 자기에게 돌아온다고 생각한다. 즉, 회사가 손해를 입으면 자기도 손해를 본다는 생각에서 회사가 손해를 안 보도록 스스로 낭비를 줄이고 절약한다. 그러나 공기업체 사원은 회사의 이익이 자기에게 되돌아온다고 생각하지 않는다.

사람은 자아가 관여되지 않은 돈은 낭비를 해도 아까워하지 않는 심리적 경향이 있다. 자기 호주머니에서 나가지 않는 돈은 적자가 나든 말든 '내가 알 바 아니다'라는 식이 되는 것이다. 사람은 자기 돈, 즉 자아가 관여되는 돈에는 그 운용 및 이식에 크게 신경 쓰나 자아가 관여되지 않는 돈에는 무관심하다.

선 물 의 심 리

친한 사람에게 현금 대신 — 상품권을 주는 이유

음식점을 경영하는 사람에게서 들은 이야기인데, 단골 손님이라고 해서 음식 값을 깎아 주거나 거저 주지는 않지만, 친척이나 친구에게 음식값을 받으려면 심리적 저항감이 생긴다고 한다. 아무리 상대가 받아 두라고 해도 선뜻 손을 내밀 수가 없다는 것이다. 이처럼 정당한 보수나 대금이라도 상대방과 인간적 관계가 깊으면 그것을 받기가 어렵다. 친척이나 친구와 같은 인간 관계에서 상대에게 무엇을 베풀었다고 그 대가로 금전적 보수를 받는 것은 너무 공식적인 'give and take' 관계같이 보여 심한 심리적 저항감이 일어나기 때문이다. 남편이 아내에게 생활비를 주는 것은 가계 유지가 목적이지 아내의 가사 노동에 대한 보수는 아니다.

크리스마스 실은 안 사면서 — 기부금은 선뜻 내는 이유

불우이웃돕기 등으로 모금 운동을 벌이면 돈을 얼마나 낼까 결정을 못 내리는 사람이 많다. 대부분 "다른 사람은 얼마나 내고 있습니까?"라고 묻는다. 이 물음의 배경에는 다른 사람과 같은 정도로 하면 무난할 거라는 심리적 의미가 숨겨져 있다. 허세를 부린다든지 쩨쩨하다고 손가락질받지 않을까 하는 불안 때문에 그렇게 하는 것이다. 또 다른 사람에게 지고 싶지 않아 '그 사람들이 그만큼 냈다면 나는 더 내야지'라고 생각한다. 기부액은 반드시 기부자의 수입과 비례하는 것은 아니다. 소득이 많아도 체면 유지를 위해 다른 사람 정도밖에 내지 않는 사람이 있는가 하면, 엄청나게 많은 돈을 내는 사람도 있다. 이런 사람들은 다른 사람보다 많이 기부함으로써 자기의 우위성이 확인된다면 액수에는 그다지 구애받지 않는다. 조금이라도 값을 깎으려는 손님에게 점원이 "이걸 고르시는 것을 보니 상당히 안목이 높으시군요"라는 말을 하면 깎아 달라는 말을 하기 어렵다. 자기의 우위성을 상대로부터 인정받았기 때문이다.

다소 무리해서라도 윗사람에게 ― 비싼 선물을 하는 이유

다른 사람에게 신세를 졌을 때 그 답례로 무엇을 선물할까 골치를 앓는 수가 많은데, 받는 쪽도 경우에 따라서는 기분이 언짢아질 때가 있다. 선물은 받는 사람의 위치나 수준에 따라 그 정도가 달라진다. 예를 들면 중매를 선 과장보다는 주례를 서준 사장에게 더 큰 선물을 하는 것이 보통이다.

선물의 금액 수준은 선물 받을 사람의 이미지나 사회적 지위에 따라 결정된다. 지위가 낮은 사람이 자기보다 지위가 훨씬 높은 사람에게 선물할 때는 실제 이상으로 상대를 크게 평가하는 경향이 있다. 자기 처지에 어울리지 않게 과분한 선물을 하는 것은 이런 심리 때문이다. 명절이 되면 '그 사람에게 이런 선물은 너무 과해'라든가 '이 정도의 선물로는 실례나 안 될까' 하고 선뜻 선물을 못 고르는 수가 많다. 선물받는 것을 당연하게 여기는 사람은 선물을 아예 안 받았을 때보다 기대 이하의 선물을 받을 때 더 불쾌감을 느낀다. 아무 것도 안 보내면 섭섭하게 생각하고 말지만, 기대 이하의 선물을 보내면 '나를 그 정도로밖에 안 봐' 하면서 자신을 과소평가한 상대에게 불쾌한 감정을 가진다.

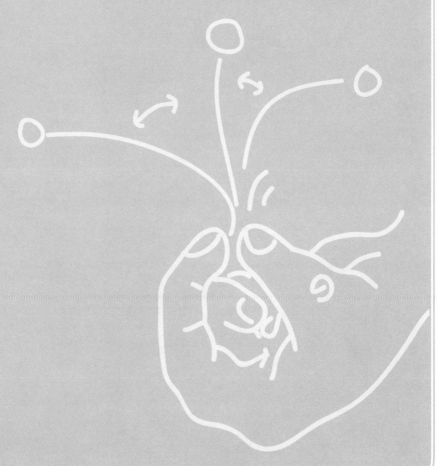

무엇이 6장
마음을 움직이는가

유혹의— 심리—

우리가 사는 사회에는 '이것은 선이고 저것은 악'이라고 정해진 규범이 있다. 예를 들면 다른 사람에게 친절히 대하는 것은 선이고, 빌린 돈을 갚지 않는 것은 악이다.

악행이란 사람들이 살아가는 데 해가 되는 행위이다. 폭행이나 강도가 사회에서 허용되지 않는 것은 다른 사람에게뿐만 아니라 자신에게도 해가 되기 때문이다. 교도소를 제집처럼 드나드는 사람에게는 사회가 악이라고 규정해 놓은 것이 오히려 선이 될지 모르지만, 우리 모두에게는 악이 된다. 자기에게 선이 된다고 하여 다른 사람을 위협하여 금품을 강탈해도 좋은가? 자기에게는 아무리 선이 된다고 해도 그것이 가져올 부정적인 결과를 예상한다면 그것은 악이 된다는 사실을 인정해야 한다.

우리에게는 악이라는 것을 알면서도 악에 이끌리는 심리가 있다. 막상 그것을 실행하는 사람은 많지 않지만, 많은 사람의 마음속에는 그렇게 하고픈 생각이 숨겨져 있다. 그렇지 않다면 공포 영화나 폭력 영화가 그렇게 인기가 있을 리 없다. 신문의 사회면 톱 기사는 소년 가장을 오랫동안 돌보아 주었다든지, 남몰래 어려운 사람을 도와준 사람에 대한 선행 미담 기사보다는 수천억을 사기한 사기범이라든지 살인 사건에 관한 내용이 거의 대부분이다. 악이 사회에서 사라지기를 바란다기보다 더 큰 악이 일어나기를 기대하는 듯한 인상을 준다.

사회의 악은 사회를 파괴하고 자신의 악은 자신을 파괴한다. 따라서 악에 이끌린다는 것은 사회와 자신을 파괴하려는 원망(願望)이 마음 내부에 감추어져 있다는 것을 말한다.

우리는 자기를 파괴하면 불행해진다는 사실을 잘 알고 있다. 그래서 사회가 '이것은 행복한 길, 저것은 불행의 길'이라고 정하여 강요하는 생활 규범을 어떻게든 따르려 한다.

인생은 괴롭고 쓰라린 노력과 인내의 연속이다. 그러나 자신이 무엇보다도 귀중한 존재임을 깨닫고 사회가 요구하는 생활 방식을 따르면서 참고 견뎌야 행복을 찾을 수 있다.

우리는 악행이 우리를 불행하게 만든다는 것을 알면서도 그것에 유혹당하는 일이 많다. 간혹 무모한 행동을 함으로써 짜릿한 쾌감을 맛보려 하기도 한다.

야만적인 용기를 휘두를 기회가 없어 욕구불만에 차 있다가 그런 기회를 만나면 내부에 숨어 있던 야만성이 폭발해 반사회적 행동을 서슴없이 하게 된다. 사회와 자신이 모두 악이라 생각하고 있고, 그것이 자신을 불행하게 할 거라는 사실을 알고 있으면서도 '금단의 열매'를 따먹고 싶어하는 것은 아담과 이브 이래로 인간이 가져온 마음의 경향인지 모른다.

사회적으로나 개인적으로나 선하고 올바른 생활 방식이 반드시 인간이 바라는 생활 방식은 아니다. 인간은 오히려 인간 본성에 반(反)하거나 욕망을 마음껏 발산할 수 있는 생활 방식을 원하기도 한다. 그래서 지성이 없고 자제력이 약한 사람은 충동적으로 불만이나 분노를 폭발시킬 수 있는 배출구를 찾는다.

새로 쓴 마음을 읽으면 사람이 재미있다

이러한 악의 유혹 뒤에는 영화나 텔레비전이 주는 악영향도 무시할 수 없다. 영화나 텔레비전에서는 악한들이 물질적·사회적 자원을 쉽게 손에 넣는 장면이 자주 나온다. 악한들이 '정의의 사나이'에 의해 제재를 받는다 해도 그것은 긴 이야기의 마지막 몇 분에 한정될 뿐이다. 짧은 시간에 전개되는 악행에 대한 응징의 교훈보다 악행으로 얻게 되는 이득을 우리는 더 많이 보게 된다.

이처럼 청소년들이 악행의 레퍼토리를 주로 영상 관찰로 얻는 것을 보면 그것이 주는 역효과는 아주 크다고 할 것이다.

자학의— 심리—

앙드레 지드가 지은 『좁은 문』이라는 소설이 있다. 사촌누이와 남동생 간인 알리사와 제롬의 슬픈 사랑 이야기로, 알리사가 제롬을 깊이 사랑하면서도 그의 열렬한 구혼을 거절하고 정신적으로 괴로워한다는 줄거리이다. 알리사는 일기에서 "하느님과 제롬이 가까워지는 데 내가 너무 방해가 되는 것 같아"라고 하면서, 제롬이 신앙을 가지는 데 자기가 방해된다고 생각하여 고민한다.

"나조차도 나 자신이 싫어진다는 것을, 있는 그대로의 나를 그에게 보여 줄 수 있을까?"

"마음은 그리움에 사무치면서도 겉으로는 무관심하고 냉담한 체하는 잔인한 대화……."

"제롬은 나를 전보다 더 사랑할까? 아아, 그것은 내가 바라는 것이긴 하지만 너무나 끔찍한 일이야. 지금까지 그를 이처럼 사랑해 본 적이 없어."

'좁은 문'이라는 제목은 성서의 "좁은 문으로 들어가라"는 구절에서 딴 것으로, 회개와 고난을 겪지 않고는 하느님의 나라에 들어갈 수 없다는 뜻인데 주제야 어떻든 알리사의 생활 방식은 너무나도 자학적이다. 지드가 왜 이 소설을 썼는지 모르지만 자신을 학대하는 쾌감에 젖는 한 여인으로서 알리사를 묘사했다.

새로 쓴 마음을 읽으면 사람이 재미있다

인간은 누구나 그런 병적인 마음을 가질 수 있는 것으로 그것은 알리사에게만 한한 일이 아니다. 이 소설의 한 역자(譯者)는 "사촌동생 제롬에 대한 사랑을 동생인 줄리엣에게 넘기려는 알리사, 그 사실을 알고 서둘러 다른 사람에게 시집가는 줄리엣. 10여 년의 세월이 흘러 알리사는 죽고, 다섯 아이의 어머니가 된 줄리엣과 독신인 제롬의 눈물의 상면. 그것들은 더없이 아름다운 장면이다. 그리고 제롬을 계속 그리워하면서도 좁은 문으로 들어가기 위해 자학을 계속하는 알리사의 모습은 모든 사람의 심금을 울린다"고 평했다.

자학의 모습이 아름답다는 말은 무슨 뜻일까? 그것은 지나칠 만큼 엄격한 자제가 오히려 깨끗한 모습으로 보인다는 것이다. 남편과 자식을 위해 희생적으로 살았던 과거 한국 여성의 생활도 자학적이지만, 그 자학적인 모습이 오히려 고상하게 보인다. 알리사는 신앙에 가치를 너무 둔 나머지 자학적으로 된 것 같다. 또 비참한 생활 환경이 그녀를 막다른 골목으로 몰아넣어 자학적으로 만들었다. 정상적이고 행복한 생활을 누리는 사람이 자학적이기는 어렵다. 큰 뱀에 꼼짝없이 잡혀 먹히게 된 작은 새는 스스로 뱀의 입 안으로 뛰어든다고 한다. 전염병을 치료할 방법이 없었던 옛날, 전염병에 걸린 사람이 죽기를 기다리지 않고 스스로 생명을 끊는 일도 있었다. 더 이상 어떻게 해보려 하지 않고 스스로 두려움의 대상에 몸을 던져 버리는 것이다. 피할 기력도 없고 피할 수도 없다고 생각될 때 상대의 수중에 들어가는 것을 기다리려 하지 않는다. 기다리는 것이 오히려 두렵기 때문이다. 모순되는 것처럼 보이지만 그런 식으로 두려움을 처리해 버리기도 한다.

인간이 오감(五感)으로 쾌락을 찾는 것은 자연스런 일이다. 쾌락에의 길이 눈앞에 열려 있으면 아무리 완고한 도학자라도 주저하지 않고 그 길로 빠져들 것이다. 눈앞에 술상이 있다면 애주가는 술을 마시지 않고는 못 배긴다. 그러나 쾌락에의 길이 평탄치만은 않다. 쾌락을 좇게 되면 쾌락 대신 고뇌를 겪지 않으면 안 되는 경우가 많다. 쾌락을 좇다가 고통을 얻는 것으로 끝장이 나고 만다.

불교는 이 세상을 악한 곳이라고 규정하고 저 세상의 행복을 믿고 현세를 포기하는 것, 즉 출가(出家)를 권장한다. 한때 사회를 풍미했던 염세주의는 겉으로는 쾌락에 무관심한 것처럼 보이지만, 실제로는 쾌락에 대한 관심이 지나쳐 아무리 찾아도 찾을 수 없는 쾌락에 무심하게 된 결과라고 생각한다. 쾌락에 관심이 없다면 사는 것을 비관할 필요도 없고, 또 염세적으로 되지도 않을 것이다. 힌두교에만 한한 것은 아니지만 쾌락에 무관심한 종교적 생활은 자학적이라고 할 수 있다. 무언의 수도, 계율의 준수 등은 결코 위안을 주는 것이 아니다. 인도의 고행승은 침이 박힌 자리에 앉는다거나, 물구나무를 서서 몇십 킬로미터를 걷는다거나, 눈을 못 뜨게 될 정도로 태양을 쳐다보는 고행을 한다. 그들은 엄격한 수도로 삶의 보람을 찾는다기보다는 심한 자학에 빠져 있다고 보아야 할 것이다.

동물은 자연 그대로 살아가기 때문에 부자유스런 행동 따위는 하지 않지만, 인간은 부자유스런 방향으로 살아가는 데에 오히려 가치를 두기 때문에 자학과 같은 비합리적 생활 방식을 취하기 쉽다. 쾌락은 아무리 추구해도 만족을 가져올 수 없으므로 그것이 필요 없는 것처럼 자기를 설득할 필요가 있는 것이다. 그리하여 자신을 오히려 자학으로 몰아 그것을 가치 있는 것처럼 착각한다. 자학이란 인간의 이상심리(異常心理)의 일종이다. 자학은 쾌락의 반대 지향이긴 하지만, 그것이 내심으로 구하는 것은 역시 쾌락이다.

타락의— 심리—

세상 사람들은 요즘 젊은이들의 타락을 개탄한다. 그런데 젊은이들은 사적이고 개인적인 문제에 대해 다른 사람이 이러쿵저러쿵하는 것을 불쾌하게 생각하며, 비록 그것이 선의의 비난이라 할지라도 달가워하지 않는다.

세상 사람들이 타락을 비난하는 것은 아무리 개인의 자유라 해도 그것이 다른 사람을 자극하여 사회 풍속을 어지럽힐 위험성이 있기 때문이다. 왜 한 개인의 타락이 다른 사람에게 나쁜 영향을 줄까? 타락은 어떤 개인에게 엄습하는 질병과도 같아 그 개인에 한할 뿐 다른 사람에게 영향을 주는 일은 없다고 생각하는 사람이 있다. 그러나 실제로 타락은 다른 사람에게까지 영향을 주므로 방치될 수 없고, 또 엄한 질책을 가하지 않으면 안 된다.

사정이 허락하고 세상의 비난에 신경 쓰지 않아도 된다면 누구나 타락하고 싶어한다. 그러나 쉽사리 타락할 수 없는 것 또한 인간이다. 사회적 지위를 버리고 가정을 파괴할 각오 없이는 타락할 수 없다. 우리는 욕망의 제전인 타락에 서슴없이 빠져드는 사람을 자신은 하고 싶어도 할 수 없는 엄청난 일을 해낸 사람으로 보려는 경향이 있다. 타락 그 자체를 증오하는 것이 아니고, 타락할 수 있는 축복받은 인간을 증오하는 것이다.

매춘에 몸을 던진 여성은 자신이 그렇게 된 이유를 언제나 가난한 생활 환경 탓으로 돌린다. 정말 먹고살기 위해 눈물을 삼키며 육체를 팔아야 했을까. 그것은 세상의 비난을 피하려는 변명에 지나지 않는다. 먹고살려면 가정부는 왜 못 하는가? 애초부터 그들은 가정부를 할 생각을 갖지 않는다. 쾌락을 얻기 위해 타락에 발을 들여놓은 사람도 많다. 매춘 여성의 행위를 증오하고 여성의 수치라고 비난을 퍼붓는 여성의 마음속 깊은 곳에는 자기는 저지를 수 없는 타락에 대한 선망이 무의식적으로 작용하고 있다고 극언하는 사람도 있다.

어떤 이유에서 타락했건 타락자에 대해서 사회는 냉엄하다. 인간의 자격을 상실한 것으로 보고 사람들은 그를 상대하려 하지 않는다. 비난받고 멸시받을 것을 각오하지 않으면 타락할 수 없다.

처세 요령이 없거나, 지나치게 순진하거나, 너무나 정열적이어서 자신을 억제할 수 없을 때 타락하기 쉽다. 견실하고 정직하다는 평을 받는 사람의 생활도 엄밀히 따져 보면 거짓인 경우가 많다. 단지 인간이 올바른 생활 방식이라고 정해 놓은 테두리 안에서 살아가는 데 지나지 않는다. 그것은 거세된 생활 방식으로, 인간의 본성은 그것에 만족하지 못하고 언제나 불만에 차 있다. 입학 시험에 떨어지거나 가정 불화 같은 것이 계기가 되어 본성에 불이 붙으면 형식과 방식을 깨뜨리고 폭발해 타락해 버린다.

옷을 입고 사는 생활은 정상이고 벌거벗은 상태는 타락이라고들 하는데 인간의 본성은 그 반대이다. 타락인 상태가 정상이고, 형식에 매여 살아가는 것이 비정상이다. 타락하고 싶어도 타락할 수 없어 그것을 비난하고 증오하는 것이라면 너무 지나친 말이 될까?

유행— 심리—

바람처럼 와서 바람처럼 가버리는 유행은 수명이 짧고 변덕이 심하다. 그러나 우리는 어쩐지 그것을 무시할 수 없어 유행을 따르게 된다. 얼마 안 있으면 또 유행이 바뀌는데 왜 이렇게 유행을 따르려고 할까?

유행은 시선을 끌고 달콤하게 속삭이면서 우리를 유혹하는데, 유행되고 있다는 사실 자체가 우리 마음을 더 움직이게 한다. 자신이 좋아하고 바라던 것이 아닌데도 유행의 바람에 말려들고 마는 것이다. 유행은 현실적 이유나 합리론 등의 저항을 받지 않는 면이 있다. 유행이 매력적인 것은 생활에 변화를 주고 신선한 기분을 가져다 주기 때문이다. 그러나 유행을 우리가 모두 받아들일 때쯤이면 이미 그 신선미를 잃고 난 뒤이다. 우리는 호기심과 우월감을 유행에서 아울러 맛보려는 심리가 있다.

우리는 습벽(習癖)에서 벗어나 새로운 것을 선뜻 선택하지 못하고 혐오감마저 느끼며 선택을 주저하는 경우가 많다. 그러나 습벽을 버리고 자신이 새로 태어난 듯한 즐거움을 갖게 해주는 것이 유행이며, 케케묵은 사람과 구별되게 하여 우월감을 갖게 해주는 것도 유행이다.

시골에서 시작되는 유행은 거의 없다. 문화적으로 발달된 대도시에서 시작되는 것이 보통이다. 시골에서 시작된 유행은 제한된 지역의 유행으로만 끝나고 전국적으로 번지지 않는다. 파리나 뉴욕 등 대도시의 유행이 전 세계로 번지는 것은 그곳은 더 앞서가고 있는 곳이라는 가치 의식이 우리를 압도하기 때문이다.

그러므로 유행은 하층에서 상층으로 번지지 않고 상층에서 하층으로 번지는 것이 보통이다. 유행은 돈 있는 계층에서 돈 없는 계층으로 옮아 가서 사회에 일반화되었을 때는 수명이 끝나고 또 다른 유행이 시작된다.

유행을 집단적 사치의 한 형태라고 말하는 사람이 있다. 유행은 특히 의복·장신구·화장법·헤어스타일에서 빈번하게 일어나는데, 생활 양식에도 유행이 있으며 실존주의나 염세주의와 같은 사상에도 유행이 있다. 그런 점에서 보면 유행성 사상도 일종의 사치, 즉 정신적 장식품이라고 할 수 있다.

필요성과 실리성을 따지지 않는 것은 아니지만, 실리성보다는 사치성에 더 가치를 두는 것이 유행이다. 우리는 필요에 따라 유행을 따르지는 않는다. 사치성이 있기 때문에 유행을 좇고 또 즐거움을 느낀다. 수줍고 얌전하며 뭔가를 감추는 듯한 것이 여성의 매력인데, 여성은 유행을 좇으면서 될 수 있는 대로 다른 사람의 눈에 잘 띄게 사치성을 과시하려 한다. 새로움을 지향하는 것이 유행이지만, 그 새로움이 반드시 사회적 진보와 보조를 같이하는 것만은 아니다.

석유 램프에서 전등, 마차에서 자동차처럼 필요에 따라 향상되어 가는 것이 발전인데, 유행은 실용성을 목표로 하는 것이 아니므로 같은 것이 끊임없이 반복된다. 유행은 낭비이며 실용성에 어긋나지만 진보를 촉진하는 효과가 전혀 없는 것도 아니다.

유행을 따르려는 심리에는 시대에 뒤떨어지지 않겠다는 초조감이 숨겨져 있다. 유행은 결코 시대가 나아가는 방향과 역행하지 않는다.

옛것이 발굴되어 다시 유행되는 경우에도 새로움이 깃들인 신선미가 엿보인다. 베르테르는 유행을 "변덕스럽고 까다로운 여신(女神)"이라고 노래했다.

유행은 사회에서 크게 가치 있는 것으로 인정되지는 않는다. 유행은 새로울 때만 가치 있지 낡고 오래되었을 때는 그 가치를 잃는다. 유행은 생산자와 소비자가 협력하여 만드는 사회 현상이며, 유행의 기초는 모방이다. 새로움이 주는 매력과 함께 시대에 뒤떨어지지 않겠다는 초조감이 유행을 따르게 한다. 유행은 다수자 의식(多數者意識)에서 나오므로 유행을 사교적 예절이라고도 할 수 있다. 개성이 강한 사람은 유행에 둔감할 수 있지만, 개성이 약한 사람은 유행을 무시할 수 없다. 따라서 자기 취미나 사고방식을 버리면서까지 유행 대열에 끼고 싶어하는 사람은 개성이 약한 사람이라고 할 수 있다.

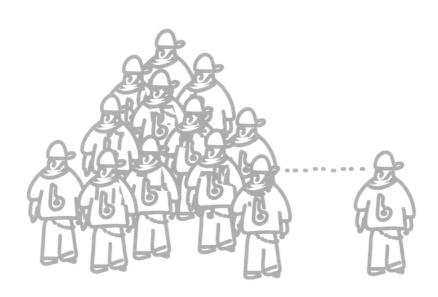

일찍이 유럽에서는 왕실의 것을 일반인이 흉내내는 경우가 많았다고 한다. 프랑스의 어떤 황태자가 어깨에 생긴 흉터를 감추려고 왕실 전속 이발사에게 가발 비슷한 것을 만들게 하여 쓰고 다녔는데, 그것이 크게 유행한 일도 있었다. 또 어떤 왕이 불구인 다리를 감추려고 특별히 만든 긴 의복을 입었는데, 그것이 유행한 일도 있었다.

괴테의 자전적 실연 소설 『젊은 베르테르의 슬픔』의 주인공이 자살할 때 입은 옷이 푸른 연미복에 노란 조끼였는데, 그 노란 조끼가 당시에 크게 유행했다는 이야기는 너무나 유명하다. 조끼 정도는 괜찮았지만 이 소설을 읽은 청년들이 유행처럼 자살하여 저자인 괴테도 놀랐다 한다. 그래서 그 소설이 크게 비난받게 되자, 괴테는 그 책 중판의 속표지에 다음과 같은 시를 써넣어 자살을 막으려 했다.

사랑하는 사람이여, 당신이 눈물을 흘리며 그를 그리워한다면
그의 추억을 치욕에서 지워 버려.
보라, 그의 영혼이 '남자답게 나에게 다가와 줘' 하면서
지옥에서 너에게 손짓하고 있지 않니.

엘리자베스 여왕 시대에는 남성도 여성과 마찬가지로 화장하는 것이 유행하였고, 여성들이 검은 천을 마차·말·해·달·왕관·십자가 모양으로 잘라서 얼굴에 가리고 다니는 이상한 행동이 유행하기도 했다.

유행이 매력적으로 보이는 것은 신선미가 있는 것처럼 보일 때뿐이다. 유행의 매력은 유행에 의해 그 매력을 잃는 운명을 지니고 있다. 한 학자는 "유행이란 지나친 친밀감을 깨뜨려 버리려는 심리적 움직임이다"라고 말했다.

새로 쓴 마음을 읽으면 사람이 재미있다

는 비슷한 행동을 하는 것, 즉 동조를 하는 것은 인간 관계에서 일어나는 저항을 최소화하려는 꾸며진 의태라고 할 수 있다.

인간은 개성적인 면과 생활 방식의 면을 가지고 살아간다. 개성이 강한 사람은 개성을 가지고 살아가므로 더 개성이 강한 사람이 될 수 있으나, 개성이 약한 사람은 개성을 누르고 의태라는 가면을 쓰고 살아가므로 더 개성 없는 인간이 되고 만다.

인간은 겉과 속이 다르다고들 하는데, 그것은 사회 생활과 사적인 생활을 구분하여 살아가지 않으면 안 되기 때문일 것이다. 인간이 두 가지 생활 방식을 가지고 살아간다면, 외부로 나타나는 언행만으로는 그 사람을 판단할 수 없으므로 속마음을 꿰뚫어볼 필요성을 느낀다.

사기당한 피해자는 자기가 입은 피해 말고도 바보 취급받았다는 사실에 아주 기분 나빠 한다. 그렇다고 사기당한 사람이 사기친 사람보다 머리가 둔하다는 것은 아니다. 아무리 머리가 좋은 사람이라도 사정과 조건에 따라서 사기당할 수가 있다. 그런데 사기당했다는 사실만으로 그것을 눈치채지 못한 자신의 어리석음을 탓한다. 다른 사람을 속이는 사람은 나쁜 방면으로 머리가 발달한 사람이다. 통계적으로 보아도 절도범에 비해 사기범이 지능이 높아, 의지박약형보다 자기주장형이 많다. 경찰 조사에 따르면 사기 수법은 수백 가지가 넘는다고 한다. 사기당하는 것은 확실히 어리석은 일이지만, 속이려고 마음먹고 계획적으로 하는 데는 어쩔 수가 없다.

대표적인 사기 수법으로 높은 학력, 좋은 가정 배경, 풍부한 재력을 빙자하는 것을 들 수 있다. 즉 후광 효과를 노리는 것이다. 높은 신분, 저명한 이름, 여러 가지 직함, 큰 수(數)에 사람들은 약하다. 또 작은 금액보다는 큰 금액에 약하다. 큰 금액을 거침없이 이야기하는 스케일을 믿어 버리는 것이다. 같은 내용이라도 활자나 컴퓨터로 인쇄한 것은 의심 않고 믿어 버린다. 기계에 대한 현대인의 신뢰를 말해 주는 것이다. 사실에 어긋나도 신문 기사로 나온 것은 그대로 믿어 버리는데, 활자는 거짓말을 하지 않는다고 생각하기 때문이다. 전직 장관, 박사, 신문 기자라는 말이 나오면 주눅이 들어 판단이 흐려진다. 말솜씨에 속기 전에 권위에 먼저 속는다.

부르엘은 "이 세상에는 잔재주꾼들이 많은데 그들이 할 수 있는 것이란 사람을 속이는 일밖에 없다. 속는 사람이 없다면 그런 사람들은 벌써 이 지상에서 사라지고 말았겠지만……" 이라고 했다. 속는 사람이 있으니까 사기꾼이 존재한다는 것이다.

괴테는 "속임을 당하는 것이 아니라 우리가 우리 자신을 속이는 것이다" 라고 말했다. 이욕에 눈이 어두워 속임을 당한다는 뜻이다. 이욕에 눈이 어두운 사람은 어떤 것이 엄청나게 싸거나 이익이 된다고 빨리 판단해 버린다. 아무리 이익이 된다고 생각되어도, 그런 일이 있을 수 있나를 신중히 생각해 보아야 한다. 그렇게 싼값으로 팔면 무슨 이익이 남을까를 한번 짚고 넘어간다면 속지 않을 텐데, 상당한 이득이 있다는 계산만 앞세워 물건을 사다 보니 자신이 자신을 속이게 되는 것이다.

반년 만에 원금의 배가 된다든지 원가로 할부 판매를 한다든지 하는, 도저히 믿기 어려운 사실을 있을 수 있는 일처럼 믿어 버리는 것은 자신을 속이는 것이 된다. 도와주려다 사기당하는 일처럼 선의에서 말려드는 경우도 있지만, 대부분의 사기는 이욕과 관계가 있다. 따라서 부당한 이익을 바라지 않는다면 사기에 걸려드는 일은 없을 것이다. 속지 않으려면 먼저 그럴싸한 이야기부터 경계해야 한다.

영화는 촬영한 것을 단순히 재현하는 것으로, 배우가 연기를 하는

데 지나지 않는다는 사실을 잘 알면서도 우리는 그만 그것에 속고 만다. 영화로 만들어 낸 이야기를 현실의 일인 양 속기 때문에 재미있는 것이지 속지 않는다면 재미가 없다. 너무 속아서 영화의 줄거리에 빠져들어 거기에서 벗어나지 못할 때도 있다. 한 가지 일에 너무 깊이 빠지면 다른 일은 염두에 없게 마련이다.

한 가지 일에만 집착하지 말고 냉정하고 넓게 마음을 쓰는 것이 속 아넘어가지 않는 비결이다.

미(美)의— 심리—

사람이 매력이 있다 없다 하는 것은 눈이 어떻고 코가 어떻다는 것만 가지고 말하는 것은 아니다. 눈이 크고 손가락이 예쁘다는 것은 단순히 눈의 크기나 손가락 모양만 가지고 말하는 것이 아니고, 그것이 상대방에게 좋은 인상을 주어야 매력적이라고 한다. 어떤 영화에서 남자 주인공이 첫사랑의 애인과 같은 빨간 머리 파란 눈의 여자에게 마음이 끌려 그녀를 못 잊어 하는 장면이 나온다. 첫사랑의 애인에 대한 추억과 이미지가 빨간 머리 파란 눈을 매력적으로 보이게 한 것이다. "아름다움이란 상호적 관계 및 전체에 대한 관계의 질서이다" 또는 "조화와 평균을 갖춘 것이 아름다움이다"라는 말처럼 아름다움은 간단히 정의할 수 없고, 아름다운 것은 누가 보아도 아름답다는 일반성을 가지지만 매력은 어디까지나 주관적인 것으로서 보는 사람의 느낌에 따라 결정된다.

아름다움과 매력은 별개로 아무리 아름다워도 매력이 없을 수가 있으며, 매력의 정도도 사람에 따라 다르다. 스탕달은 "누구에게나 호감을 주는 사람은 깊은 호감을 주는 사람이 아니다"라고 말했다. 이 말은 매력을 느끼는 정도는 개인의 주관에 따라 다르다는 뜻으로, 데카르트는 사팔뜨기 여자에게 매력을 느꼈다는 말도 있다.

매력은 숨겨져 있는 것이 아니라 발견되는 것이다. 따라서 좋은 인상을 줄 수 있는 태도와 행동으로 매력을 창출해야 한다.

아름답게 보이려는 것보다 매력적으로 보이게 하는 것이 더 쉽다. "못난 여성은 이 세상에 한 사람도 없다. 다만 매력적으로 보이게 하는 방법을 모를 뿐이다"라고 말한 사람도 있다.

일반적으로 개성미라는 말은 그 개성에서 매력을 발견할 수 있다는 뜻이다. 미(美)의 분류에 '개성미'라는 것이 따로 있는 것은 아니다. 개성적인 생활 방식을 통해 자기가 지닌 좋은 점을 독특한 형태로 보여 줌으로써 다른 사람에게 매력을 줄 수 있다. 정치가 처칠, 작가 지드, 배우 채플린은 모두 개성적인 매력을 지니고 있다. 그것은 본래 지니고 있는 매력이 아니라 만들어진 매력이다.

아름다움은 모양으로 결정되지만, 매력은 느낌을 갖게 하는 상태나 동작에서 결정된다. 눈이 매력적이라는 것은 산속의 호수와 같이 깊고 그윽한 상태를 말하며, 손가락이 매력적이라는 것은 그 움직임이 아름답다는 것을 뜻한다.

치료를 받으러 병원에 다니던 어떤 청년이 병원에서 매일 만나는 안대를 한 여성에게 무척 매력을 느껴 짝사랑을 하였다. 그런데 며칠이 지나 안대를 뗀 그녀의 평범한 모습에 실망과 환멸을 느꼈다고 한다. 이것은 불완전함이 오히려 매력이 되는 예로서, 소설 속 이야기이긴 하지만 이런 경우는 얼마든지 경험할 수 있다. 즉, 붕대를 감은 손가락이 매력적일 수 있고, 발을 다쳐 지팡이를 짚은 모습이 매력적일 수 있다.

붕대로 신체 일부를 감싸고 있을 때, 감추어진 부분을 실제보다 더 아름답게 상상함으로써 매력을 느끼는 것이다. 이집트 여성들의 신비스런 베일은 그녀들을 아주 매력적으로 보이게 한다. 안대를 하고 있는 여성의 얼굴이 매력적인 것은 안대가 감추고 있는 부분이 아름답게 상상되기 때문이다. 상상으로 그린 아름다움이 매력적이라는 것이 아니고 상상 자체가 매력을 주는 것이다.

매력에 관한 이런 원리를 이용하는 예로서는 정원석(庭園石)을 들수 있다. 정원석은 3분의 2 이상이 땅속에 묻히는데, 그래서 더 풍치 있게 보인다.

불완전과도 관계가 있지만, 표현 정지(表現停止)의 매력이라는 것이 있다. 정면으로 보이는 데에 자신이 없는 사람이 얼굴을 약간 수그리면 매력적으로 보일 수도 있다. 표현을 달리한 모습이 더욱 강한 인상을 주는 것이다.

심각한 내용의 영화는 천연색이 아닌 흑백인 경우가 많다. 흑백이 호소력이 강하기 때문이다.

뜻이 너무 뚜렷이 드러나는 슬로건은 매력도 없고 주는 인상도 약하다. 함축성이 있는 것이 더 효과적이다.

어떤 영화에서 파티에 늦게 참석한 미녀가 "여자가 늦는 것은 매력의 하나입니다"라고 말하는 걸 본 적이 있다. 약속 시간을 지킨다거나 언제나 집에만 있는 것은 별로 매력적이지 못하다. 때로는 집에 없다든지 약속 시간에 늦는 것이 더 매력적일 수 있다는 말이다.

매력적으로 보이기 위해서는 일정한 거리를 유지하는 것이 좋다. "위인(偉人)은 고향과는 거리가 멀다"는 말이 있다. 위인이라는 말을 듣는 사람은 고향에서는 잘 알려지지 않은 경우가 많다. 괴테나 톨스토이 같은 사람도 그 시대에 직접 만나 보았으면 그 정도로 위대하게 느껴지지 않았을 것이다. 시간과 공간을 사이에 두고 우러러보기 때문에 매력적으로 보이는 것이다. 사람을 다루는 데 뛰어난 나폴레옹은 이 사실을 염두에 두고 측근자나 귀족, 장군들과 일정한 거리를 유지하는 데 신경을 썼다고 한다.

새로 쓴 마음을 읽으면 사람이 재미있다

　새로운 풍속, 새로운 화장, 새로운 기계와 같이 새로운 것은 뭔가 매력이 있다. 한창 유행하는 것도 많은 사람들이 그것을 갖거나 입으면 새로운 맛이 사라져 매력이 없어 보인다. 처음에는 색다른 점이 있어 자랑거리가 되지만, 많은 사람이 모방해 일반화되면 매력을 잃는다. 새것이 매력적으로 보이는 것은 지금까지의 형태를 과감히 깨뜨리고 평범한 관념에서 벗어나기 때문이다. 사상·예술·과학 등에서 소수자의 창조성에 의한 새로운 변혁이 다수자의 동조를 얻는 것은 그것에 매력이 숨겨져 있기 때문이다.

　새것이 아닌 아주 낡은 것, 예를 들면 옛날 귀고리나 조각품에 매력을 느낄 수도 있다. 특수한 것에서 새로움을 맛볼 수 있기 때문에 매력을 느끼게 된다. 피카소가 매력적인 화가로 느껴지는 것은 일반적 화풍에서 과감히 탈피하여 독특하고 새로운 맛을 창조했기 때문이다. 젊은

이에게서 발견되는 매력은 낡은 습성에 구애받지 않는 신선한 사고방식에 있다.

젊음의 매력은 육체가 발산하는 싱싱한 생명력에 있으나, 40대의 남성이나 30대의 여성에게서 느낄 수 있는 또 다른 매력은 사회적 지위에서 오는 자신감이나 개성적 생활 방식, 연마된 인격 등이다.

인간으로서의 매력은 개성에 있지만, 개성이 있다고 해서 반드시 매력적이라고 할 수는 없다. 너무 개성이 지나쳐도 곤란하다. 다른 사람이 보아서 바람직하지 않다고 생각되는 것은 매력이 없다. 즉, 다른 사람이 기꺼이 받아들이려는 그 무엇이 있어야 매력적이다.

전혀 신경 쓰지 않고 행동하는 것이 오히려 매력으로 보일 수도 있지만, 일반적인 매력의 요인으로는 정열·침착·지성을 들 수 있다. 그런 것을 지니지 못한 사람은 기교적으로 매력을 만들어 내려 한다. 정치가들은 대중의 인기를 얻기 위한 매력을 만들어 내려고 고심한다.

소유의— 심리—

"이 세상엔 돈밖에 믿을 게 없어"라고 말하는 사람이 있다. 세상의 모든 것이 돈과 관련이 있어 돈만 있으면 뭐라도 할 수 있으며, 돈을 싫어하는 사람은 이 세상에 아무도 없을 거라는 의미이다. 돈 때문에 아등바등하고 싶지 않다는 말은 돈에 지배받고 싶지 않다는 의미이지 돈이 필요 없다는 말은 아니다. 만일 세속적 인간으로 살았다면 석가나 공자도 돈이 필요했을 것이다.

그런데 누구나 많은 돈을 모을 수 있는 것은 아니다. 보통 사람 수준의 생활을 할 만한 돈은 누구나 벌어야겠지만, 필요 이상의 거금을, 그것도 돈 모으는 것 자체를 목적으로 삼고 살아가는 사람이 있다. 그것은 어떤 심리에서일까?

인간에게는 수집욕이 있다. 우표 수집과 같이 필요와는 관계없이 그저 많이 모으는 것만 목적으로 하는 것이 수집욕이다. 수집이라는 것은 개가 뼈다귀를 모아 두는 것처럼 원래는 식량을 저장하는 본능에서 온 것이다.

지금은 유통 구조와 수송 기관이 발달하여 개인이 식량을 몇 년치씩 저장할 필요가 없어졌다. 저장이 유희화된 것이 수집욕이라 하겠다. 식량이나 물건을 구색을 갖추어 저장할 필요는 없어졌지만, 언제라도 필요할 때는 그것을 손에 넣을 수 있는 돈은 비축할 필요가 생겼다. 물품은 오래 저장해 두면 썩거나 벌레가 먹어 많이 저장할 수 없으나, 돈은 아무리 많이 모아 두어도 그럴 염려가 없다.

한평생 써도 다 쓸 수 없는 돈을 무엇 때문에 그렇게 악착같이 모으려고 애쓸까? 저장 본능에서 온 수집욕 때문일 것이다.

모으는 것 자체가 즐거움과 기쁨이 되므로 생활 유지라는 목적과는 거리가 멀다. 필요가 있어 모은다면 이 정도면 되었다는 한도가 있다. 식량이나 의류 등은 1년에 어느 정도 필요하다는 것을 알 수 있기 때문에 필요 이상 모으지는 않는다. 그러나 돈 모으는 데 혈안이 된 사람은 필요에 의해서 모으는 것이 아니므로 그런 한도가 없다. 썩지도 않고 벌레가 먹지도 않는 등 아무리 모아도 까딱없기 때문에 돈은 수집욕을 더 부추기는지도 모른다.

돈이 몇천만, 몇억 정도 모이면 은행 통장이나 주식(株式)으로 바꾸어 놓는다. 은행 통장이나 주식은 거기에 기록된 액수의 돈과 언제라도 바꿀 수 있다고 표시한 종이 쪽지에 지나지 않는다. 실제로 보지도 만져 보지도 못한 것에 0이 몇 개 더 붙어 가는 것을 보고 기뻐한다는 것은 참 이상한 일이다. 돈을 모은다는 것은 관념적인 것에 지나지 않는다. 필요 때문에 돈을 모으는 것이 아니므로 관념적일 수밖에 없다.

돈이 모이면 지금까지 없던 돈에 대해 강한 애착심이 생긴다. 그때까지는 좋은 음식, 몸치장, 좋은 집이 관심사였고 즐거움이었지만, 돈이 모이기 시작하면 돈 모으는 데 온 정신이 팔려 그것들에 대한 관심은 없어진다. 판잣집이라도 좋고 누더기옷이라도 좋다는 식이다. 돈만 있으면 언제라도 좋은 것을 손에 넣을 수 있다는 생각에서 오로지 돈 모으는 일에서만 즐거움을 찾으려 한다. 다시 말하면, 돈은 어떤 욕망도 실현시킬 수 있다고 믿으므로 돈을 안 씀으로써 일체의 욕망을 동결

시킨다. 돈 모으는 재미에 욕망의 발동이 묶여 버린다. 그런 사람은 자기 자신이나 가족을 위해서도 돈을 안 쓸 정도이니 다른 사람을 위해 돈을 쓸 리가 없다.

그들은 사회에 조금도 보탬이 안 되는 존재인데도 돈이 있다는 사실만으로 세상 사람들은 그들을 존경하고 특권을 가진 사람처럼 대우한다. 돈은 힘을 의미하기 때문이다. 세상 사람들에게 존경받을 수도 있으므로 돈 모으는 것만큼 즐거움을 주는 것이 그들에게는 없다.

돈 모으는 재미는 돈을 모아 보지 않은 사람에게는 별로 실감을 주지 못하지만, 다른 욕망 충족과는 다른 점이 있다. 욕망을 충족시킨다는 점에서는 다른 욕망과 다를 바 없지만 돈 모으는 즐거움에는 고통과 공포가 뒤따르기도 한다. 강도를 만나지 않을까, 사기를 당하지 않을

까, 주가가 폭락하지 않을까 하는 따위의 불안이 따른다. 어쨌든 돈을 가지고 있다는 사실 때문에 많은 불안을 느낀다. 그렇다 해도 그런 것은 맥주의 쓴맛이나 포도주의 신맛과 같아 돈 모으는 재미에 약간의 씁쓸함을 줄 뿐이다. 그런 맛이 오히려 돈 모으는 재미를 더 깊게 하는지도 모른다.

현대 사회에서 돈이 최대의 힘이 된다는 것은 아무도 부인하지 못한다. 그래서 돈의 힘을 믿고 자기 확장을 꾀하는 사람도 있다. 아무런 재능과 실력도 없으면서 여기저기서 임원이나 회장으로 추대받는다. 돈은 자기 확장을 위한 무기가 되며 사회적 활동의 미끼도 된다.

이처럼 사회적으로 힘이 없는 사람이 힘을 과시하는 방법으로 돈만큼 편리한 것이 없다. 스스로가 힘을 나타내지 않아도, 또 나타낼 만한 힘이 없어도 돈만 있으면 주위 사람들이 굽신거리고 모여들어 자기 힘으로 할 수 없는 일도 돈의 힘으로 어렵지 않게 해낼 수 있다. 그래서 사람들은 더욱 돈을 벌고 싶은 생각을 버리지 못한다. 돈의 위력을 맛보면 돈에 대한 신뢰감이 더욱더 높아져 부정한 방법을 써서라도 돈을 모아 영향력을 행사하고 싶어진다. 그래서 매수나 오직(汚職)이 사회적으로 횡행하게 되고, 돈의 힘으로는 무엇이라도 할 수 있다는 돈에 대한 과신 풍조가 팽배하게 된다.

돈이 힘을 가졌다고 해도 쓰지 않으면 그 힘을 발휘하지 못한다. "돈이 힘을 쓸 때 진리는 침묵을 지킨다"는 말이 그것을 말하는데, 금력에 대한 과신이 '신뢰'에서 '신앙'으로 바뀌어 돈의 노예가 되면 자기가 원래 가지고 있는 힘마저도 발휘할 수 없게 된다. 돈을 가지고 있으면서도 아무 것도 하지 못하고 사회적으로 무기력하게 되는 것은 돈의 노예가 되었다는 뜻이다.

톨스토이는 "돈이 없다는 것은 서글픈 일이지만, 너무 많으면 그 두 배로 서글퍼진다"라고 말했으며, 베이컨은 "돈은 비료와 같은 것이어서 뿌리지 않으면 아무 쓸모 없는 것이다"라고 하였다.

인생의 희비애락 뒤에는 반드시 돈이 존재한다고 해도 지나친 말이 아닐 것이다. 돈과 관련해 인생의 행복과 불행이 완전히 금이 그어지는 일이 적지 않은 것을 보면, 돈이란 마음대로 통제하기가 불가능한 것인지도 모른다.

돈이 개입되면 갈등이 발생하여 사람들은 평상시와는 다른 심리 상태에 빠져들어 행동도 달라진다. 이것이 이른바 '돈의 마력'이라는 것인데, 사람의 마음을 움직이는 돈의 영향력은 놀랍다.

옛날에는 돈을 무시하는 사상이 있었다. 유교적 인격을 양성하려면 돈의 힘이 중시되어서는 안 되었기 때문이다. 돈버는 능력이 있다고 해서 인격이 훌륭하다고 할 수는 없다.

폭력의— 심리—

청소년들은 에너지가 넘쳐 배출구를 찾지만, 에너지를 적절히 소모할 수 없을 때는 폭력이라는 형태로 폭발하고 만다. 루소는 『에밀』에서 청소년들에게 산과 들을 뛰어다니라고 권했고, 스웨덴이나 덴마크에서는 국민의 잉여 에너지가 범죄나 전쟁으로 쏠리지 않도록 북극 탐험 같은 모험을 하라고 고취하기도 했다.

폭력 행위가 청소년의 독점물은 아니지만 에너지가 넘친다는 점에서 대체로 청소년과 관계 있다고 생각된다. 스포츠나 등산, 스키를 즐기는 사람은 폭력을 휘두르는 일이 거의 없다. 번화가에서 폭력을 휘두르는 사람은 스포츠나 등산 등에서 생활의 여유를 찾지 못하는 사람이거나, 건강한 신체를 가지고 있으면서도 매일 하는 일 없이 허송세월하는 청년이 대부분이다.

인간은 마음의 여유를 잃으면 감정적으로 되어 이성을 잃고 만다. 감정이 격하게 되면 이성의 호소에 귀를 기울이지 않고 이성에서 벗어나고 만다. 폭력을 인간 행동의 한 형태로서 이성적 행동과 구별하지만 동물 사회에서는 폭력이라는 것이 따로 있지 않다. 폭력으로 치닫게 되면 인간이 아닌 동물의 상태에 이르게 된다. 생각하는 존재인 인간이 왜 인간답지 못한 폭력을 휘두를까? 궁지에 몰리면 폭력을 휘두르려고 하는 것은 동물적 행동이 인간에 내재되어 있음을 잘 나타낸다.

새로 쓴 마음을 읽으면 사람이 재미있다

그러나 인간은 폭력을 사용해야 하는 상황으로까지 몰고 가지 않기 위하여 대화라는 수단을 쓴다. 폭력을 상습적으로 휘두르는 사람은 그렇다 해도 소위 교양 있다는 사람들 사이에서도 폭력 사태가 일어난다. 국회의원은 대화 정치를 구현하기 위해 뽑힌 선량인데도 국회에서 폭력을 자주 휘두르는 것은 왜일까? 대화 기술이 서툴기 때문이기도 하지만 인간에게는 폭력에 호소하고 싶은 감정, 즉 원시에의 향수가 남아 있기 때문이다. 인간이 동물적으로 살아가던 때, 즉 대화 기술을 갖지 못했을 때는 자기 주장, 세력 확대, 문제 해결을 위해서는 폭력이 확실히 효과가 있었다. 당시의 폭력은 폭력이 아니고 극히 자연스런 생활 방식이었다.

목욕 후의 상쾌함과 같은 쾌감을 폭력에서 맛보려 하는지도 모른다. 그것은 원시적 쾌감이라고도 할 수 있는 것으로, 무미건조한 문명 생활에서 신선한 기분을 불러일으킬 수 있다고 믿는 사람조차 있을지 모른다. 폭력은 에너지의 원시적 소비 형태이다. 폭력은 다른 어떤 것보다 에너지의 연소가 빨라 기분을 좋게 한다.

일방적으로 상대방을 억누르는 폭력과, 폭력적 논쟁에서의 승패는 문제의 해결책이 되지 않는다. 전쟁은 가장 규모가 큰 폭력적 다툼이지만 전쟁으로는 해결되는 것이 없다. 오로지 그 다음 전쟁을 불러일으키는 원인이 될 뿐이다.

인간 생활에서 에너지를 어떤 형태로 소비하는가에 따라 문명과 야만이 구분된다. 전쟁은 문명이 아니고 문명의 파괴이다. 일상생활에서 휘두르는 폭력은 쓸데없는 에너지 낭비에 지나지 않아 그것으로 보탬이 되는 것은 하나도 없다. 범죄자는 욕망의 강약을 떠나서 욕망을 충족시키는 데만 급급하다. 범죄자는 약속이나 순서를 무시하고 욕망 충족에만 급급하므로 욕망이 충족되어도 즐거움이나 감동을 전혀 못 느낀다. 그런 사람은 사회에서 용납받지 못하는 행동을 하기 때문에 불안하고 초조하기만 하다. 하고 싶은 것을 하고 갖고 싶은 것을 가져도 전혀 즐겁지 않은 것은 스스로가 욕망의 가치를 짓밟아 버리기 때문이다.

앞에서 말한 것처럼 욕망은 충족시키기만 하면 되는 것이 아니다. 하고 싶은 것을 순서를 밟아 하게 되면 감정을 불태울 수 있어 즐거우나, 그것을 무시해 버리면 감정의 연소라는 것이 없기 때문에 모래를 씹는 듯한 만족감밖에 얻을 수 없다. 쾌락을 성급히 구하면 오히려 그것을 멀리 쫓아 버리는 결과를 가져온다. 갖고 싶은 것을 갖고, 하고 싶은 것을 하면 즐거움을 얻을 수 있을 것 같지만 반드시 그렇지는 않다. 즐긴다는 것은 마음이 즐거워야 하는 것으로 손에 넣은 물건이나 유흥 그 자체에 즐거움이 있는 것은 아니다. 따라서 감정을 기분 좋게 불태우는 과정이 필요하다. 물건이나 유흥은 감정을 불태우기 위한 도구에 지나지 않는다. 같은 감정이라도 기분 좋게 불태우지 않으면 불쾌해진다. 욕망을 충족시키기 위해서 순서를 밟을 필요가 있다는 것은 순서를 밟아 가는 데서 감정이 서서히 불태워져 감동적인 즐거움을 맛볼 수 있기 때문이다. 그것을 가질 수 있는 날을 손꼽아 기다린다거나 할 수 있는 날을 위하여 열심히 노력하는 데서 보람을 느낄 수 있다.

새로 쓴 마음을 읽으면 사람이 재미있다

범죄자의 범죄 행위에 의한 욕망 충족은 감정을 불태우는 과정이 없으므로 갖고 싶은 것을 갖고 하고 싶은 일을 해도 즐겁지가 않다. 가치 계산의 지혜가 모자라고 생각하는 능력이 부족해 범죄자가 되었다고 해야 할 것이다. 10년 정도 걸려야 하는 일을 1년으로 마칠 수 없으며, 만 원짜리 물건을 1000원으로 살 수는 없다. 만 원짜리는 만 원을 지불함으로써 만 원의 만족을 얻을 수 있다. 만 원으로 만 원의 만족을 얻기 위해서 우리는 노력한다.

범죄자는 순서와 사회적 약속에 따라 욕망을 달성하려 하지 않고 눈앞의 것에만 눈이 멀어 일을 저지르고 만다. 건전한 마음과 머리 회전력이 있다면 범죄자가 되지는 않을 것이다.

다른 사람의 눈 치 를 보 면 서
살 아 가 는 이 유

왜 사촌이 논을 사면 — 배가 아픈가

우리는 누구나 성공을 꿈꾼다. 성공하면 수입도 오르고 지금보다 더 나은 생활을 할 수 있다. 또 다른 사람들이 존경의 눈으로 우러러보니 명예욕도 충족된다. 따라서 자기 실현도 이룰 수 있다. 누가 봐도 성공하기 어려울 것 같은 일에 매달리는 사람이 있다. 주위 사람들은 성공 확률이 제로라고 생각하지만 본인은 성공할 가능성이 있다고 생각하기에 노력한다.

"다른 사람의 성공을 배 아파할 그런 속좁은 사람이 어디 있겠어?"라고 말하는 사람이 있다. 이런 사람들은 자기는 상당히 성공했다고 확신하는 사람이다. "그 사람 열심히 노력해서 성공했어. 축하해 줄 일이야. 그러나 아직 완전한 성공에는 이르지 못했어"라고 말할 정도로 자신감이 넘치므로 다른 사람의 성공에 마음 불편할 이유가 없다.

그러나 그런 사람은 그리 많지 않다. 특히 비슷한 연령이나 지위, 능력이 있는 사람, 즉 사촌이 자기보다 먼저 성공하면 정말 속이 불편해진다.

다른 사람의 성공을 기뻐할 사람은 거의 없어, 다른 사람의 성공을 달가워하지 않는다. 그렇다고 노골적으로 방해하면 오히려 자기의 성공에 걸림돌이 되므로, 몰래 그의 발목을 잡으려 애쓴다.

왜 사람들이 웅성거리며 모여 있는 곳에 ― 다가가고 싶은가

사람들이 모여 웅성거리고 있으면 무슨 일이 일어났는지 궁금해 그곳에 들르고 싶어진다. 강한 호기심 때문이다. 사람들이 모여 있으면 무슨 일이 일어나고 있음에 틀림없다, 흥미 있는 일임에 틀림없다, 그냥 스쳐 지나가면 손해본다는 생각이 들어서 들러 보게 된다.

호기심은 즐겁게 생활하는 데 아주 중요한 작용을 한다. 갓 태어난 신생아도 호기심을 갖고 있다. 지금까지 빛이 통하지 않는 깜깜한 자궁 속에서 생활해 왔으나, 이젠 빛이 넘치는 밝은 세상으로 나왔다. 주위에는 지금까지 한 번도 본 일이 없는 것들로 꽉 차 있다. 신생아는 모든 것이 신기해 눈을 크게 뜨고 주위를 살핀다. 우리는 '왜 그럴까?', '그건 뭐지?'라고 생각되는 것을 해결하지 않고 그냥 두면 마음에 걸려 불안하다. 납득할 수 있어야 안심이 된다. 물론 나이가 들면서 호기심도 차차 줄어든다. 노화 현상이다. 그러나 우리는 죽을 때까지 호기심을 가지고 살아간다.

왜 잘못했다고 ― 솔직히 시인하지 못하는가

우리는 실수하거나 잘못을 저지르고는 "지금부터는 조심해야지"라고 반성한다. 그러나 다른 사람으로부터 잘못을 지적받는다든가 실수를 책망받으면 상황이 달라진다. 실수를 인정하기보다는 '너무 서둘러서……', '깜박 잘못하는 바람에……', '상대방이……'라는 식으로 변명한다.

우리는 다른 사람에게 잘 보이려고 한다. 간단히 실수를 인정하면 자신에 대한 평가가 회복되지 않을 거라고 생각하여 자꾸 변명을 늘어놓는 것이다. 또 자신의 실수나 잘못을 인정한다는 것은 자신의 무능을 스스로 인정하는 것이 되므로 자존심이 상한다. 그래서 실수가 자기의 능력 부족 때문이 아니라는 것을 변명하려 한다.

현 대 인 의 병 리

컴퓨터 마니아가 — 이성에 흥미를 갖지 않는 이유

어느 컴퓨터 마니아가 이렇게 말했다. "컴퓨터 언어는 자연 언어와 비교하면 극단적으로 그 범위가 적다. 범위가 좁으므로 그것에 쉽게 익숙하게 되어, 언어에 의한 커뮤니케이션이 오히려 귀찮고 번거롭게 생각된다. 컴퓨터는 명령하는 대로 작동하고, 마음먹은 대로 조작이 가능한데 인간 관계는 복잡하고 또 마음대로 되지 않아 귀찮다."

컴퓨터는 프로그램만 적합하면 어떤 것을 입력해도 예상한 출력이 나온다. 여러 가지 프로그램을 구사할 수 있는 사람은 자기가 마음먹은 대로 출력을 얻을 수 있다. 컴퓨터와 사용자 사이에 하나의 작은 우주가 탄생한다. 사용자는 이 소우주에 군림하고 지배함으로써 권력욕이 충족된다. 키를 두드리면서 쾌감에 젖을 수 있다. 그러나 일단 현실 세계로 돌아오면 그렇지 못하다.

인간은 컴퓨터가 아니다. 그 속에 어떤 프로그램이 들어 있는지 살펴볼 수가 없다. 이런 입력에 대해 저런 출력을 기대하고 말을 건넸지만 예상 밖의 결과가 나오는 일도 많다. 특히 여성의 경우에는 그런 경향이 더 강하여, 마음먹은 대로 움직여 주지 않는다. 그래서 눈치를 살펴야 하는 여성과 사귀기보다는 생각대로 움직여 주는 컴퓨터와 사귀는 편이 훨씬 즐겁다는 생각이 든다.

부모의 축복을 못 받고 태어난 아이가 ― 문제인 이유

체코슬로바키아에서 다음과 같은 조사가 이루어졌다. 원하지 않은 임신으로 태어난 아이와, 원하던 임신으로 태어난 아이 사이에는 어떤 차이가 있는가를 알아보려는 것이었다. 체코에서는 정당한 이유만 있으면 인공 임신 중절이 인정되었다. 임신 중절 신청서를 구청에 제출, 인정을 받으면 합법적으로 중절 수술을 받을 수 있었다. 이 조사에서 원하지 않은 임신에서 태어난 아이들은 두 번이나 구청에 중절 신청을 했지만 모두 기각되어 태어난 아이들이다. 원하던 임신에서 태어난 아이들은 한 번도 중절 신청을 하지 않았던 어머니에게서 태어난 아이들이다. 성, 생년월일, 어머니의 연령, 아버지의 직업, 출생 순위 등이 비슷한 아이들을 각각 200명 정도 10여 년에 걸쳐 추적 조사해 보았더니, 원하지 않았던 아이는 원했던 아이에 비해 병으로 입원한 횟수가 훨씬 많았고, 상담 기관을 찾아가 아이에 관해 상담한 횟수도 많았다. 학교 성적도 좋지 못했고, 학교나 가정에서의 적응도 나빴다.

이처럼 원하지 않았던 아이는 원했던 아이보다 출생 후 문제가 많다. 모자 상호 작용은 수정되는 순간부터 시작된다. 그러므로 임신을 거부하는 감정은 태아의 발달에 악영향을 준다. 심신이 모두 건강한 아이를 낳기 위해서는 임신을 마음속 깊이 즐겁게 받아들여야 한다.

유명인의 스캔들에 ― 관심을 갖는 이유

사람들이 유명인의 스캔들에 관심을 갖는 이유는 시기와 질투 때문이다. 누구나 다른 사람에게 알리고 싶지 않은 사생활이 있는데, 우리는 다른 사람이 감추려는 것은 더욱 캐내고 싶은 심리를 가지고 있다. 또 스캔들에 관심을 갖는 이유는 그것에 대한 동경 때문이다. 다른 사람의 스캔들이 알려지면 자기도 그렇게 하고 싶은 부러움을 느낀다.

이런 마음으로
살아간다

완전주의자—

프롬 라이히만은 "편두통이란 사랑하는 사람에 대해 마음속 깊이 감추어 둔 적대감의 표현일 수도 있다"고 말한다. 그녀에 따르면 가족들 간의 의견 불일치가 절대로 허용되지 않는 강한 연대감을 지닌 가정에 편두통 환자가 많다고 한다.

그녀를 찾은 어떤 환자를 예로 들어 보자. 그 환자는 그의 누이가 가족 모두 지지하는 정당이 아닌 다른 정당에 투표하겠노라고 말했을 때만큼 놀란 일은 없었다고 한다. 그는 가족들과 다른 의견을 가진다면 마치 지구가 멸망하는 것 같은 생각을 평소에 가지고 있었다.

그가 그렇게 크게 놀란 것은 사람은 각기 다른 생각을 가질 수 있다는 것을 전혀 몰랐기 때문이다. 그는 가족들과 다른 의견을 가진다는 것은 도저히 있을 수 없는 일이라고 생각했는데, 그의 누이가 과감히 그것을 깼던 것이다.

엄격한 규율 아래 형제들이 함께 자란다고 해도 부모에게 그 규칙을 충실히 지킬 것을 특히 많이 요구받는 아이가 편두통에 걸리기 쉽다고 한다. 그런 아이는 다른 형제들보다 부모에 대한 적대감을 더 많이 마음속에 묻어 두게 된다.

이런 사람은 부모에게 느끼는 적대감이나 증오를 감추어 두지 않으면 죄악감에서 도저히 헤어나지 못한다. 이것을 해결하려는 형태가 바로 편두통이다.

다시 말하면 가족 단결과 가족 사랑을 가장 잘 준수하는 사람이 편두통이나 우울병으로 고생하기 쉽다는 것이다. 우울병 환자와 편두통 환자는 '강한 연대감을 가진 가족' 사이에서 더 많이 발생한다.

의사에게 진찰을 받아 보아도 편두통의 특별한 원인을 찾아내지 못한다면, 혹시 가까운 사람에 대한 증오를 마음속에 감추고 있는 것은 아닌지 살펴볼 필요가 있다. 정신적으로 해결될 수 없는 문제가 육체를 통하여 나타나는 수가 많다.

가족 사이의 강한 연대감이라는 것도 따지고 보면 강압적인 부모와 순종적인 아이 사이에 강제로 형성된 유대감이다.

편두통 환자는 보통 부모의 지시는 반드시 따라야 하는 것으로 생각한다. 그래서 다른 형제가 부모의 명령을 적당히 거역하고 있다는 것을 눈치채지 못한다. 보통 그런 아이의 부모는 자기 말을 잘 따르는 아이에게는 엄하지만 그렇지 않은 아이에게는 그런대로 관대하다.

이런 의미에서 가족의 강한 유대 속에서 규칙을 충실히 지키는 사람이 오히려 마음의 병을 얻기 쉽다. 자기 자신에게 기대를 갖지 못하는 부모가 아이에게만 이상과 완전을 요구한다면, 아이는 차츰 자신감을 잃어 자신을 과소평가하기 시작한다.

부모는 자기 자신의 무능을 평소에는 무의식의 영역으로 흘려 버리지만, 아이에게서 자기가 가진 바로 그 약점이 발견되면 심한 갈등을 겪는다. 그래서 아이의 약점을 심하게 책망함으로써 자기 마음의 갈등을 줄여 보려 한다.

이렇게 자신감이 없는 부모에게서 자라난 아이는 부모와 마찬가지로 자신감을 잃어, 자기가 해낼 수 없는 일은 아주 대단한 것으로 여긴다. 이런 아이는 자라서 완전주의자가 된다. 어떤 일을 못 해내도 의연한 사람이 있는가 하면, 어떤 일을 못 해내면 크게 구애받는 사람이 있는 것은 이런 이유 때문이다. 완전주의란 한마디로 자신감이 없다는 것을 말해 주는 징표라고 할 수 있다.

기특한 아이의—
마음의 병—

"여행 준비를 할 때는 즐겁지만 막상 떠날 날이 가까워 오면 마음이 불안해지고 두려워지는 것은 자기가 없는 동안 집에서 혹시 무슨 일이 일어날지 모른다는 염려 때문"이라고 아동심리학자 울먼은 말한다.

그러면 여행을 떠날 때는 왜 마음이 불안해질까? 울먼은 『아이의 공포』라는 책에서 부모가 공포와 불안을 느껴 아이가 언제나 자기 곁에 있어 주기만을 바란다면 아이는 광장공포증에 걸리기 쉽다고 말한다.

그러나 보통 그런 부모는 자기가 아이의 마음을 속박하고 있다는 것을 눈치채지 못하고, 오히려 그것을 아이에 대한 애정이라고 착각한다. 아버지가 자주 화를 내며 어머니에게 폭력을 휘두르면 아이는 집안 분위기에 무척 신경을 쓰게 된다. 즉 남성으로서 좌절감을 느낀 아버지가 어머니를 괴롭히면서 해소하려고 하면 아이는 어머니를 혼자 두고 집을 나서는 데 죄악감 비슷한 것을 느끼게 된다.

울먼은 이것을 역할역전(役割逆轉)이라고 표현한다. 아이에게 신경 쓰는 것이 부모의 역할인데, 오히려 아이가 부모에게 신경 쓴다는 것이다. 그리하여 아이는 바깥에 나가는 것을 싫어하게 되고, 또 혼자서 넓은 곳에 있는 것을 두려워하게 된다. 이것이 바로 광장공포증이다.

재미있는 것은 광장공포증을 가진 아이는 집 밖으로 나오는 것이 두렵다고 말하지 않고 언제나 부모와 함께 있고 싶다고 말한다는 것이다. 즉 자기가 집을 비우는 동안 어떤 끔찍한 일이 집안에 일어날지도 모른다는 공포가 광장공포증으로 치환(置換)된다는 것이다.

화목한 가정의 아이는 집을 떠나 있어도 불안 같은 것을 느끼지 않으나, 아버지가 어머니를 자주 괴롭히는 가정의 아이는 집 밖으로 나가려 하면 어쩐지 불안감을 느낀다.

이럴 때 부모가 태도를 근본적으로 바꾸면 광장공포증을 가진 아이의 증후가 놀랄 만큼 좋아질 수 있다. 또 어머니가 자신있는 행동을 하게 되면 어머니를 혼자 집에 두는 것을 불안해하던 아이도 넓은 곳에 가는 것을 두려워하지 않게 된다.

성인이 여행을 떠날 때 마음이 편치 않은 것도 이처럼 어린 시절의 불안이 남아 있기 때문이라고 할 수 있다.

열등감에 시달리는 부모는 아이의 말 한마디에 감추어 두었던 불안이나 갈등을 표출하는 수가 많다. 그런 부모는 아이가 별 생각 없이 한 말에도 갑자기 화를 낸다. "철이네 집, 이번에 새 차 샀다던데요"라고 아이가 말하는 순간 아버지의 표정이 굳어지면서 아이를 무섭게 노려본다. 새 차를 살 수 없는 아버지의 열등감이 아이의 말 한마디에 자극을 받은 것이다.

이처럼 아버지의 기분이 자주 바뀌는 집안에는 언제나 불안한 분위기가 감돈다. 그럴 때 마음이 온순한 아이는 도저히 걱정이 되어 집을 비울 수가 없다.

이와 비슷하게 부모의 태도가 아이의 성격 형성에 직접적 영향을 주는 예로 강박적 성격을 들 수 있다. 하고 싶지 않으면 안 해도 될 터인데, 하지 않으면 안 되는 것으로 생각하는 것이 강박적 성격이다.

강박적 성격은 자라 온 환경에 영향을 받아 형성되는데, 그런 성격을 가지게 되면 마음속의 갈등이나 불안에서 벗어날 수 없게 된다. 화목하지 못한 가정 분위기 때문에 심인성(心因性) 정신장애, 즉 신경증에 걸리게 되는 것이다.

공포증이란 객관적으로 보면 위험성이 없는 대상이나 상황에 대해 공포를 느끼는 질환이다. 환자는 그것을 불합리하다고 생각은 하지만 공포를 덜 수 없어 고민한다. 공포증은 공포를 느끼는 대상과 상황에 따라 광장공포증, 밀실공포증, 결벽공포증 등으로 나눌 수 있다.

프로이트가 제시한 한스 소년의 사례가 공포증의 병리를 잘 나타낸다. 그가 호소하는 것은 외출 공포로서, 말에 물리는 것이 두려워 밖에 나갈 수 없다는 것이다. 분석 결과, 오이디푸스 콤플렉스에 의한 갈등이 아버지에 대해 적의감을 느끼게 하고, 그것이 말에 물리는 것을 두려워하는 공포로 감정이전되었음이 밝혀졌다.

또 강박 신경증은 강박 발작과 강박적 특성으로 나뉜다. 강박 발작은 눈앞에 한정된 사물에 대하여 의심이 가서 전전긍긍하는 것이다. 문을 잠갔는지, 불을 껐는지 걱정이 되어 몇 번이나 되돌아와 보고, 이름 쓰기를 빼먹지 않았는지 편지를 몇 번이나 열어 보고, 또 손을 하루에 몇 번이나 씻는다. 극단적으로는 근친자나 애인 등을 죽이고 싶은 충동에 사로잡혀 사람을 멀리하는 수도 있다.

강박적 특성의 예로는 사소한 것을 너무 의식하고, 닥치는 대로 기록하여 꼼꼼히 철해 두고, 아이의 감기를 염려하여 양말의 두께를 표시하는 기호를 양말에 붙이는 것 등을 들 수 있다.

강박적 특성을 가진 환자는 같은 일을 습관적으로 반복한다. 강박 신경증에서 정신분열증으로 옮겨가는 증례는 많다.

실속없는— 성장—

자신의 기분을 구체적으로 밝히지 않고 추상적인 말로 표현하기를 좋아하는 사람이 있다. 그는 생생한 실제의 욕구에 맞부딪치는 것이 불안하여 모든 것을 추상적인 말로 표현하거나, 지적인 회화로 슬쩍 바꾸어 그 상황에서 벗어나려는 것이다. 이런 마음의 움직임을 '지성화'라고 한다.

사귄 지 얼마 안 되는 젊은 남녀를 예로 들어 보자. 그들은 둘만 있을 때에도 차원 높은 주제인 남녀 관계론이나 여성의 자립 같은 것을 화제로 삼는다. 언뜻 보면 사적인 이야기를 나누는 것처럼 보이지만 일반론만 논하고 있는 것이다.

내심으로는 그런 이야기를 나누고 싶지 않지만 대화를 이어 가기 위해서는 그런 것들을 화제로 삼지 않을 수 없다. 왜냐하면 침묵이 흐르면 서로의 생생한 욕구가 그대로 드러날 것 같은 불안 때문이다.

그것이 두려워 연예인의 스캔들, 아니면 인생론 같은 것으로 화제를 돌리거나 고상한 문자를 골라 쓰기도 한다. 이럴 생각은 아니라는 아쉬움을 마음속으로 느끼면서도 어쩔 수 없이 그런 표현을 쓴다. 이것은 사춘기에 자주 눈에 띄는 지성화의 장면이다.

다시 말하면 자신들에 관해서 많은 이야기를 나누는 것처럼 보이지만, 사실은 생생한 자신들의 욕구에 관한 화제는 피한다. 대신 생소한 전문 용어 등을 구사하여 자신을 표현하려 한다. 추상적 용어로 자신을 설명할 수 없을 때는 무언가 애매한 것이 마음속에 남는다.

이런 대화를 나누는 사람들은 생생한 자신의 욕구를 추상적인 말로 억제해 버리기 때문에 만성적 피로감을 느끼게 된다. 즉, 솟구치는 욕구를 누르기 위해 계속 이런 대화만 나누다 보니 곧 피로감을 느끼게 된다.

금방 반성하는 경향이 있는 사람도 지성화를 하는 수가 많다. 그들은 "그것에는 어떤 문제가 있었다", "유감으로 생각한다"와 같은 표현으로 애매한 것이 마음속에 남는 것을 피하려 한다.

지성화는 이처럼 자신을 억눌러 자유스런 표현을 하지 못하게 방해한다. 이런 사람은 성장 과정에서 자신의 자유 의사대로 어떤 결정을 내린 적이 없다. 진학·취직·결혼에 이르기까지 거의 모든 문제를 자기 의사가 아니 부모의 의사대로 결정해 왔다.

이런 사람은 승진 우울병에 걸리기 쉽다. 부장으로 출세한 것까지는 좋았지만 심리적 불안감이 높아져 잠들 수도 없고, 무엇을 해도 마음이 안정되지 않아 회사에 출근하기가 겁이 나는 증세가 나타난다.

유능한 샐러리맨이 뜻하지 않은 업무상의 실수를 저지른다든가, 회의 석상에서 불쑥 실언을 하는 등 이상한 행동을 할 때가 있다. 일류 대학을 나와 엘리트 사원으로서의 코스를 밟아 왔고, 사장에게도 잘 보여 그의 딸과 결혼까지 하여 장래가 촉망되던 부장이 심리적으로 흔들리는 것이다. 다른 사람이 부러워할 정도로 순조로운 코스를 밟아 상당한 지위에 오르고, 또 주위의 기대를 한 몸에 받아 온 사람이 이처럼 갑자기 좌절해 버리는 일을 가끔 볼 수 있다.

유아기에서 소년기, 청년기에서 장년기로 인간의 욕구가 차츰 변

새로 쓴 마음을 읽으면 사람이 재미있다

화·발달해 갈 때, 각각의 단계에서 욕구가 충족되면 그 다음의 욕구 단계로 성장해 간다.

그런데 마흔 살이 되었어도 아직도 열 살 때의 욕구가 충족되지 않아 영향을 받는 사람이 있다. 본인은 충족되지 않은 욕구를 건너뛰어 성장하려고 하지만 충족되지 않은 어릴 때의 욕구가 무의식 속에서 계속 그를 위협하는 것이다.

좌절한 엘리트 사원은 과연 자신의 자유의사로 자기 직업을 선택한 것인가. 그들은 타인의 기준에 맞추어 살아왔으므로 자율성이 없다. 그들의 선택은 다른 사람의 눈을 의식한 것이었다.

주위 사람들로부터 어떤 평가를 받는가에만 신경을 써왔으므로 정서도 성숙하지 못하고 주체성도 획득하지 못했지만 사회적으로는 순풍에 돛 단 배처럼 보인다. 그것이 바로 속 빈 강정, 즉 의사성장(擬似成長)이라는 것이다.

초라한 집에 살지만 정서적으로 성숙한 사람은 호화 주택에 살면서 의사성장해 온 사람보다 훨씬 심리적으로 안정되어 있다.

진정한 성장을 하고 있는가, 아니면 의사성장하는 것인가는 자기의 정서 안정도를 살펴보면 알 수 있다.

의사성장을 한다는 것은 아직도 어릴 때의 욕구가 충족되지 않아 그대로 남아 있다는 것을 뜻한다.

차가운— 의욕—

고3 수험생은 누구나 대학에 합격하고자 하는 바람과 불합격할지도 모른다는 불안감을 가진다. 즉, 수험생은 성공에 대한 갈망과 실패에 대한 두려움 사이에서 갈등을 겪게 된다.

목표 성취에는 위험성이나 곤란이 항상 따르게 마련이다. 성공할 가능성이 높으면 하는 일에 의욕을 느끼게 되고, 성공할 가능성이 낮으면 의욕을 잃게 된다.

힘들고 곤란한 과제를 달성할수록 성공에서 얻는 만족도가 크지만, 그만큼 성공 가능성은 작다. 따라서 강한 만족감을 얻기 위해서는 실패할 각오도 해야 한다.

어떤 일에도 성공을 노리는 의욕과 실패를 두려워하는 불안이 함께 작용하고 있다. 즉, 플러스와 마이너스 동기가 이중으로 관여한다.

따라서 행동은 성공으로 향하는 접근 방향에서 실패로부터 벗어나려는 회피 방향을 택함으로써 결정된다고 할 수 있다.

심리학자 애트킨슨은 성취 욕구와 실패 회피 욕구와의 차이가 과제 성적에 어떤 영향을 주는지를 고리던지기 게임을 통해 살펴보았다.

먼저 표적의 1피트에서 15피트까지 1피트마다 선이 그어져 있어 피험자들은 어디서부터라도 자유로이 고리를 10회 던질 수 있었다. 거리가 멀수록 높은 점수를 얻을 수 있지만 성공 확률은 낮아 피험자는

새로 쓴 마음을 읽으면 사람이 재미있다

적당한 거리를 선택하여 던져야 했다.

성취 동기가 높은 사람들은 일관되게 중간 거리에서 고리를 던지는 데 비해, 성취 동기가 낮은 사람들은 아주 가깝거나 아주 먼 거리를 선택했다.

의욕이 높고 실패를 두려워하지 않는 사람은 어려운 문제에 도전하리라 생각하였지만, 실제로는 실현이 곤란한 목표는 잘 선택하지 않았다. 운명의 여신에게 매달릴 게 아니라 자신의 노력으로 성공하기를 원한다면 실현 가능성이 있는 과제 중에서 적당히 곤란한 것을 선택하는 것이 좋다. 즉, 합리적이고 현실적인 선택이 의욕을 낳는다.

그러나 실패를 두려워하고 의욕이 낮은 사람은 아주 쉽거나 어려운 목표를 선택함으로써 자기의 무능을 감추려 했다.

의욕이란 무엇을 성취하겠다는 의지라고 할 수 있다. 일을 할 때는 '해야만 해!'라고 스스로를 다짐하는 의지가 필요하다.

미국의 유명한 심리학자 윌리엄 제임스는 의지(意志)란 문제를 해결하기 위해 기울이는 노력이라고 했다. 그러나 매슬로는 어떤 의도도 없이 과제에 전념하는 것이야말로 진정한 노력의 모습이라고 주장한다.

예를 들면 작가나 화가가 창작에 몰두할 수 있는 것은 창작해야 한다는 의도 때문만은 아니라는 것이다. 예술가가 창작에 전념할 수 있는 것은 창작 바로 그 자체에서 얻는 기쁨 때문이다.

아무런 생각 없이 요리에 전념하는 주부의 모습에서는 창조의 기쁨과 성장의 모습이 보인다.

아이는 노는 것 자체가 즐거워 아무런 생각 없이 노는 데 전념한다. 학습에서도 마찬가지이다. 과제를 푸는 동안 과제로부터 얻는 진리에 매료되면 의도적 노력 없이도 과제에 전념할 수 있다.

부모에게 꾸중을 듣지 않으려고 아이들은 의도적으로 공부하는 수가 많다. 그러나 새로운 지식이나 기능의 획득이라는 기쁨을 경험한 아이는 의도적인 노력이나 의지 없이도 과제 그 자체가 부여하는 성장 동기에 의해 학습을 즐긴다.

야구 선수는 보통 '아무 생각 없이' 방망이를 휘두르다 보니 홈런이 되는 것이지, '홈런을 꼭 쳐야 한다'는 생각을 갖지 않는다. '꼭 쳐야 해!'라는 생각을 한다면 '부담'이 되어 오히려 타격을 방해한다.

홈런을 치는 순간의 야구 선수는 '아무 생각이 없거나', '자기를 버린' 상태임에 틀림없다. 이처럼 의도가 없는 의욕을 '차가운 의욕'이라고 한다. 의지가 포함되는 뜨거운 의욕은 이것과 대조된다.

요즘 아이에게 "놀고 싶어?"라고 묻는다면 "아니에요"라고 말한다. 아이에게 전혀 기력이 없어 보인다. 어른도 마찬가지이다.

일을 잘 알고 있으면 그 일을 하기가 훨씬 즐거운 것처럼 차가운 의욕을 가지면 생활에 더 집착할 수 있게 된다.

의욕을 잃은 아이, 무기력감을 호소하는 성인이 늘어나고 있다. 격렬한 생존 경쟁이 그들을 무기력하게 만든 것이다.

현대와 같이 변화가 심한 사회에서 경쟁을 포기하게 되면 무능한 인간으로 평가받게 된다. 그 자신 '나는 능력이 없어 도저히 당해 낼 수 없어'라는 무력감에 빠지게 된다. 그래서 무엇이든 쉽게 포기하게 되고 노력하려는 의욕을 보이지 않는다. 그렇다면 이런 무력감에서 벗어날 수 있는 방법은 없는 것일까.

심리학자 드웩은 교육 현장에서 무력감을 줄이기 위한 치료 계획을 실시하고 그 성과를 다음과 같이 보고하고 있다. 그는 극단적으로 무기력하게 보이는 학생 12명을 선발하여 두 그룹으로 나누었다.

한 그룹의 학생들에게는 누구나 풀 수 있는 쉬운 문제를 주었다. 다른 그룹의 학생들에게도 쉬운 문제를 주었으나 5회에 한 번 정도의 비율로 어려운 문제를 주어 실패도 경험하도록 하고, 실패도 노력하면 성공으로 바뀔 수 있다고 격려해 주었다.

25일간의 치료 교육 결과, 두 그룹 모두 쉬운 문제의 성적은 향상되었다. 특히 두 번째 그룹의 학생들은 실패를 경험한 후에도 체념하지 않고 문제 푸는 데 계속 도전하게 되었다.

그들은 실패를 계기로 성적이 향상되었고, 실패의 원인을 자신의 능력 부족 때문이 아니라 노력 부족의 탓으로 돌리게 되었다.

이것은 강한 무력감을 가지게 되었다 해도 반복하여 성공 체험을 맛보게 하면서 실패의 책임 소재를 인식하게 하면 실패를 줄일 수 있다는 것을 보여 주고 있다.

실패가 없는 성공 체험보다 약간의 실패가 포함된 체험이 인내력을 길러 준다는 것을 알 수 있다.

경쟁 사회에서는 성공이나 실패를 그 사람의 능력 탓으로 돌리는 경향이 많다. 아이에게 지나친 기대를 한다든가, 결과만을 문제시하는 태도가 무력감을 낳게 한다.

따라서 자신에게 알맞은 과제에서 성공 체험을 거듭 맛보게 하면서 약간의 실패를 겪게 해 자신의 노력의 성과를 확신하게 하는 것이 바람직하다.

성욕을—
억압하지 마라—

노골적으로 다른 사람을 미워한다든지 괴롭힌다든지 하면 비난을 받는다. 또 이성에 대해 노골적으로 성적 관심을 나타내면 빈축을 산다. 이처럼 공격 욕구나 성적 욕구를 표면적으로 나타내면 다른 사람들에게 좋은 평판을 얻지 못한다. 그러나 이런 욕구를 천박하게 여기는 환경 속에서 자라게 되면 자신이 성적 욕구나 공격 욕구를 가지고 있다는 사실조차 인식하지 못하여 자신은 그런 욕구를 절대로 갖고 있지 않다고 생각해 버린다. 이것을 '억압'이라고 한다.

아내가 외출만 하고 남편의 뒷바라지를 하지 않는다면 남편은 화가 나서 아내를 야단치고 싶지만 아내와 마찰을 일으키는 것이 두렵다. 그래서 자신의 분노를 억압한다. 이렇게 자기 감정을 억압하게 되면 자기의 욕구 수준을 판단하지 못하게 된다.

억압은 자신의 욕구를 파악하지 못하게 할뿐더러 다른 사람의 욕구에도 둔감하게 만든다.

또한 자신의 욕구를 억압하는 데 힘이 겨우면 자신을 둘러싸고 있는 현실을 왜곡하여 이해하게 된다. 그 결과 판단력에 문제가 생기게 되고 현실 음미력이 낮아진다.

그 중에서도 성 욕구는 가장 억압되기 쉬운 욕구이다. 상대방이 자기를 좋아하는데도 그것을 눈치채지 못한다는 것은 자신의 성 욕구를 억압하고 있기 때문이다. 그것을 눈치채게 되면 억압되어 있던 성 욕구가 불안으로 바뀌므로 무시해 버리는 것이다.

성 욕구를 억압하고 있는 사람이 의외로 많다. 그런 사람에게는 해서는 안 될 일이 너무 많다. 해서는 안 되는 일을 하려고 마음먹는 것조차 죄악이라고 생각하여 더욱 자신의 욕구를 억압한다. 그렇게 되면 어떻게 행동해야 할 바를 더욱 모르게 된다. 언제나 자신의 욕구를 감추어 버린다면 그것은 현실감이 없는 동화의 나라에 살고 있는 것과 마찬가지이다.

따라서 성 욕구라 해서 무조건 억압할 것이 아니라 어떻게 다룰 것인가를 결정하는 것이 중요하다

유달리 질투가 심하여 남편을 의심하는 아내가 있다. 저녁 식사는 집에 와서 하겠다고 약속하고 출근한 남편이 때가 되어도 돌아오지 않더니 밤이 으슥해서야 한잔 하고는 돌아온다. 오늘밤에도 술집에서 다른 여자와 술을 마시다 이제서야 오는 거라고 생각한 아내는 몹시 화가 난다. 무언가 요즈음 남편의 거동이 수상하다는 느낌도 든다.

이처럼 질투가 심한 사람은 사실 자신이 더 외도하기를 바라고 있다는 것을 모르고 있다. 자신이 갖는 성 욕구를 남편이 가지는 것으로 착각하고는 질투하는 것이다.

성 욕구에만 한하는 것이 아니라, 자기 자신은 그런 욕구를 가지고 있다고 인정하고 싶지 않은 욕구를 다른 사람이 가지는 것으로 생각해 버리는 것을 '투사(投射)'라고 한다.

자기 자신이 그 사람을 싫어하면서도 그 사람이 자기를 싫어한다고 생각해 버리고는 미워하는 사람이 있다. 상대에게 자기 마음속에 맺힌 감정을 투사하고서는 자기가 미움받는 것처럼 생각해 버리는 것이다.

또 자신의 공격 욕구를 상대에게 투사하고서는 오히려 자기가 상대로부터 공격이나 미움을 받는 것처럼 생각해 버린다.

이런 생각을 자꾸 가지게 되면 주위 사람이 모두 자기에게 악의를 가지는 것처럼 느끼는 피해망상증에 걸리기 쉽다.

이성에 대해 경계심이 강한 사람일수록 자신이 갖는 성 욕구를 이성에게 투사하는 경우가 많다. 극단적으로 결벽한 가정에서 자라 온 여성은 모든 남성이 자기에게 성적으로 접근해 오는 것처럼 착각한다.

이런 여성은 자신의 성 욕구를 인식하지 못하고서는 주위 남성들이 자기를 성 욕구의 대상으로 삼는 것처럼 착각해 버린다.

사랑하는 사람이 다른 이성과 가까이 하는 것에 심하게 질투를 느끼는 사람은 사실은 그 자신이 다른 이성과 더 가까워지기를 바라는지도 모른다.

새로 쓴 마음을 읽으면 사람이 재미있다

탄식의— 세레나데—

자아정체감(自我正體感 : '나는 누구인가, 어디서 와서 어디로 가고 있는가?' 하는 의문에 대한 자기 신념)이 확립되지 않은 사람은 어떤 일에 실패하게 되면 그것을 오랫동안 마음속에 묻어 둔다.

유명한 골프 선수인 잭 니클라우스는 코스에 나가면 앞 홀에서의 실패를 지금 홀과 절대 결부시키지 않는다고 한다. 즉 앞 홀에서의 실패를 염두에 두지 않고 오로지 지금 홀에만 집중한다는 것이다. 앞 홀의 실패에 사로잡혀서는 좋은 성적을 기대할 수 없기 때문이다. "어제의 스코어, 앞 홀에서의 스코어를 전부 잊고, 지금 이 순간 이 홀에 전력을 다하여 주의를 집중시킨다"는 그의 말이 아주 인상적이다.

그렇다고 "앞 홀에서의 실패를 전혀 염두에 두지 않는다"는 그의 말이 앞 홀에서의 실패를 반성의 자료로 삼지 않는다는 말은 아니다. "염두에 두지 않는다"는 말에 숨겨져 있는 뜻은 '좌절감에 사로잡히지 않는다'는 것이다.

자기를 확실히 정의 내리지 못하는 사람은 앞 홀의 실패에서 맛본 좌절감에 휘말려 계속 그런 기분에서 벗어날 수가 없다.

어떤 골퍼는 그것을 '탄식의 세레나데'라고 했다. 앞 퍼팅의 실패를 떨치지 못하고 계속 "아, 아깝다"라고 탄식하기 때문에 그런 이름을 붙인 것이다.

그러나 염두에 두지 않으려 해도 계속 그런 기분에 사로잡히는 것이 우리 인간이다. 성공하려면 실패했을 때의 허탈한 기분을 말끔히 지워 버리고 성공을 향하여 정신을 집중해야 한다.

한때의 실패는 자기 인생 전체에서 보면 큰 의미가 없다. 자아가 약한 사람은 시야가 좁아 인생을 성공과 실패라는 이분법적(二分法的) 관점에서밖에 보지 못한다.

내일 일을 걱정하지 말아야 한다. 자아가 확립되지 않은 사람은 오늘 하루를 오늘 하루로 끝내지 못하고 밤이 되면 초조감에 사로잡힌다.

비록 그들에게 그날 하루가 만족스러웠다 해도 그날로 모든 불안이 제거되어 그 다음날 편안한 하루가 되는 것이 아니다. 내일은 다시 불안한 하루가 된다.

자아란 자기 자신을 스스로 발견하고, 비판하고, 평가하는 기능을 가시는 것을 말한다. 비판이나 평가가 끝나게 되면 자아는 재통일된다. 그러나 신경증 환자에게는 비판하는 자아(초자아)와 비판받는 자아(원자아)가 분할되어 갈등을 일으킨다.

프로이트에 따르면, 정신병 환자에게는 그것이 양립되어 있어 한편으로는 현실을 부인하나 다른 한편으로는 현실을 긍정한다.

자기 자신을 대상화했을 때 자기 자신에게 느끼는 인식 내용이 바로 자기 개념(自己概念)이다. 그것은 용모나 체격 같은 외적인 면과, 성격이나 능력 같은 내적인 면을 모두 포함한다.

"나는 누구인가?"라는 질문을 조사 대상자에게 연속적으로 20회 제시하고서는 생각나는 것은 무엇이든 좋으니 마음대로 써 보게 하여 그 내용을 분석함으로써 자기 자신에 대해 가지는 이미지, 즉 자아 개념을 파악하는 심리학 실험이 있다.

새로 쓴 마음을 읽으면 사람이 재미있다

조사 결과 나이와 함께 이름·거주지·소유물·신체상(身體像)에 관한 내용은 차차 줄어들고, 이데올로기·신념·대인 관계 방식·정신적 특징에 관한 내용이 점점 늘어남을 알 수 있었다.

한마디로 아동기에서 청년기로 옮겨감에 따라 외면적·객관적인 것에서 내면적·주관적인 것으로 자기 개념의 중심이 옮겨감을 알 수 있다. 불안한 사람이 하루하루의 생활을 즐기려면 우선 강한 불안감부터 제거해야 한다. 오늘의 불안을 내일까지 가져가서는 안 된다.

옷을 입고 책상 앞에 앉아 있는 '나', 그것이 '나'일까? 아니면 옷을 벗은 맨몸이 '나'일까? 맨몸이 '나'라고 한다면 만일 교통사고로 손발을 잃는다면 '나'는 작아진단 말인가? 지금 '나'에 관하여 생각하고 있는 머리가 진짜 '나'는 아닐런지……. 그렇다면 두개골 속에 있는 의식이나 의지의 중추만이 '나'란 말인가?

'나'란 그렇게 작은 존재에 지나지 않는가? 부모나 내 아이가 다른 사람에게 욕을 먹으면 마치 내가 욕을 먹은 것처럼 화가 나고, 내가 쓴

문장이나 작품이 좋은 평을 들으면 마치 내가 호평을 듣는 것처럼 기분이 좋아지는 것은 왜 그런가?

'나'는 나 자신의 관심이나 조작(操作)의 대상으로서 나 자신 앞에 그 모습을 드러낸다. 그뿐 아니라 나는 외적 세계에 관한 의식의 기본이 된다.

'나'를 딱 잘라 설명하기는 어렵다. 때와 상황에 따라 내가 취하는 영역이나 기능, '나'의 본질적 속성이 달라진다. '나'의 이런 다면성 때문에 '나'를 지칭하는 데 쓰여 왔던 자아(ego)와 자기(self)라는 말의 개념을 두고 많은 논란이 있어 왔다.

사이몬이라는 심리학자는 자아와 자기를 구별하여, 자아(自我)는 내적 욕구를 사고하고, 행위하며, 현실을 점검하고, 안팎의 여러 요구를 조정하며, 억압이나 금지를 행하고, 기억을 하는 기능의 주체라고 말한다. 이에 비해 자기(自己)는 주관적 체험에 의해 관찰되고 유지되는 자신의 신체와 정신에 관한 이미지라고 말한다.

그렇다면 기능의 주체인 자아와, 스스로에게 인식되는 것으로서의 자기는 어떤 관계가 있는가?

심리학자 스미스는 행동의 주체로서의 자아와, 자기 자신의 여러 특성에 대한 지각으로 구성되는 자기는 상호 의존 관계에 있지만 동일한 것은 아니라고 하면서, 자아는 개인의 생활사(生活史) 및 행동을 통하여 추정될 수 있는 것에 비해, 자기는 스스로를 어떻게 보느냐는 자기 보고를 통하여 주로 추정된다고 말하고 있다.

자아는 또 무엇으로 나누어지는 것일까? 자각되고 인식되는 것을 객아(客我)라 하고, 자각하고 인식하는 주체를 주아(主我)라고 한다. 주체로서의 자아와 객체로서의 자아의 관계는 소위 '포함하고-포함되는' 관계에 있다. 자아나 자기는 직접 관찰할 수는 없지만 추측할 수는 있다.

사람은 자기라는 이미지를 1인칭의 문장(즉, 나는……)으로 전달할 수 있고, 다른 사람의 행동을 보고 그 사람의 자아를 3인칭의 문장(즉 그는……)으로 말할 수 있다.

주체로서의 자아, 즉 주아와 환경 사이에 일어나는 의식적·무의식적 상호 작용을 통하여 주아에게 흔적을 남기고, 축적되고, 이용되는 것이 경험이다. 주아의 모든 활동이 경험이 되는 것이 아니라 경험의 일부가 의식화되어 자기 의식이 되고, 자기 의식이 기억으로 축적되고 관련 경험들이 조직화되는 것이 자기 개념이다.

즉, 자기 의식은 자기 개념에 의해 형성되고, 자기 개념은 경험의 총체에 의해 형성된다. 그렇다면 경험과 자기 의식을 매개하는 자기 개념은 구체적으로 어떤 것인가?

'나'는 '나'이지 결코 다른 누구도 아니다. 식사할 시간이 없다고 해서 나 대신 다른 사람이 내 배를 채울 수는 없다. 키가 큰지 작은지, 얼굴 모양이 네모인지 세모인지, 기가 센지 약한지 등 자기 자신에 대해 가지는 이런 인식 내용을 자기 개념이라고 한다.

태어난 지 얼마 안 되는 어린아이에게 "너 자신을 어떻게 생각하느냐"고 물어 봤자 소용이 없다. 거울에 비친 자기 모습을 아이에게 관찰케 하여 아이가 자기를 어떻게 파악하는지를 알아보았다.

'자기'를 자기가 알고 있다면 거울에 비친 자기상(自己像)을 보고 다른 사람이라고는 오인하지 않을 것이다. 아이의 코끝에 입술 연지로 빨간 칠을 해놓고는 아이에게 거울을 보게 한다. 거울에 비친 자기 모습을 보고 코에 손이 간다면, 그 아이는 거울에 비친 사람이 자기라는 것을 알아본다고 할 수 있다. 이 방법을 이용하여 생후 9개월에서 24개월까지 출생 월수별로 아이들을 6개 그룹으로 나누어 비교해 본 결과, 거울에 비친 자기 모습을 알아보는 시기는 생후 15개월에서 18개월 사이이며, 24개월쯤이면 거의 모든 아이가 '자기'를 알아보게 된다.

자기 의식이 일시적이고 현상적인 것인 데 비해, 자기 개념은 일정한 항상성을 지닌다. 자기 개념은 자기 자신에 대한 의식과 기억, 감정과 가치관 등으로 구성되는데, 그것은 그때그때 자기 의식을 낳는다.

자기 개념의 주요 구성 요소로는 현실의 자기에 대한 규정과 감정, 지향해야 할 자기 모습 등, 즉 자기상을 들 수 있다. 자신에 대한 타자의 평가, 자기에 대한 이미지, 장래에 대한 구체적인 전망, 과거의 경험 등에서 자기상이 형성된다.

그런 요소들 중 어떤 요소가 더 중요한 역할을 하느냐는 사람에 따라 다르다.

예를 들어 타자 지향성이 강한 사람이라면 다른 사람에게 어떻게 보이느냐가 가장 큰 관심사가 되어 이것 중심으로 자기 규정과 자기 감정, 또 이상적 자기상을 형성하게 된다.

과거의 영광을 되씹으며 자존심을 유지하는 노인이라면 과거의 경험이나 사실에 관한 기억이 자기 규정과 자기 감정의 중핵이 될 것이다.

새로 쓴 마음을 읽으면 사람이 재미있다

왜 자기를— 괴롭히나—

"남편과는 더 이상 말이 통하지 않는다"면서 상담받으러 온 어떤 부인이 있었다. 예를 들면, 남편과 길을 걷다가 남편에게 "저 집 참 좋지요"라고 하면 벌컥 화를 낸다는 것이다. 부인으로서는 남편이 왜 그렇게 화를 내는지 알 수 없다는 것이다. 그래서 남편에게 어떤 이야기를 하려면 남편 눈치부터 먼저 살피게 된다는 것이다. 그 남편은 분명히 열등감이 강한 사람이다. 남편은 아내가 자기의 열등감을 자극하는 것으로 생각하여 그렇게 화를 내는 것이다.

아내로서는 "저 집이 좋다"는 말 외에는 아무 말도 하디 않았지만, 남편은 자기 약점을 지적하는 것으로 생각해 버린 것이다.

"저 집 참 좋지요"라는 말을 듣고 "정말 그렇군" 하면서 함께 감탄하는 남편도 있고, "우리도 저런 집에 살았으면 좋겠군" 하는 남편도 있을 것이다. 또 "그래?"라고만 말하고 아무 반응을 보이지 않는 남편도 있을 것이다. 그런 사람은 아마 머리 속이 다른 문제로 꽉 차 있어 집 같은 데는 관심이 없을지도 모른다.

이처럼 같은 말이라도 듣는 사람에 따라서 반응이 다르다. 앞서의 남편은 그때 열등감을 느껴 아내가 자기 약을 올린다는 생각에서 화를 벌컥 낸 것이다.

자기가 느끼는 불쾌감을 아내 탓으로 돌리고 있으나, 따지고 보면 자기가 자기를 불쾌하게 만드는 것이다. 다시 말해 아내의 말을 멋대로 해석하고 반응함으로써 스스로에게 고통을 주고 있는 것이다. '우리 집은 초라하다는 말 아니야'라고 해석해 버리고는 불쾌감을 느끼는 것이다. 나중에는 "당신은 돈만 가지고 사람을 따지려 든다 말이야"라고 아내를 나무라면서 자기의 열등감을 합리화하려 한다. "저 집, 참 좋군요"라는 말은 남편과는 전혀 상관없는 말인데도 자기 스스로 그것에 말려든 것이다.

이처럼 자아의 기반이 약하여 열등감이 강한 사람은 자기와 전혀 상관없는 것에 휘말리기 쉽다. 열등감이란 자아의 기반이 튼튼하지 못한 사람이 가지는 왜곡된 감정이다. 열등감이 지나치면 우월성 추구를 위한 허구적 목표를 가지므로 성격장애를 일으킬 수 있다. 다른 사람에게 보여 주기 위한 세계밖에 가지지 못한 사람은 아무리 성공한다 해도 열등감을 가진다.

청년기에 접어들면 그들은 여러 가지 각도에서 자기 자신을 파악하려 한다. 자기 개념 가운데서 가장 중심이 되는 것은 자존심이다. 자기를 어느 정도 가치 있는 존재로 보느냐가 자기 개념의 중핵의 하나가 된다.

자존심이 낮은 사람은 자기는 별로 가치가 없는 존재라고 느끼는 것은 물론, 다른 사람이 자기를 어떻게 평가하느냐에 굉장히 신경을 쓰며, 또 다른 사람 앞에서는 불안감이 높아지고, 자기는 다른 사람보다 열등하다는 생각을 가진다.

따라서 자존심이 높다는 것은 사회적으로 잘 적응하고 있다는 것을 뜻한다. 그러나 자존심이 극단적으로 높은 사람은 다른 사람의 시선을 끊임없이 의식하면서 자기를 잘 보이고 싶어하는 원망(願望)이 강하므로 경계해야 한다.

새로 쓴 마음을 읽으면 사람이 재미있다

계속—
애인을 바꾸는 이유—

베로나노스는 "자기 자신을 잃는 것에 은총이 있다"는 명언을 남겼다. 이 말은 무엇과 만나기 위해서는 자기를 지나치게 의식해서는 안 된다는 뜻이다.

불면증에 걸린 사람은 잠이 오기만을 신경 쓰므로 잠을 더 못 이룬다. 건강도 마찬가지이다. 너무 건강에 신경을 쓰면 포핀드리(사소한 심신의 증상)라는 병에 걸린다.

자기 자신에게 지나치게 집중하는 사람은 불안한 사람이다. 불안한 사람은 자그마한 일에도 쓸데없는 걱정을 한다. 의사에게 "아무데도 나쁜 곳이 없다"는 말을 들어도 불안이 가시지 않는다. 이 불안감에 시달리는 사람은 다른 사람의 마음에 들려고 자기를 자꾸 가장하려다 보니 결국은 자기가 싫어지게 된다. 이렇게 자기 비하에서 자기 혐오로 옮겨가게 되는데, 돈환처럼 계속 애인을 바꾸는 사람도 따지고 보면 자기를 혐오하는 타입이라 할 수 있다. 그들은 불안을 감추려고 자기를 가장하는데, 자기 과장(自己過張)은 자기 결여(自己缺如)에서 온다.

어떤 여성의 편지를 소개한다. "지금의 그이와 알게 된 것은 어떤 회식 석상이었다. 나는 지금까지 첫눈에 반하는 사람과만 연애를 해왔다. 그러나 아무리 멋있는 남성과의 교제라도 오래가지 못하였다."

계속 이성을 바꾸어 사귀는 것은 자기 혐오가 심하기 때문이다. 이런 사람은 무의식적으로 새로운 이성을 만나 의지함으로써 자기 혐오를 해소해 보려 한다.

또 이런 사람은 자기 것은 싫어하면서도 자기 이외의 것은 아주 좋아하는 경향이 있다. 자기의 가치를 인정하지 않으므로 일단 자기 것이 되고 나면 모두 형편없는 것처럼 보이는 것이다.

앞서의 여성은 그전의 애인에게 싫증을 느끼고 지금의 애인과 만나게 된 계기를 다음과 같이 적고 있다. "지금 생각하면 그는 존 트라볼타를 연상시킬 만큼 춤에 뛰어나, 파티가 무르익을수록 눈에 띄는 존재였다." 마음속으로 자기의 무가치함에 번민하고 있을 때였으므로 그가 특히 그녀의 눈에 띈 것이다. 그를 좋아할수록 그녀는 또 고민에 빠지게 된다. "그를 계속 사랑할 수 있을 것 같지 않아." 일단 자기 것으로 만들어 버린 그에게서 어떤 가치도 못 느끼고 그녀는 또다시 새로운 이성을 찾아 나선다.

이런 사람은 자기 무가치감에 빠져 낙담하고 있을 때 친절하게 대해 주는 어떤 이성이 나타나면 곧 유혹에 빠지게 된다. 하지만 일시적으로는 불안감이 가실 줄 모르지만 고독감에서는 계속 헤어나지 못하게 된다.

새로 쓴 마음을 읽으면 사람이 재미있다

심리적— 노예—

우리에게는 심리적으로 익숙한 것과 그렇지 않은 것이 있다. 몇십 년 동안 비서로만 일해 온 사람이 정년 퇴직으로 직장을 그만두고 나니 부인과 함께 보내는 시간이 많아졌다. 하루 종일 사장의 시중만 들었던 그는 정년 퇴직을 하면 여유 있는 생활을 즐길 수 있으리라는 꿈에 부풀어 있었다. 그러나 어느 날 문득 정신을 차려 보니 사장 대신 아내의 눈치를 살피면서 살아가는 자신을 발견하게 되었다.

이처럼 다른 사람의 눈치만을 살피면서 살아가는 사람이 있다. 부모의 안색을 살피고 기분을 맞추면서 어린 시절을 보낸 사람이다. '이렇게 하면 기뻐하지 않을까? 저렇게 하면 마음 상해 하지 않을까?' 하고 언제나 부모에게만 신경을 써 온 사람이다.

아집(我執)을 가진 부모는 아이가 자기들이 바라는 대로 움직여 주지 않으면 크게 야단친다. 이런 부모에게서 자라난 아이는 성장해서 다른 사람의 응석을 채워 줄 때 오히려 심리적 안정을 찾게 된다.

크고 좋은 집에 초대받아 가면 기분은 좋지만 좁은 자기 집만큼 심리적 안정감은 못 가진다. 인간 관계에서도 마찬가지이다. 다른 사람이 언제나 자기를 대해 온 대로 대해 주면 마음이 편하다. 오랫동안 비서를 해온 사람은 다른 사람이 자기를 비서로 대해 줄 때 오히려 마음이 편해진다. 어릴 때 응석을 받으면서 자라 온 아이는 성장해서도 다른 사람이 자기 응석을 받아 주기를 바란다. 그러나 어릴 때 부모에게 응석을 부릴 수 없었던 사람은 성장해서 다른 사람이 자기 기분을 맞춰 주면 오히려 마음이 불안해진다. 그에게는 그것이 전혀 새로운 체험이기 때문이다.

사회적으로는 노예제도가 없어진 지 오래이지만 심리적으로는 노예인 사람이 많다. 우울병 경향을 가진 사람, 극단적 수치심을 가진 사람, 극단적 동조자 등은 심리적으로는 노예이다. 사회적 노예는 링컨과 같은 위인이 해방시켜 주었지만, 심리적 노예는 자기가 자기를 해방시키지 않으면 안 된다. 노예로 태어났기 때문에 평생 노예로 지내는 사람처럼 아집이 강한 부모에게서 태어나게 되면 평생 심리적 노예로 지내게 된다. 그런 사람은 언제나 자기를 희생하여 다른 사람의 이익이나 안락을 위해 일해야 하는 것으로 생각한다.

물론 그런 사람이라고 해서 다른 사람의 친절을 거부한다는 것은 아니다. 그 사람 역시 마음속으로는 다른 사람이 자기에게 친절히 대해 주기를 바란다. 그런데도 막상 다른 사람이 친절히 대해 주면 마음이 불안해져 고마움을 느끼지 못한다.

우울병 경향을 가진 사람, 극단적인 수치심을 느끼는 사람은 마음속으로는 칭찬받기 원하면서도 칭찬은 자기에게 합당하지 않은 것으로 생각한다. 또 그들은 원하는 것을 실제로 손에 넣으면 '이럴 생각은 아니었는데'라는 생각을 가지게 된다. 즉, 자기가 바라던 것을 막상 손에 넣게 되면 두려움을 느끼는 것이다.

오이디푸스의— 교훈—

소포클레스가 가장 원숙한 시기에 썼던 그리스 최대의 비극 중 하나인 『오이디푸스 왕』은 많은 사람의 관심을 끌어 왔다. 인간의 운명과 의지의 대립을 묘사하여 절찬을 받은 작품이다.

주인공이 스스로의 파멸을 향하여 한 걸음 한 걸음 나아가는 모습은 읽는 사람을 전율케 한다. 비참한 운명을 예감하면서도 그것을 향하여 당당히 나아가는 모습은 읽는 사람의 마음을 사로잡고 숨막히게 한다. 한숨에 다 읽고 나서 숨을 내쉴 때 우리의 몸이 얼마나 긴장해 있었는지를 깨닫게 하는 위대한 작품이다.

오이디푸스 왕은 친아버지라는 것을 모르고 자기 아버지를 죽이고, 어머니라는 것을 모르고 자기 어머니를 아내로 맞아들인다. 마지막에 그 사실을 알게 된 그는 어머니이면서 아내인 왕비의 몸에 장식하고 있던 황금 시침 바늘을 떼내어 자기 눈 깊숙이 찌른다. 한 번도 아니고 몇 번이나 손으로 가린 채 눈을 찌르고 또 찌른다. "피투성이가 된 눈알은 찌를 때마다 수염을 발갛게 적셨고, 똑똑 떨어지던 핏방울은 갑자기 검은 눈싸라기처럼 뚝뚝 떨어졌다."

어떤 희생을 무릅쓰고라도 스스로의 운명에 맞서려는 오이디푸스의 무서운 의지를 표현하고 있다.

그러나 읽는 사람에 따라서는 다른 견해도 가질 수 있을 것이다. 만일 오이디푸스가 왕이 되기 이전부터 이처럼 운명에 맞서려는 결심을 가지고 있었다면 이런 비극은 없었을 것이라는 것이다.

라이오스 왕에게 앞으로 태어날 자식에 의해 자기가 살해될 것이라는 신의 계시가 내려졌다. 태어난 아이가 바로 오이디푸스였다. 라이오스 왕은 아이가 태어난 지 사흘도 안 되어 아이의 양쪽 복사뼈를 물림쇠로 꿰뚫어 길도 없는 산속에 버린다.

그러나 양치기 하인은 아이를 산속에 버리라는 왕의 명령을 어기고 오이디푸스를 다른 양치기에게 넘겨주었다. 그 양치기는 아이를 자기 나라로 데려갔다.

오이디푸스는 코린토스에서 자라게 되었는데, 어느 날 우연히 자기는 지금 부모의 친자식이 아니라는 소문을 듣게 되었다. '나의 아버지는 코린토스의 폴뤼보스 전하, 어머니는 도리스의 멜로페 전하 ……, 그러나 어떤 남자가 연회에서 술에 만취하여 나를 부모님의 친자식이 아니라고 큰 소리로 떠들어 댔다.'

오이디푸스는 고민에 지쳐 델포이에 계시를 받으러 갔다. 거기서 계시받은 것은 자기 아버지를 죽이고 어머니와 결혼하게 된다는 것이었다.

그 말을 들은 오이디푸스는 코린토스로 돌아가기를 포기한다. 오이디푸스는 자기의 친아버지는 코린토스의 폴뤼보스 전하라고 생각하고 있었으므로 계시받았던 그런 끔찍한 화가 일어나지 않을 곳으로 멀리 도망친다. 그러나 도중에 라이오스를 만나 그를 죽이고, 그의 왕비를 아내로 맞아들여 왕이 된다.

이것을 다음과 같이 해석하면 어떨까.

델포이에서 자기 운명을 들은 오이디푸스가 아무리 비참한 운명이라도 담담하게 맞설 수밖에 다른 도리가 없다고 생각했더라면……. 자기 운명을 그대로 받아들였다면 친아버지를 죽이는 일은 없었을 것이다. 계시가 실현되는 것을 피하려 했던 것이 오히려 비극을 낳은 것이다. 계시를 받고도 왕이 된 것처럼 의연했더라면 멀리 도망치지는 않았을 것이다.

왕위에 오른 오이디푸스는 숨겨진 내막이 차츰 밝혀져 가는 과정에서 다음과 같이 말한다.

"무슨 일이라도 일어나라! 나의 혈통을, 나는 그것이 아무리 비천해도 끝까지 지켜볼 거야. ……나의 혈통을 밑바닥의 밑바닥까지 뒤져서 보일 거야!"

그 내막이 밝혀지면 오이디푸스가 불행해진다는 것을 알고 주위에 있는 사람들이 입을 열려고 하지 않는데도 오이디푸스는 정면에서 단호하게 자기 운명과 대결해 나가려 한다.

어머니이면서 아내이기도 한 이오카스테가 "제발 제가 말하는 대로 해주세요. 그만둬 주십시오"라고 하지만, 오이디푸스는 끝까지 "아니야, 이것은 반드시 밝히고 말 테야"라며 확고한 결심을 내보인다.

오이디푸스가 계시를 받았을 때부터 이런 확고한 결심을 가지고 있었다면 비극은 전혀 일어나지 않았을 것이다. 오이디푸스 왕의 비극은 도망치는 데서부터 시작된다. 선왕 라이오스도 신의 계시를 따르지 말아야 했는데 그것을 그대로 믿었으며, 태어난 아이를 산속에 직접 버려야 하는데도 양치기에게 넘겨주었다. "왜 그 아이를 양치기에게 넘겨주었느냐"고 오이디푸스는 하인에게 다그친다.

하인 "그 아이를 내가 죽이려고 그랬습니다."

오이디푸스 "그 아이를? 비정하군!"

하인 "신의 계시를 두려워했습니다."

만일 그때 왕비가 신의 계시를 두려워하지 않았더라면 라이오스 왕도, 왕비도, 그리고 오이디푸스도 그런 비극을 맞이하지 않았을 것이다. 아이를 가엾게 여긴 하인은 다른 양치기에게 아이를 넘겼고, 또 그 아이를 다른 나라에 데리고 간 양치기 역시 비극에 가담하게 된 것이다.

하인 "그러나 그 양치기가 아이를 구해 주었다는 것이 큰 불행이 되고 말았습니다."

모두가 운명을 정면에서 맞부딪치면서 대결해 나가려 하지 않았던 것이 이런 무서운 결과를 가져온 것이다. "여러 사람의 여러 선의(善意)의 행위가 하나하나 겹쳐져서 무시무시한 비극으로 진행되는 모습은 정말 가공할 만하다"고 해설하는 사람도 있다.

정말 그들은 선의에서 그런 짓을 했던가 하고 고개가 갸우뚱거려진다. 비록 선의였다 하더라도 모두가 운명과 정면으로 맞서기를 거부했던 것이다.

선의에서였다면 그런 사실을 끝까지 밝히지 말았어야 했다. "그들은 그런 일이 일어나는 것을 즐기며 바라보았다"는 말을 들어도 지나치지는 않을 것이다.

오직 오이디푸스만이 의연하게 운명을 정면에서 직시한 것이다.

새로 쓴 마음을 읽으면 사람이 재미있다

"아, 모든 것이 밝혀진 것 같다. 오, 빛이여, 이것이 마지막 보는 세상이다. 태어나지 말아야 할 사람에게서 태어나, 관계를 맺어서는 안 될 사람과 관계를 맺고, 해쳐서는 안 될 사람의 피를 흘리게 하는 이 저주 받을 놈!"

오이디푸스는 자기 스스로를 벌하는 무서운 의지를 보인다. 최후에 '사자(使者)'의 말이 들려온다. "…… 스스로 불러들인 고통은 견디기 힘들다."

운명이 두려우면 두려울수록 그것을 정면에서 직시해야 한다. 아무리 두려운 운명이라도 그것을 정면에서 직시하고 받아들이려 하면 더 가벼워진다.

'오이디푸스 왕'의 비극도 '운명을 피하려 했다'는 데서 발단된 것이다.

'미안합니다'의—
심리적 의미—

의존 심리가 강한 사람은 '나는 이렇게 해주었는데 너는 무엇을 해주 었느냐'라든가, '당신에게 이렇게 도움을 받아 미안하다'는 식으로 의 식하는 경향이 있다.

감사한 마음을 "미안합니다"라고 말하는 사람은 아직 의존 심리에 서 벗어나지 못한 사람이다.

"미안합니다"라는 말에는 지금은 체면과 면목이 없지만, 다음에 또 도움을 원한다'는 생각이 내새되어 있다.

사람이 어떤 원망(願望)을 가지게 되면 그것을 이루고야 말겠다는 강한 동기를 가지게 된다. "저 사람과 결혼할 거야", "정치가가 되어야 지" 등 꼭 이루어지기를 바라는 마음을 가지면 다른 사람에게 의존하 지 않고 스스로 노력하게 된다.

'내가 이렇게 지쳐서 돌아왔는데 너는 도대체 뭘 한 거야'라는 식 으로, 귀가해서는 아내에게 화만 내는 남성이 있다. 자기가 집에 왔을 때 아내는 현관에 나와서 "어서 오세요"라고 반겨야만 한다. 이런 사람 은 다른 사람의 태도에 따라 감정이 좌우되는 사람으로 의존심이 강한 사람이다. 즉 확실한 원망을 갖고 있지 못하여 다른 사람의 태도에 굉 장히 민감하다.

이런 사람은 애인을 만날 때도 마찬가지이다. 애인이 약속 시간 전에 와서 기다리지 않고 조금이라도 늦으면 데이트를 하면서도 계속 투덜거린다.

이처럼 다른 사람의 태도에 따라 감정이 좌우되는 사람은 의존심이 강한 사람이다.

이런 사람은 자기와 가까운 사람들은 자기에게 별 도움이 안 되는 것으로 생각한다. 그래서 자기 가족이나 연인 등 가까운 사람에게는 냉담하다. 하지만 다른 사람에게는 비굴한 정도로 친절하다. 확실한 비전을 갖고 있지 못하므로 다른 사람에게 도움을 얻으려고 그렇게 행동하는 것이다.

의존적인 사람은 자기중심적이기도 하다. 자기중심적인 사람은 사랑받는 것에만 관심이 있어 상대가 자기 마음 같지 않으면 자기를 사랑하지 않는다고 불평한다. 사랑받는 즐거움은 누구나 갖지만, 사랑하는 기쁨은 정서적으로 성숙한 사람만이 갖는다.

또 자기중심적이며 타인의존적인 사람은 타인을 비난하기만 한다. 자기가 냉담하면서도 다른 사람을 냉담하다고 비난한다. 자기중심적 억지가 상대방에게 먹혀들지 않으면 상대를 "차가운 사람"이라고 비난한다.

노이로제 치료에 관한 책을 보면, 남의 입장에 서지 않고 자기 입장만 내세우는 자기중심성을 환자 스스로가 자각하는 데서부터 치료는 시작된다고 한다.

자기는 차가운 마음을 갖고 있지만 상대는 따뜻한 마음씨를 갖고 있다는 것을 깨닫는 것이 중요하다. 상대방을 따뜻한 사람이라고 보게 되면 그는 현명하고 사람이 좋고 인간미가 있는 것처럼 보이지만, 차가운 사람이라고 보게 되면 신뢰할 수 없고 정이 없는 것처럼 보인다. 이처럼 '따뜻하다', '차갑다'는 이미지가 다른 사람의 평가에 아주 큰 영향을 미친다.

또 자기중심적인 사람의 친절은 '나는 이렇게 친절하다'는 것을 과시하기 위한 것으로, '나는 이렇게 친절한데 그 사람은?'이라고 나중엔 그를 비난하기 시작한다. 친절이나 동정은 정서의 성숙과 함께 표출되는 진실한 것이어야 한다.

자기— 눈의 티끌—

정신분석 전문가인 웨인 버거에게 어느 날 24세의 청년이 전화를 했다. 그는 다짜고짜 자기 어머니가 꽉 막힌 사람이라고 비난했다. 어머니가 그의 방 난로 뒤쪽에서 마리화나를 발견하고는 "너, 이렇게 타락했니?"라고 하면서 크게 야단쳤다는 것이다. 그는 마리화나를 피우는 것은 벽(癖)이 아니라고 주장하면서, "어머니가 그렇게 무식한 사람인 줄 몰랐다"고 했다.

웨인 버거가 "당신은 어머니가 무식하다는 것을 말하고 싶어서 전화했습니까?"라고 물으니까, 그 말에는 대답하지 않고 "선생님도 우리 어머니가 무식하다고 생각하지 않습니까?"라고 말했다

이때 웨인 버거가 "어머니는 마리화나에 잠재돼 있는 위험을 염려하고 있어요"라고 말했지만, 그는 다시 "어머니와 도저히 같이 살 수가 없어요"라고 말했다.

청년을 직접 만나 보니 그는 아직도 어머니에게 경제적 원조를 받으며 생활하고 있었고, 그즈음 자기 방의 방세조차 물지 못하고 있었다. 미국 청년들은 우리 나라 청년들보다 훨씬 일찍 자립해야 한다. 대학생이라도 자신의 생활을 자기가 꾸려 나가야 한다. 그는 속으로는 어머니에게 미안하다는 생각을 하면서도 어머니에게 경제적 원조를 받고 있는 자신이 싫어졌던 것이다.

그는 생계를 유지할 능력조차 없는 자신이 비참하게 느껴졌다. 그래서 어머니의 결점을 찾아내어 비난함으로써 열등감에서 벗어나려 한 것이다.

우리는 자기 눈의 대들보는 보지 못하면서 남의 눈의 티끌만 보는 수가 많다. 자기보다 뛰어난 사람을 "형편없다"고 비웃는 경우가 그것이다. 자기 약점을 잘 알면서도 그것을 의식하기가 싫어서 오히려 다른 사람의 과오를 캐내려 한다.

불안감에서 해방되려면 자기를 똑바로 직시해야 한다. 비난이 결코 마음의 상처의 치유제가 되지는 못한다. 비난만 일삼는 신경질적인 중환자에게 가까이 다가갈 사람은 아무도 없다.

아주 질투심이 많은 여대생이 있었다. 자기 남자 친구가 다른 여학생과 이야기만 나누어도 아주 기분이 나빠져서 "서로 좋아하는 것 아니야"면서 따긴다.

그녀에게는 적극성이 조금도 없다. 애인의 마음을 자기 쪽으로 돌리려는 적극성이 없다. 오히려 "그는 성실성이 없어"라든가, "그는 거짓말쟁이야"라면서 비난하기만 한다.

그 여대생이 어느 날 상담하러 찾아왔다. 솔직히 말하면 여성다움을 조금도 느낄 수 없는 여성이었다. 상대로 하여금 자기 쪽으로 고개를 돌리도록 하려는 노력은 안 하면서, 상대가 이쪽으로 고개를 돌리지 않는다고 비난만 하고 있었다.

그녀와 대화를 나누어 보니 자기가 마음먹고 있던 대학에 들어가지 못해 심리적으로 비뚤어져 있음을 알 수 있었다. 자신이 지망하던 대학에 오랫동안 심리적 투자를 해오는 동안 사고방식 자체가 비뚤어져 버린 것이다.

새로 쓴 마음을 읽으면 사람이 재미있다

그녀는 자기가 그렇게 질투가 심해진 것을 모두 그 대학에 못 들어간 것과 관련시켜 생각해 버린다.

사람은 어떤 것에 오랫동안 심리적 투자를 하게 되면 그 방향으로 생각이 굳어져 버린다. 이 여대생은 목표로 하는 대학에 들어갔다 해도 멋진 연애는 할 수 없었을 것 같은 생각이 들었다. 사람은 어느 것 하나에 계속 매달리다가 그것이 실패로 돌아가면 심리적으로 크게 위축된다.

부모에게 인정은 받고 싶으나 자기의 열등감이 너무 크다고 느낄 때 "아버지의 생각은 너무 고리타분해", "어머니는 시대에 뒤떨어졌어"라면서 부모를 비난함으로써 불안감에서 벗어나려 한다. 그렇게 비난하는 이유는 부모에게 인정받고 싶고, 칭찬받고 싶기 때문인지도 모른다.

그러나 열등감이 강한 사람은 자기를 좀처럼 바꾸려 하지 않는다. "저 과장은 인간미가 없어"라든가, "저 선생은 엄격하기만 하다"라고 비난하면서 현실에 직면하기를 거부한다면 일시적으로는 마음이 놓이겠지만 자기 감정은 더욱더 불안정해진다.

현실을 받아들이면서 자기를 존중해 나가는 것이 생산적 생활 방식이다. 현실에 직면하지 않으면 변화할 수 있는 기회를 잃고 만다. 현실을 받아들여야 자기를 존중하고 신뢰해 나갈 수 있다. 동료의 출세를 "그의 실력은 대단하다"고 받아들일 때만 "그래 나도"라는 에너지가 솟는다.

행복에— 이르는 길—

행복에 접근해 가는 방법으로 사람들은 두 가지를 막연하게 의식하고 있는 것 같다. 하나는 환경이나 상황, 또는 이 세상의 구조가 변한다면 자신은 행복하게 될 것이며, 또 다른 하나는 자기 자신을 환경이나 상황에 조화시켜 나간다면 행복을 실현할 수 있다는 것이다.

예를 들면 결혼이라는 상황 변화에 의해 자신의 인생이 장밋빛으로 바뀌리라는 생각은 전자의 예이고, 자기의 결점이나 문제점을 자각하고 자기를 변화시켜 나가려는 것은 후자의 예이다.

이 양자는 결코 어느 한쪽을 택하고 다른 한쪽은 버리는 양자택일의 문제가 아니다. 그럼에도 후자에 더 중점을 두고 싶은 것은 전자, 즉 자기 자신의 변화는 꾀하지 않고 환경이나 상황의 변화를 행복의 결정적 요소인 것처럼 믿어 버리는 사람이 많기 때문이다. 그렇다고 결코 전자가 중요하지 않다는 것은 아니다.

유해 식품이나 공해로 건강이 망가졌다든지, 핵전쟁으로 어이없게 우리들의 존재 자체가 송두리째 말살된다면 자기 변혁은 그 다음 문제이다. 자신이 몸담고 있는 사회에서 일어나는 모든 일들의 흐름을 파악해 가며 자기 존재를 인식하는 것도 중요하다. 생산적이고 전향적인 생활 방식이란 자기부터 먼저 바꾸어 나가는 것이라고 할 수 있다.

윗사람에 대한 자기 태도는 바꾸지 않고 윗사람의 태도만 바뀌기를 기다리는 샐러리맨은 전향적 생활 방식으로 살아가는 사람이라고 할 수 없다. 윗사람에 대한 자기의 태도를 먼저 바꾸면 윗사람은 그 변화에 호의적으로 반응할 것이며, 또 윗사람에 대한 자기의 오해도 차차 풀릴 것이다.

현실을 그대로 받아들이지 않고서는 자신의 에너지를 방출할 방법이 없다. 신경증인 사람은 현실을 받아들이기를 거부하므로 자기가 가진 에너지를 발산하지 못한다. 그러므로 공포감·강박감·불안감과 신경쇠약 증세를 보이게 된다.

현실을 받아들임으로써 에너지가 발산되고, 에너지가 발산될 때 비로소 현실을 받아들일 용기가 나온다. 이 두 가지는 서로 밀접한 관계가 있다. 노이로제에 걸린 사람은 현실을 있는 그대로 받아들이지 않고 자기 형편에 맞게 해석해 버리는 경향이 있다.

현실은 더도 덜도 아닌 있는 그대로이다. 친구 아버지가 재벌 회사의 사장이라는 것은 좋을 것도 나쁠 것도 없는 현실이며, 그 친구가 머리도 좋고 노력가라는 것도 현실이다.

또 노이로제에 걸린 사람은 모든 일을 자기 마음대로 단정해 버리는 경향이 있다. "저 사람은 그런 사람이야", "이 세상은 모든 게 불공평해", "나는 이젠 별 볼일 없어"라고 스스로 단정해 버린다.

그러나 생산적인 사람은 이때 '그 친구는 머리도 좋고, 노력가이다. 그러나 그것은 나와는 아무런 상관이 없다'고 생각한다.

'나는 할 수 없다'는 생각이 드는 사람은 그 증거를 하나하나 노트에 기록해 보라.

왜 그런 쓸데없는 단정을 해버렸는지 알게 될 것이다. 현재의 자기는 과거의 자기가 아니다. 때로는 '나는 할 수 없어'라고 단정해 버리는 것이 오히려 마음이 편할지 모른다.

단정을 쉽게 해버리는 사람은 형식적이고 유연성이 없는 사람이다. 다른 사람이 나를 실망시키는 것이 아니라 바로 내가 나를 실망시키는 것이다. 변화를 두려워 말고 적응력을 길러야 한다.

프로이트에 따르면 노이로제는 억압(불쾌한 생각이나 느낌을 의식에서 추방하고 배제하는 것)에 의해 발생하고, 정신병은 부인(현실을 인정하지 않으려는 것)에 기인한다고 한다. 현실을 받아들이지 않으려는 것은 정상적인 정신 활동이라 할 수 없다. 같은 실연을 해도 어떤 사람은 노이로제에 걸리는가 하면, 어떤 사람은 일시적으로는 고통을 받으나 곧 회복된다. 그것은 현실을 받아들이는 의식의 차이 때문이다.

당신은 10년 후, 30년 후의 직업, 환경, 일상생활 등에서의 당신의 모습을 마음속에 그려보고 있는가?

그것은 '이처럼 살고 싶다', '이런 인생을 보내고 싶다'는 희망을 구체화하는 것이다.

인생의 목표라고 해도 좋고 인생 테마라고 해도 좋다. 인생의 목표에 대한 진지한 탐구야말로 성실한 인생을 보장받을 수 있는 지름길이다. 그것은 자기 나름의 인생을 살겠다는 결의이기도 하다.

사소한 말다툼에 예민하게 반응하며 화를 내는 사람이 있다. 하찮은 일에 민감하게 감정의 변화를 일으키고 조그마한 불이익이나 실의에도 몹시 상실감을 느끼는 사람이 있다. 인생에서 무엇에 가치를 둘 것인지를 확실히 해두지 않으면 이처럼 일상생활에서 일어나는 자질구레한 일에 집착하게 된다. 삶의 목표를 어디에 두어야 할 것이냐가 우선되어야 한다. 그 목표가 반드시 자기 직업과 일치하지 않아도 된다.

예를 들어 아이들의 건전한 성장에 도움이 되는 일 하는 것을 인생의 목표로 정했다면, 보모나 교사가 되는 것이 자신의 목표와 일치하므로 보람을 느낄 수 있다. 그러나 직업적 활동에서만 삶의 가치가 실현되는 것은 아니다. 지역사회 아이들의 활동을 돕는 등 다른 길도 얼마든지 있다. 삶의 목표를 아직 확실히 정하지 못하였다면 어떻게 해야할까? 물론 그것을 적극적으로 찾아 나서지 않으면 안 된다.

필요와— 허무의 격차—

우유부단한 사람이 오히려 욕심이 더 많다고 할 수 있다. 욕심 많은 사람은 좀 더 이득이 있는 것, 좀 더 즐거운 것, 좀 더 유리한 것을 택하려다 보니 쉽게 결단을 내릴 수 없어 우유부단해진다. 즉 '조금도 손해보기는 싫다'는 생각이 강하여 결단을 쉽게 못 내리는 것이다.

"행복은 힘이다"라는 말도 있듯이 행복한 사람은 용기도 있고 결단력도 있다. 불행한 사람이 행복해지기 위해서는 용기와 결단력이 필요하다. 그러나 행복해져야 결단력이 나온다는 것은 참 아이러니컬하다. 불행한 사람이 행복한 사람이 되기 위해서는 전향적 자세를 가져야 하는데 행복해져야 전향적 자세가 된다는 것이다. 불행하게 되면 자꾸 과거를 후회하게 된다. '그때 그것을 하지 말았어야 하는 건데', '그때 그것을 해야 하는 건데'라고 후회만 한다.

이처럼 과거에 집착하니까 앞으로 나아갈 수가 없다. 한번 지나간 일은 접어 두고 지금 자기가 할 수 있는 일에 전념하는 사람이 행복한 사람이다.

욕구불만 내인도(耐忍度)라는 말이 있다. 사람에 따라 욕구불만을 잘 견뎌 내는 사람이 있는가 하면 견뎌 내지 못하는 사람이 있다. 성적이 좋지 못해도 즐겁게 학교 생활을 하는 학생이 있는가 하면 비관하여 자살하는 학생도 있다. 학교 생활을 즐겁게 하는 학생은 행복하다.

새로 쓴 마음을 읽으면 사람이 재미있다

우울증에 걸린 사람은 자기가 갖추지 못한 것이 행복에 불가결한 것이라고 생각한다. 불행할수록 자기가 갖추지 못한 것이 더 중요하다는 생각을 가진다. '나에게는 이것도 없고 저것도 없다'고 하지 말고, '나에게는 이것도 있고 저것도 있다'고 생각해야 한다. '나에게는 돈은 없어도 건강은 있다'고 생각을 바꾸어야 한다.

행복은 힘이다. 행복한 사람은 '없는' 것을 견뎌 낼 수 있다. 없는 살림을 잘 꾸려 가면서 즐겁게 살아가는 주부도 있다. 그런 주부를 우리는 '참한 주부'라고 한다. 어릴 때는 부모에게 사랑받고 결혼해서는 남편에게 사랑받는 그런 여성이 '참한 여성'이다.

두려움을 잘 느끼는 사람은 남을 사랑할 수 없다. 바꾸어 말하면, 남을 사랑하는 사람은 두려움을 모른다. 두려움은 자기를 방어하려는 데서 나오는 감정이다. 상대편 여성으로부터 낮은 평가를 받는다는 것은 그녀에게 버림받는다는 것을 의미한다. 버림받는 것을 두려워하면 남을 사랑할 수 없다.

타인의 평가에 신경 쓰는 사람은 다른 사람을 두려워한다. 바꾸어 말하면, 언제나 자기는 평가받는 입장에만 있는 것으로 생각한다.

동료·친구가 가장 높이 평가하는 것은 확실한 인간적 가치, 즉 '인간으로서의 자신(自信)'이다. 인간적 가치, 즉 인간으로서의 자신감은 자기나 타인에 대한 신뢰감을 말한다. 프롬 라이히만은 우울병 환자의 대표적인 심리적 특징으로 "필요와 허무"를 들고 있다.

타인에게 신뢰감을 주는 것이 필요하다고는 생각하지만, 과연 타인에게 신뢰감을 줄 만한 가치가 있는가에 대해서는 자신감을 갖지 못한다. 신뢰감은 자신감에서 비롯된다.

자 기 자 신 을 확 고 히
세 우 는 방 법

자기 주장을 — 가질 것

자기 주장에는 꼭 주장해야 하는 것과 자기 현시욕에서 자기 존재를 알리려는 것이 있다. 별로 가치 없는 일에 자기 주장을 강하게 펴면 오히려 다른 사람들로부터 외면당한다. 사회적으로 타당성과 정당성이 있는 것을 부정하고 자기 주장만 펴는 것은 억지에 지나지 않는다. 자기에게 주장이 있는 것처럼 다른 사람에게도 주장이 있다는 것을 인정해야 한다. 그것을 받아들이든가 받아들이지 않겠다는 태도를 분명히 보이면 상대방은 이쪽에 호감을 깊게 된다.

다른 사람의 신뢰를 — 받도록 할 것

감정적이지 않고 이성적이어야 한다. 그러나 너무 이성적이어서 상대에게 냉정하다는 인상을 주어서는 안 된다. 성실성과 책임감을 가지고 결정된 것을 성취하려는 노력을 보여야 하고, 또 절대로 다른 사람을 속여서는 안 된다.

좋은 인상을 — 줄 것

첫인상이 그대로 고정되어 어떤 사람에 대한 평가로 이어지는 경우가 많다. 즉, 좋은 인상에서 좋은 평가를 받게 되고 나쁜 인상에서 나쁜 평가를 받게 되므로 다른 사람에게 첫인상을 좋게 심어 주도록 신경 써야 한다.

자신 있게 — 행동할 것

자신감이란 자기 능력이나 행동에 자신을 가지는 것을 말한다. 자신감이 있으면 적극적으로 행동할 수 있게 되고, 자신감이 없으면 소극적으로 된다. 즉, 소극적 태도로는 자신감을 가질 수 없으나 적극적으로 행동하게 되면 자신감을 갖게 된다. 아무리 능력이 있어도 소극적이어서는 자신을 못 가지지만, 적극적으로 행동한다면 자신을 가질 수 있다는 뜻이다.

불리한 조건을 극복하기 위해 — 행동할 것

불리한 환경에서 벗어나기 위해서는 적극적으로 행동해야 한다. 환경을 마음대로 변화시킬 수는 없어도 불리한 조건을 극복하려는 데서 의지력은 생겨날 수 있다. 환경뿐만 아니라 자신을 약하게 만드는 정신적 · 육체적 약점에서도 벗어나려는 강한 의지를 보여야 한다.

능동적으로 — 행동할 것

자신의 욕구나 희망, 재능을 마음껏 펼치려면 능동적으로 행동해야 한다. 능동적이고 행동적인 자신을 만들기 위해서는 우선 계획을 짜야 한다. 자기 자신의 가치관을 굳히고 의욕을 가지면 동기가 유발되어 행동적으로 나가게 된다.

참고문헌

Bandura, A., Ross, S., "Imitation of Film-mediated Aggressive Models", *Journal of Personality and Social Psychology*, 66, 1963, pp.3~11.

Bowlby. J., *Loneliness: The experience of emotional and soical isolation*, Cambridge, MA: MIT Press, 1973.

Day, M. E., "Eye Movement Phenomenon Relating to Attention, Thought and Anxiety", *Perceptual and Motor Skills*, 19, 1964, pp. 443~446.

Ekman. P. & Friesen, W.V., *Emotion in the human face*. Pergamon, 1972.

Heron, W., "Cognitive and Physiological Effects of Perceptual Isolation, In P. Solomon et al. (Eds.)", *Sensory deprivation*, Cambridge, Mass, Harvard Univ., 1963, pp.6~33.

Hess, E. H., "Attitude and Pupil Size. In R. C. Atkinson", *Contemporary Psychology*, Freeman and Company, 1971.

Holmes, T. H. & Rabe, R. H., "The Social Readjustment Rating Scale", *Journal of Psychosomatic Research*, 11, 1967, pp. 213~218.

Tames, W. "What is emotion?," *Mind* 19, 1884.

Jung, C. G. *The Transcendent Function*, In collected Works(vol. 8), Princeton, N. J.: Princeton University Press, 1960.

Kanin, E. J., Davidson, K. R., & Schek, S. R., "A Research Note on Male-Female Differentials in the Experience of Heterosexual Love", *Journal of Sex Research*, 61, 1981, pp. 64~72.

Lange, c. "One leuds beveegelster." In K. Dunlap(Ed.), *The emotions*, Baltimore: Williams & Wilkins, 1885.

Kaplan, A. G., & Sedney, M. A., *Psychology and Sex Roles - An Androgynous Perspective - Little*, Brown and Company, 1980.

Kephart, W., M., "Some Correlates of Romantic Love", *Journal of Marriage and Family*, 29, 1967, pp. 470~479.

Mehbrabian, A., Non-verbal Communication, New York: Aldine Atherton, 1972.

새로 쓴 마음을 읽으면 사람이 재미있다

Schachter, S., *The Psychology of Affiliation*, Stanford University Press, 1959.

Shauss, A. G., *Nutrition and Criminal Behavior*, Tuttle-Mori Agency. Inc, 1989.

Sternberg, R. J., "A Triangular Theory of Love", *Psychological Review*, 93, 1986, pp. 119~135.

Weiten. W., *Psychology Applied to Modern Life*, Brooks/Cole Publishing Co, 1986.

Zajonic, R. B. "Attitudinal Effects of Mere Exposure", *Journal of Personality and Social Psychology*, 9, 1968, pp. 1~29.

최광선, 『재미있는 인간 심리』, 기린원, 1990.

──────, 『재미있는 여성 심리』, 기린원, 1990.

──────, 『재미있는 결혼 심리』, 기린원, 1991.

──────, 『재미있는 남성 심리』, 기린원, 1991.

──────, 『알기 쉬운 인간 심리』, 기린원, 1991.

──────, 『남성, 그를 알면 사랑하지 않을 수 없다』, 지구촌, 1995.

──────, 『심리설득 기술』, 참사람, 1994.

──────, 『그 마음이 알고 싶다』, 새길, 1996.

──────, 『마음을 읽으면 사람이 재미있다』, 사계절출판사, 1997.

──────, 『사람을 알면 생활이 즐겁다』, 사계절출판사, 1997.

──────, 『본심을 알게 되면 사람이 정답다』, 양서원, 1999.

──────, 『몸짓을 읽으면 사람이 재미있다』, 일빛, 1999.

──────, 『한 길 사람 속 읽기』, 일빛, 2000.

──────, 『네 마음 내가 안다』, 일빛, 2002.

──────, 『교양심리학』, 시그마프레스, 2003.

──────, 『몸짓 속에 숨겨진 마음의 비밀』, 학지사, 2004.

새로 쓴
마음을 읽으면 사람이 재미있다

1997년 9월 10일 1판 1쇄
2006년 3월 20일 개정판 1쇄

지은이 | 최광선

편집 | 강창훈 · 강변구
디자인 | **DESIGN MOL**
일러스트레이션 | 이보라 · 이소영 · 이철민
제작 | 박흥기
마케팅 | 이교성
홈페이지 관리 | 최영미

출력 | 한국커뮤니케이션
인쇄 | 천일문화사
제책 | 경문제책

펴낸이 | 강맑실
펴낸곳 | (주)사계절출판사
주소 | (413-756) 경기도 파주시 교하읍 문발리 파주출판도시 513-3
등록 | 제 406-2003-034호
전화 | 마케팅부 031) 955-8588 편집부 031) 955-8558
전송 | 마케팅부 031) 955-8595 편집부 031) 955-8596
홈페이지 | www.sakyejul.co.kr 전자우편 | skj@sakyejul.co.kr

값은 뒤표지에 적혀 있습니다.
잘못 만든 책은 구입하신 곳에서 바꾸어 드립니다.

사계절출판사는 성장의 의미를 생각합니다.
사계절출판사는 독자 여러분의 의견에 늘 귀 기울이고 있습니다.

ISBN 89-5828-120-0 03180

이 도서의 국립중앙도서관 출판시도서목록(CIP)은
e-CIP홈페이지(http://www.nl.go.kr/cip.php)에서 이용하실 수 있습니다.
(CIP제어번호: CIP2006000523)